劳动人事争议
典型案例评析

第5辑

◎北京市劳动和社会保障法学会组织编写 ◎姜俊禄 主编

中国劳动社会保障出版社

图书在版编目（CIP）数据

劳动人事争议典型案例评析. 第 5 辑/姜俊禄主编. -- 北京：中国劳动社会保障出版社，2019

ISBN 978-7-5167-3945-7

Ⅰ.①劳… Ⅱ.①姜… Ⅲ.①劳动争议-案例-中国 Ⅳ.①D922.591.5

中国版本图书馆 CIP 数据核字（2019）第 059613 号

中国劳动社会保障出版社出版发行

（北京市惠新东街1号　邮政编码：100029）

*

三河市潮河印业有限公司印刷装订　　新华书店经销

880 毫米×1230 毫米　32 开本　11.125 印张　263 千字

2019 年 4 月第 1 版　2019 年 4 月第 1 次印刷

定价：40.00 元

读者服务部电话：（010）64929211/84209101/64921644

营销中心电话：（010）64962347

出版社网址：http://www.class.com.cn

版权专有　　侵权必究

如有印装差错，请与本社联系调换：（010）50948191

我社将与版权执法机关配合，大力打击盗印、销售和使用盗版图书活动，敬请广大读者协助举报，经查实将给予举报者奖励。

举报电话：（010）64954652

《劳动人事争议典型案例评析》
编委会

主　　　任：姜俊禄

副　主　任：单国钧　张恒顺

编　　　委：（以姓氏笔画为序）

　　　　　　王建平　毕学恭　金　曦　赵　悦

　　　　　　侯　军　梁　枫　窦江涛

本辑执行编辑：王凤兰　孔甜甜　李惠莹　高明靖

　　　　　　钱　程

序　　言

　　诚信作为现代社会发展不可或缺的重要组成部分,广为大众所关注。近年来,涉及诚信问题的劳动争议案件占了一定的比重。从某种意义上讲,诚信问题已经成为影响劳动关系和谐稳定的重要因素。

　　北京市劳动和社会保障法学会自2000年成立以来,致力于劳动关系诚信建设。"构建首都和谐劳动关系,促进企业健康发展"是学会的办会宗旨。

　　学会下属的劳动法分会于2018年与北京市高级人民法院一同召开了新闻发布会,发布了《劳动关系诚信建设主题社会报告》,这是社会团体与司法系统首次发布此类型报告。

　　诚信,是法律的帝王原则。从司法角度看,诚信是道德的法律化,是诉讼的基本原则与底线,也是法治建设的生命线。在现实中,用人单位与劳动者的不诚信行为阻碍了和谐劳动关系的建立,严重危害了社会道德风尚,是一项亟待解决的社会顽疾。

　　学会通过发布诚信报告、组织研讨交流活动等,团结致力于劳动和社会保障法学理论研究和实践工作的专家学者、法官、仲裁员、律师、工会工作者等,以打造完善和健全的智力支持系统和形成共同打击不诚信行为的制度体系,在全社会营造"让不诚信行为无路可走"的社会氛围。我们共同的理想是司法、行政机关齐头并进、通力协作，社会诚信体系不断健全，我们的社会变得更加美好。

2016年1月20日，由国家发展改革委和最高人民法院牵头，人民银行、中央组织部、中央宣传部、中央编办、中央文明办、最高人民检察院等44部门联合签署了《关于对失信被执行人实施联合惩戒的合作备忘录》（以下简称《备忘录》）。《备忘录》提出32项惩戒措施，对失信被执行人设立金融类机构、从事民商事行为、享受优惠政策、担任重要职务等全面进行限制，以在更大范围惩戒失信被执行人。

《备忘录》主要有五个特点。一是联合单位多。这次的联合惩戒备忘录联合单位最多，有40多个单位。二是惩戒措施多。惩戒措施达32项，措施之多在历史上少见。三是惩戒力度大。在信用信息共享基础上，原来由一个部门在一个领域对失信当事人实施惩戒，现在变为由多个部门在多个领域对失信当事人共同实施惩戒。惩戒的对象既包括失信的自然人，也包括失信的单位及其法定代表人、主要负责人、影响债务履行的直接责任人员、实际控制人。体现了一处失信、处处不便的立法倾向。四是影响范围广。涉及金融机构审批、民商事交易安全、食品药品经营、安全生产、旅游度假、限制出境及定罪处罚等30多个重点领域。五是双向共同惩戒。《备忘录》中各项惩戒措施的落实，都需要最高人民法院与相关部门密切配合，联合实施惩戒，并通过全国信用信息共享平台，共享失信信息和惩戒措施。

自2016年以来联合惩戒制度大显身手，我们看到一些失信人员（俗称"老赖"），开始主动联系人民法院执行生效判决和裁定，法院执行难的问题有望得到根本解决。联合惩戒制度使失信的人处处受限,诚信的人处处方便,引导每个人和每家公司成为诚信者。非人善,实则制度良。

本书集中了劳动法和社会保险法领域的热点案例,每个案例中都可以看到不诚信的不同表现,也可以了解到司法工作者对于劳动争议案件不诚信做法的法律态度。

姜俊禄 博士
北京市劳动和社会保障法学会名誉会长
2019 年 2 月 12 日

目 录

劳动关系认定

1. 外卖骑手之劳动关系认定问题 …………………… 杨 靖 /3
2. 法定代表人能否向公司主张劳动报酬 ……………… 徐 阳 /7
3. 事业单位离岗创业人员与新单位用工关系如何
   认定 ……………………………… 杨文起 游煜聪 /12
4. 劳动者面对复杂劳动关系如何确认承担赔偿责任的
   主体 …………………………………… 潘文军 刘晓波 /16
5. 认定事实劳动关系案件中的证明标准 …………… 王 磊 /23
6. 离岗创业人员在保留人事关系的情形下与新单位之间
   是否形成劳动关系 ……………………………… 夏海曼 /32
7. 事实劳动关系认定问题分析 ……………………… 王彦伟 /40
8. 超过法定退休年龄继续用工是否可认定劳动关系 … 郭倩倩 /43
9. 承包人与施工人招用的劳动者之间是否存在劳动
   关系 …………………………………………… 霍丽芳 /46
10. 学生实习期与用人单位是否建立劳动关系 ………… 张 勇 /49
11. 劳动者死亡后,其近亲属能否申请仲裁要求确认劳动
    关系 ………………………………………………… 赵 晶 /51
12. 员工为承包单位业务自行招用人员的劳动关系
    认定 ……………………………………………… 薄俊玲 /56

13. 劳动者的工作单位委托劳务派遣公司缴纳社会保险费，
    劳动者与谁存在劳动关系 …………………………… 任秀文 /59

劳动合同的签订与履行

14. 成立劳动关系却签订"劳务合同"，并不必然属于
    未签订书面劳动合同 ……………………… 高 贵 郭 琳 /67
15. 规章制度合法性的认定标准 ………………………… 白星晖 /71
16. 用人单位如何合法调整劳动者工作岗位及工作地点
    …………………………………………………… 马 雯 /74
17. 用人单位调岗降薪的合法性审查 …………………… 周 珍 /78
18. 用人单位能否单方调整劳动者的工作地点
    ……………………………………………… 毛希彤 闫俊慧 /83
19. 劳动者在工作期间向单位借款的相关法律风险 …… 杨晓娥 /88
20. 外国人就业证制度对用工的影响及制度完善
    ……………………………………………… 杨保全 寇英杰 /92
21. 用人单位违法约定二次试用期的认定及赔偿金的
    适用 ……………………………………………… 李 坤 /98
22. 劳动者履职中受网络诈骗造成损失，用人单位能否
    请求劳动者赔偿 ………………………………… 刘 洁 /104
23. 管理层员工违反忠诚义务的责任认定 … 刘 璨 毛希彤 /109

劳动合同的解除与终止

24. 用人单位单方调岗后劳动者未到岗，由此解除劳动合同是否违法 ………………………………… 赵　阳 /115
25. 高级管理人员被违法解除劳动合同，可否不再继续履行 ………………………………………… 孙　京 /119
26. 对多次安置仍拒不到岗的工伤职工，可否解除劳动合同 …………………………………………… 何　岳 /123
27. 离职承诺书法律效力的认定标准 ………… 管元梓 /127
28. 用人单位能否与享受特殊待遇的劳动者约定服务期 …………………………………………… 白星晖 /131
29. 患有精神疾病员工的劳动合同解除问题 ………… 王　超 /134
30. 劳动者原因导致劳动合同提前解除，是否应向用人单位支付违约金 …………………………… 宋　猛 /139
31. 具有特定用途的离职协议书的效力认定 ………… 张　璐 /143
32. 高收入群体被违法解除劳动合同后救济的特殊性 ………………………………………… 李　曦　李　晗 /147
33. 用人单位就劳动者同一违纪作出两次处理的法律后果 ………………………………………… 史浩淼 /153
34. 用人单位采用格式文件为劳动者办理离职手续时应向劳动者履行格式条款的提示说明义务 ………… 张玉贤 /156
35. 以旷工为由解除劳动合同的合法性应全面考虑 … 金　铭 /160

36. 高级管理人员未履行利益冲突申报义务，用人单位
解除劳动合同被认定合法 …………………… 刘宇翔 /165
37. 未订立书面劳动合同二倍工资及经济补偿金的计算
基数 ………………………………………………… 刘　涛 /171
38. 与被追究刑事责任的劳动者解除劳动合同应注意的
问题 ………………………………………………… 张　盼 /175
39. 劳动者先后被安排至多个关联企业，工作年限如何
计算 ………………………………………………… 王　郁 /178
40. 哺乳期女职工劳动保护、劳动条件的认定 ……… 张　超 /181
41. 用人单位以营业期限届满不再继续经营为由终止
无固定期限劳动合同是否合法 …………………… 柳　松 /184

劳动报酬与工时休假

42. 未签劳动合同二倍工资罚则适用的例外 ………… 杨可欣 /191
43. 员工中途离职，单位是否应支付年终奖金 ……… 张道莹 /194
44. 部门集体奖金能否通过仲裁或诉讼获得分配 …… 梁　枫 /198
45. 公司股东个人账户支付的"工资"能否计入经济
补偿金计算基数 …………………………………… 丁　颖 /203
46. 用人单位未及时转移档案应赔偿劳动者损失 …… 史　伟 /207
47. 劳动合同解除时销售提成如何支付 ……………… 白星晖 /211
48. 金融行业项目奖金发放条件、发放标准的确定 … 陈秋梅 /214
49. 用人单位违法处理决定给劳动者造成的工资损失

如何确定 ………………………… 解学锋　矫冰玉 /219
50. 是年薪还是股权激励 …………………………… 宋雅静 /225
51. 劳动者停工留薪期未停工，用人单位是否另付工资
　　………………………………………………………… 王　宇 /229

社会保险与福利待遇

52. 工伤医疗费报销后，自费部分谁来承担 ………… 赵小杰 /235
53. 增补受伤部位不享受工伤复发相应待遇 ………… 郝晓飞 /238
54. 用人单位无须赔付劳动者超出工伤保险基金支付
　　范围的医疗费用 …………………………………… 郭子群 /242
55. 用人单位未足额缴纳生育保险费，女职工生育津贴
　　和产检费用由谁负担 ……………………………… 高　慧 /246
56. 达到退休年龄时将基本养老保险关系转回户籍地，
　　是否能在北京办理退休手续 …………… 贾宝军　杨木青 /251
57. 破解非因工完全丧失劳动能力职工待遇困境
　　………………………………………… 寇学军　王　冠 /258
58. 公司未经依法清算注销，股东是否承担职工工伤
　　保险赔偿责任 ……………………………………… 刘佳洁 /265
59. 超出工伤保险报销范围医疗费应该由谁来承担
　　………………………………………… 韩春江　张　勇 /273
60. 工伤后又工作多年，伤残津贴如何算 …………… 张向东 /276
61. 见习并非已就业，权利义务有区别 ……………… 杨　阳 /279

商业秘密保护与竞业限制

62. 附条件生效竞业限制协议的效力 …………………… 郑　超 /285
63. 约定的竞业限制经济补偿过低时，应如何确定经济补偿标准 …………………………………… 龚勇超　李思巧 /289
64. 用人单位与劳动者约定在职期间支付竞业限制补偿是否有效 ………………………………………… 程惠炳 /294
65. 竞业限制经济补偿适用的具体条件 …………………… 李　坤 /301

其　他

66. 被吊销营业执照的用人单位是否为劳动法律关系的适格主体及劳动者权益维护 …………………… 蒋　媚 /311
67. 未休年休假工资报酬的仲裁时效起算点问题 ………… 全敏敏 /314
68. 用人单位是否应支付提前退休人员年满60周岁时要求的独生子女奖励费 …………………………… 于立华 /318
69. 如何认定人事关系的成立 ……………………………… 高　钰 /322
70. 仲裁员对表面真实证据必要的自由心证 ……………… 张偌晗 /326
71. 对《劳动人事争议仲裁办案规则》第三十四条中"基于同一事实、理由和仲裁请求又申请仲裁"的认定和处理 ………………………………………… 柳　赛 /331
72. 降低诉讼风险，优先选择调解方式解决劳动争议 …………………………………………………………… 张　翔 /337

劳动关系认定

1. 外卖骑手之劳动关系认定问题

申请人：吴某

被申请人：某商贸公司

争议焦点

外卖配送员（骑手）与商家或平台是否具有劳动法意义上的劳动关系。

基本案情

2017年5月，吴某经人介绍，自某商贸公司购买外卖配送员服装、电动车，自行在手机接单从事外卖送餐工作。某商贸公司没有与吴某签订劳动合同，未为其缴纳社会保险。2017年12月15日，吴某在送餐途中发生交通事故，因受伤住院治疗。伤愈后，吴某想要进行工伤认定，因没有签订劳动合同，手中没有劳动关系证明，所以他于2018年4月至劳动人事争议仲裁委员会提出仲裁申请，要求确认与某商贸公司存在劳动关系。某商贸公司辩称，其与各类外卖平台具有合作关系，从事外卖配送员服装、电动车、配送商品包装的销售等业务，也直接向从事外卖工作的人员销售上述装备；吴某经他人介绍到店自行购买电动车等装备，后自行接单，按照各类平台提供的信息从事外卖送餐工作，送餐费自网络外卖平台提取，吴某并没有从事公司的业务，公司也从未对吴某进行任何管理，更没有向吴某支付过工资。故某商贸公司主张双方没有劳动关系，吴某的诉求不能成立。

 审理结果

仲裁委员会裁决驳回吴某的仲裁请求。

 **评析意见**

近年来，随着经济快速发展，新兴行业如雨后春笋般出现，带来了新的变化。特别是互联网与传统行业结合后，外卖、快递等行业吸纳了大量的就业人员，为居民生活提供了便利。但是，在便利的背后也暴露出新的法律关系问题，最典型的就是外卖配送员是否与经营企业或平台具有劳动关系，这直接关系着配送员在劳动过程中能否按照劳动法相关规定享受相应的待遇和保障。

就概念来说，劳动关系是指劳动者与用人单位之间形成的，劳动者在用人单位管理下提供劳动，用人单位按照约定支付劳动者劳动报酬的权利义务关系。若劳动者没有与用人单位签订劳动合同，劳动人事争议仲裁委员会在认定用人单位与劳动者之间是否具有劳动关系时，主要依据还是《关于确立劳动关系有关事项的通知》（劳社部发〔2005〕12号）第一条的规定，即认定为劳动关系要具备如下三个要素：（1）用人单位和劳动者符合法律、法规规定的主体资格；（2）用人单位依法制定的各项劳动规章制度适用于劳动者，劳动者受用人单位的劳动管理，从事用人单位安排的有报酬的劳动；（3）劳动者提供的劳动是用人单位业务的组成部分。具体来说，是从主体、从属关系方面进行分析，以确定是否存在劳动关系。

在主体方面，劳动者与用人单位必须满足劳动法规定的主体资格要件。

在从属性上，在劳动关系中，劳动者没有独立的支配权，劳动者的工作行为由用人单位管理和支配，用人单位对劳动者进行用工过程管理。劳动者在劳动中服从用人单位的指挥，受用人单位规章制度规制，在职务范围内的责任和风险由用人单位承担，与用人单位之间具有明显的人身依附性和管理归属性，处于被管理的地位。在劳动报酬方面，劳动关系下的劳动者的工资收入一般遵循按劳分配、多劳多得的原则，受用人单位考核制度制约，具有明显的财产从属性。同时，上述用工管理、工资支付等行为具有极强的稳定性，受到国家劳动法律法规强制保障（如最低工资制度等），在用人单位与劳动者终结双方关系的规制上，具有严格的法定条件和程序，由国家强制性法律予以保障（如解除或终止条件的规定）。

相比较，承揽、劳务合作关系则在上述两方面体现得较为松散，法律关系双方主体资格限制性不强，且双方系平等的民事主体，在报酬标准、支付方式、时间方面没有具体的限制（不同于劳动关系中有最低工资保障等强制性规定），双方约定的内容只要不违背平等、诚实信用等基本原则即可，在解约方面也相对自由，少有法律的强制性规定。

目前，外卖配送员与商家或平台之间的关系主要有三种情形。一是商家自雇人员负责商品或餐饮配送服务，配送员仅为该商家工作，直接由该商家进行管理和规制，劳动报酬由该商家发放，这种形式具有强烈的从属性，用工管理明确。二是商家将产品配送服务外包给第三方机构，第三方机构负责雇用人员进行配送，配送的产品取决于承包的服务内容（一种或多种产品同时配送），但配送员的日常管理仍归属第三方机构，报酬也由第三方机构予以核算支付，用工管理比较明确。三是平台配送，形式非常灵活，人员管理较为松散。一般是商家与平台之间具有合作关系，而配送员往往自行购买工作装备，工作方式非常灵活，可以自行决定是否提供服务及何时提供服务，报酬根据送单成功率、顾客评价情况与平台结算（平台扣除信息提供费用），没有固定的收入。商家一般只是提供产品，与配送员没有直接产生关联，而平台与配送员往往是有偿信息提供关系（分单、抽成），并未进行实际工作管理，三方通过各自的良好合作行为达到共赢。由此，我们也可以看出，在第三种情形中，配送员提供的劳动不是商家的业务组成部分，其劳动过程也并未受商家和平台的实时管理，人身归属性和财产归属性不强，不符合劳动法意义上劳动关系成立的条件，不宜认定存在劳动关系。

本案中，经查明，吴某自行购买了从事外卖配送工作的必要工具，接单送餐行为具有完全自主性，且接单不限于单一平台，其送餐行为与某商贸公司业务没有关联，也不受某商贸公司管理，报酬仅由外卖平台获取，与某商贸公司无关。这一情形即为上述第三种情形，吴某要求确认与某商贸公司存在劳动关系的请求，依据不足，不应得到支持。

当然，对外卖配送工作，不能采取"一刀切"的做法，应根据用工特点、从业行为、管理方式进行综合分析，如有证据体现商家或平台在用工、财务上与配送员形成管理与被管理的归属性，如上述第一种、第二种情形，则应当认定为有劳动关系，配送员的权利应按劳动法律法规予以保障。对于上述第三种情形，建议出台相应的保障措施，确保配送员在工作中的安全，并在配送员遭遇疾病、突发事件时予以充足保障，促进共享经济有序健康发展。

（北京市顺义区劳动人事争议仲裁院　杨　靖）

2. 法定代表人能否向公司主张劳动报酬

申请人：刘某

被申请人：某科技公司

争议焦点

法定代表人能否起诉公司？其主张劳动报酬的诉权是否应予以保护？

基本案情

某科技公司为外商独资企业，2014年12月4日至2017年12月14日期间刘某被登记为公司的法定代表人。2016年3月31日，刘某担任某科技公司首席运营官，公司依法为其办理了台港澳人员就业证。刘某薪酬由基本年薪、年终奖构成，其中基本年薪自2017年3月起调整为2 867 463元，即月基本工资约为238 955元。2017年9月10日，刘某从某科技公司离职。2018年7月16日，刘某向上海市劳动人事争议仲裁委员会提出仲裁申请，要求某科技公司支付其2017年8月1日至2017年9月10日期间的基本工资共计304 873元，年终奖2 580 716元，带薪休假工资549 322元和应休未休年休假工资615 241元。

审理结果

仲裁委员会认为,2014年12月4日至2017年12月14日期间刘某为某科技公司的法定代表人,遂以刘某主体不适格为由作出不予受理的决定。

 **评析意见**

本案的争议焦点在于刘某能否起诉由其担任法定代表人的某科技公司,主体是否适格,其主张劳动报酬的诉权是否应予以保护。法定代表人虽然代表法人,但和法人还是有区别的。法定代表人对外代表法人,但并不影响法定代表人和法人之间产生权利义务关系,作为自然人的法定代表人与法人之间仍然有可能存在利益冲突。因此,法定代表人和法人并非一回事。否认法定代表人当事人资格,其实就是否认法定代表人的诉讼权利能力。法定代表人主张劳动报酬的诉权是否要予以保护,笔者认为,当申请人既是公司的法定代表人同时又是劳动者时,其主张劳动报酬的诉权应当予以保护,案件应当进入实体审理,而不应程序上就不予受理,使申请人丧失了主张劳动报酬的救济途径。

一、判定法定代表人与公司之间是否存在劳动关系的法律依据

关于法定代表人与公司之间有无劳动关系的争论,根源在于我国现行劳动立法对法定代表人、高级管理人员、普通劳动者并未区别对待,对于法定代表人以及高级管理人员是否受劳动法保护也未做明确规定。

本案中刘某虽未与公司签订书面的劳动合同,但根据《劳动和社会保障部关于确立劳动关系有关事项的通知》第一条的规定,刘某与某科技公司之间可以认定为存在劳动关系。首先,2016年3月

31日某科技公司为刘某办理了就业证,支付刘某劳动报酬并代扣代缴个人所得税。刘某的职位是首席运营官,向公司提供有偿劳动,双方就劳动报酬有明确约定。其次,刘某法定代表人的身份及职务均是由公司的控股股东来决定的,双方关系具有从属性。因此,刘某与公司存在劳动关系,其主张劳动报酬的权利应受到保护。

二、对法定代表人主张劳动报酬的诉权要综合考虑各种因素,对于名义上的法定代表人应保护其诉权

1. 法定代表人身份的产生方式

按照《中华人民共和国公司法》(以下简称《公司法》)第十三条的规定,公司法定代表人依照公司章程的规定,由董事长、执行董事或者经理担任,并依法登记。法定代表人与劳动者的区别主要在于以下四个方面。一是利益取向不同。法定代表人是公司利益的代表,以利润最大化为主要取向;劳动者的利益取向主要是工资、福利、社会保险、休息、劳动安全卫生等劳动条件的扩大化和优化。二是相对地位不同。在公司的经营管理系统和劳动组织过程中,法定代表人是管理者和领导者,而劳动者是被管理者。三是缔结关系的依据和方式不同。法定代表人依据公司法和公司章程产生,董事长由董事会选举产生,经理由董事会聘任;在因股东人数较少或规模较小而不设董事会的有限责任公司,可以设一名执行董事,不设董事会,执行董事由股东会委任。而劳动者与公司的劳动关系由劳动合同确定。所以,法定代表人的任免规则与劳动合同的订立、终止、解除规则完全不同。四是法律关系的属性和内容不同。法定代表人与公司之间是以经营管理为内容的委托关系,其职权职责由公司法和公司章程规定。而劳动者与公司之间的劳动关系以劳动力使用为核心内容,由劳动法、劳动合同、集体合同和公司规章制度规定。本案中刘某的法定代表人身份并不是依据公司法和公司章程产生的,而是由公司的控股股东决定的。

2. 法定代表人是否持有公司的股份

在法定代表人持有公司的股份,而且是控股股东的情况下,法定代表人应属于雇主而非员工,这种情况产生劳动争议的可能性不大。本案中,刘某并不持有公司的股份,并不是公司的股东,实际上是高级打工者,挂名的法定代表人,其在职期间的劳动报酬应当予以保护。

3. 法定代表人是否已经离职并进行工商变更

在法定代表人申请劳动争议仲裁的情况下,公司可以安排法定代表人之外的代理人参加仲裁。本案中刘某已经于2017年9月10日离职,法定代表人于2017年12月14日已经变更为他人,所以,刘某2018年7月申请劳动争议仲裁时已不存在诉讼主体的利益冲突问题。

本案中,无论从利益取向、身份地位、法定代表人产生的方式上,还是法律属性上看,刘某均不具有法定代表人的实质内涵。从利益取向来看,刘某在公司里没有股权,只是首席运营官,以工资、福利、社会保险、休息等劳动条件的优化为利益取向。从身份地位来看,法定代表人应是公司经营管理系统中的最高管理者,对公司的其他经营管理机构具有单向控制权。但刘某的法定代表人身份是挂名的,他并不是公司的最高管理者,对公司的其他经营管理机构也不具有控制权。从产生的方式来看,刘某的法定代表人身份并不是由董事会选举产生的,而是由控股股东直接决定的。从法律关系来看,因为刘某是挂名的法定代表人,与公司之间并不存在以经营管理为内容的委托关系。

综上,笔者认为刘某因首席运营官一职与某科技公司存在劳动关系,劳动权益应受到法律保护。退一步讲,即使刘某具有法定代表人的实质内涵,只能说明刘某的身份具有双重性,既是公司的法定代表人,又因首席运营官一职成为公司的员工。公司拖欠劳动报酬,劳动者有权通过劳动争议仲裁维权,何况刘某已经离职且不再担任公司法定代表人,仲裁委员会不应简单地以主体不适格为由不予受理。

(北京市隆安律师事务所　徐　阳)

3. 事业单位离岗创业人员与新单位用工关系如何认定

上诉人：某口腔门诊部
被上诉人：阎某

争议焦点

1. 事业单位离岗创业人员（停薪留职、内退、病退人员）在外兼职或者自谋出路，与新单位签订了"聘用合同"或者"劳动合同"，双方建立何种用工关系？
2. 上述劳动者发生工伤时，如何进行救济？

 基本案情

阎某系秦皇岛市北戴河医院正式在编职工，其与医院存在人事关系，属于离岗创业人员。2014年10月1日，阎某与某口腔门诊部签订为期一年的《岗位、任职（聘用）合同》，约定阎某担任主任医师，月工资为5 000元加10%的业绩提成。阎某将其医师执业证书的执业地点从秦皇岛市北戴河医院迁至某口腔门诊部。2015年1月22日，阎某在工作中受伤。2016年2月26日，北京市东城区人力资源和社会保障局作出《认定工伤决定书》。2016年5月24日，北京市东城区劳动能力鉴定委员会作出《劳动能力鉴定、确认结论通知书》，阎某被鉴定为十级伤残。

2016年6月15日，阎某向北京市东城区劳动人事争议仲裁委员会申请仲裁，仲裁委员会裁决某口腔门诊部支付阎某医疗费、一次性伤残补助金、一次性工伤医疗补助金、一次性伤残就业补助金以及终止劳动合同经济补偿。某口腔门诊部认为，阎某系秦皇岛市北戴河医院正式在编职工，其与医院的人事关系至今未解除，故阎某不具备法律规定的再与其他用人单位建立劳动关系的主体资格，双方为劳务关系并非劳动关系。故某口腔门诊部不同意支付阎某医疗费、一次性伤残补助金、一次性工伤医疗补助金、一次性伤残就业补助金和终止劳动合同经济补偿。某口腔门诊部后诉至法院。

阎某则认为，自己属于停薪留职的离岗创业人员，虽由秦皇岛市北戴河医院缴纳养老保险，但实际费用由自己负担，故并不影响其与某口腔门诊部建立劳动关系，且已将医师执业证书迁至某口腔门诊部处，故双方已建立劳动关系。

审理结果

一审法院北京市东城区人民法院判决某口腔门诊部支付阎某医疗费140元，一次性伤残补助金148 806元，一次性工伤医疗补助金21 258元，一次性伤残就业补助金21 258元；无须支付阎某终止劳动合同经济补偿金21 258元。

后双方均不服一审判决，上诉至北京市第二中级人民法院。二审法院同意一审法院裁判意见，判决驳回上诉，维持原判。

评析意见

为贯彻落实党中央、国务院关于加快实施创新驱动发展战略、深化人才发展体制机制改革、大力推进大众创业万众创新和做好新形势下就业创业工作的总体部署和要求，发挥事业单位在科技创新和大众创业万众创新中的示范引导作用,激发高校、科研院所等事业单位专业技术人员科技创新活力和干事创业热情,促进人才在事业单位和企业间合理流动,营造有利于创新创业的政策和制度环境,按照简政放权、放管结合、优化服务的要求,2017年3月10日,人力资源社会保障部出台《关于支持和鼓励事业单位专业技术人员创新创业的指导意见》(人社部规〔2017〕4号)。其中规定,事业单位专业技术人员离岗创业,须提出书面申请,经单位同意,可在3年内保留人事关系。事业单位专业技术人员离岗创业期间依法继续在原单位参加社会保险,工资、医疗等待遇由各地各部门根据国家和地方有关政策结合实际确定,达到国家规定退休条件的,应当及时办理退休手续。创业企业或所工作企业应当依法为离岗创业人员缴纳工伤保险费用,离岗创业人员发生工伤的,依法享受工伤保险待遇。离岗创业期间非因工死亡的,执行人事关系所在事业单位抚恤金和丧葬费规定。

那么,事业单位离岗创业人员(停薪留职、内退、病退人员)在外兼职或者自谋出路,与新单位签订了"聘用合同"或者"劳动合同",双方建立的是何种用工关系呢?一种意见认为,劳动者与新单位签订聘用合同或者聘用协议的,建立人事关系;劳动者与新单位签订劳动合同的,建立劳动关系。在本案情况下,应该承认存在双重人事关系或者劳动关系。另一种意见认为,根据相关部门规章规定,劳动者兼职或者离岗创业的,与新单位只能建立劳务关系。劳动者发生工伤时,按照特殊情形处理,优先保障劳动者的工伤待遇。

实际上,早在2014年11月5日,国家卫生计生委、国家发展改革委、人力资源社会保障部、国家中医药管理局、中国保监会就制定了《关于推进和规范医师多点执业的若干意见》(国卫医发〔2014〕86号),其中"医师多点执业人事(劳动)管理和医疗责任"这部分规定,医师与第一执业地点医疗机构在协商一致的基础上，签订聘用（劳动）合同，明确人事（劳动）关系和权利义务，并按照国家有关规定参加社会保险；与拟多点执业的其他医疗机构分别签订劳务协议，鼓励通过补充保险或商业保险等方式提高医师的医疗、养老保障水平。医师与执业的医疗机构在协议中应当约定执业期限、时间安排、工作任务、医疗责任、薪酬、相关保险等。在实践中，离岗创业人员大多为医师、护士等医院工作人员，因此，在目前退休制度未做出重大修改的情况下，不宜打破劳动者只能从一个用人单位办理退休手续的规定，不宜认可双重劳动关系或者人事关系，否则极易冲击或扰乱现有退休制度。虽然人力资源社会保障部门要求新单位为事业单位离岗创业人员缴纳工伤保险，但并不能当然推导出双方就存在劳动关系的结论。本案确认事业单位离岗创业人员与新单位之间建立的用工关系系劳务关系，在鼓励人才自由流动的同时，也保护了劳动者与用工单位的合法权益。

（北京市东城区人民法院　杨文起　游煜聪）

4. 劳动者面对复杂劳动关系如何确认承担赔偿责任的主体

原告：苑某某

被告一：无锡某品牌餐饮管理有限公司（以下简称"无锡公司"）

被告二：上海某品牌国际美食有限公司（以下简称"上海公司"）

被告三：菏泽某人力资源服务有限公司（以下简称"菏泽公司"）

被告四：北京某品牌餐饮管理有限公司（以下简称"北京公司"）

被告五：无锡某品牌餐饮管理有限公司海淀分公司（以下简称"海淀分公司"）

争议焦点

司法实践中，当劳动者面临工作地点经常更换、无法获知劳动报酬由谁支付、为谁提供劳动时，特别是多个用工单位频繁更换和交叉使用劳动者的情况下，劳动者维权时如何确认承担责任的主体？

基本案情

自 2008 年 3 月 1 日起,苑某某先后在位于北京的某品牌国际美食百汇世贸天阶店、朝阳大悦城店、海淀翠微至尊某品牌店工作。某品牌在全国有大小公司数百家,门店更是不计其数。由于管理人员与苑某某产生矛盾,引发劳动争议,苑某某向北京公司提出解除劳动关系。笔者在代理此案件时,发现苑某某本人说不清楚自己与谁建立的劳动关系,北京公司与其他公司建立的又是什么关系。从苑某某提供的一些单位对外宣传的海报无法获取具体的单位名称,只知道其所工作的单位是某餐饮品牌,而经过查询,字号为某品牌的企业全国有几百家,门店更是数不胜数。笔者经过一系列的调查取证,发现苑某某与六家单位存在关联,具体如下:早期是上海公司向苑某某发放工资,后由菏泽公司作为劳务派遣单位发放工资,之后苑某某由北京公司管理、上海的一家无关联的单位发给其工资,而门店对外开具服务发票的单位又是无锡某品牌餐饮管理有限公司海淀分公司。通过互联网查询某品牌的官网以及官网《互联网信息服务增值电信业务经营许可证》持有人,在上海公司的官网上查询到北京公司的门店信息,最终确定将五家关联单位列为被申请人。2015 年 4 月 9 日,苑某某向劳动关系最后发生地海淀区劳动人事争议仲裁委员会提起劳动争议仲裁申请。由于被申请人超出两家,经过沟通,仲裁委员会允许列三个被申请人。苑某某的请求为:确认 2008 年 3 月 1 日至 2015 年 4 月 1 日与无锡公司、上海公司、菏泽公司存在劳动关系,要求三家公司连带支付工资、应休未休年休假工资、未缴纳养老保险补偿、未缴纳失业保险一次性生活补助费、解除劳动关系经济补偿金等。2015 年 9 月 10 日,仲裁委员会作出裁决,确认苑某某与菏泽公司 2011 年 10 月 26 日至 2015 年 4 月 1 日存在劳动关系,菏泽公司支付应休未休年休假工资、未缴纳失业保险一次性生活补助费、解除劳动关系经济补偿等共计18 000多元。苑某某不服，追加北京公司、海淀分公司为被告，于2015年9月15日向法院提起诉讼，请求确认其与上海公司、菏泽公司先后存在劳动关系，上海公司、北京公司、无锡公司、菏泽公司、海淀分公司连带支付其应休未休年休假工资、未缴纳养老保险补偿、未缴纳失业保险一次性生活补助费、解除劳动关系经济补偿金等。

审理结果

2018年5月17日，法院作出判决，判决主要内容如下：（1）确认苑某某与上海公司在2008年3月1日至2011年10月25日存在劳动关系，与菏泽公司在2011年10月26日至2015年4月1日存在劳动关系；（2）菏泽公司支付2014年8月26日至2014年9月25日期间工资3 370.51元，上海公司、北京公司、海淀分公司承担连带给付义务；（3）菏泽公司支付应休未休年假工资4 734.13元，上海公司、北京公司、海淀分公司承担连带给付义务；（4）上海公司支付2008年3月1日至2011年6月30日未缴纳养老保险赔偿金6 145.8元；（5）菏泽公司支付未缴纳失业保险一次性生活补助费2 874元；（6）菏泽公司支付解除劳动关系经济补偿金24 228.75元，上海公司、北京公司、海淀分公司承担连带给付义务。一审判决后，原被告均未上诉，一审判决生效。

评析意见

此案历经三年多才结案。由于苑某某与多家单位存在错综复杂、难以厘清的关系，申请仲裁时又遭遇被申请人数量的限制，导致苑某某维权举步维艰。笔者在代理此案以及类似案件时发现，实践中各劳动人事争议仲裁委员会及法院做法不一,主要有以下两种观点。

一种观点认为:劳动关系具有唯一性,劳动者只能向一家单位主张自己的权利。如有劳务派遣单位和用工单位,可以同时主张,但也不能超过两个。这是目前劳动人事争议仲裁委员会以及部分法院的普遍做法。这种观点认为劳动者不可能同时在多家单位工作,劳动权利义务关系终究要落在一家单位上,不论之前因非劳动者的原因变换过多少家单位。

另一种观点认为:现实中用工关系的复杂性决定了劳动关系的复杂性,不应限列被申请人或被告的数量。劳动者在劳动关系中处于弱势地位,特别是在生产和服务一线工作的劳动者,正如本案中某品牌餐饮企业在全国设立的子公司、分公司、管理公司、劳务派遣公司有数百家,劳动者有可能被安排至多家门店工作,并签下了很多份空白的劳动合同甚至离职协议等。因此基于现实中用工关系的复杂性,从维护劳动者根本利益出发,不应限列被申请人或被告的数量。

笔者赞成第二种观点,主要基于以下四个原因。

一、现行关于追加被申请人或被告的规定多是原则性规定

关于劳动争议仲裁或诉讼中是否可以追加遗漏的被申请人或被告,依据主要有最高人民法院的司法解释和北京市高级人民法院的指导性文件。《最高人民法院关于审理劳动争议案件适用法律若干问题的解释(三)》第六条规定,当事人不服劳动人事争议仲裁委员会作出的仲裁裁决,依法向人民法院提起诉讼,人民法院审查认为仲裁裁决遗漏了必须共同参加仲裁的当事人的,应当依法追加遗漏的人为诉讼当事人。被追加的当事人应当承担责任的,人民法院应当一并处理。《北京市高级人民法院、北京市劳动争议仲裁委员会关于劳动争议案件法律适用问题研讨会会议纪要》规定,在劳动仲裁程序中遗漏了必须共同参加仲裁的当事人,人民法院在一审诉

讼程序中可依法予以追加，无须再行仲裁。《北京市高级人民法院、北京市劳动争议仲裁委员会关于劳动争议案件法律适用问题研讨会会议纪要（二）》针对"劳动者与用人单位签订劳动合同后，被该用人单位派往其他单位工作，发生争议时如何处理"的问题，提出："劳动者虽在被派往单位工作，应认定其与签订劳动合同的用人单位存在劳动关系。可根据案件审理情况，追加实际用人单位参加诉讼。在判决仅由签订劳动合同的用人单位承担责任，可能损害劳动者实际利益的情况下，可判决由实际用人单位承担连带责任。"针对"有关联关系的用人单位交叉轮换使用劳动者，根据现有证据难以查明劳动者实际工作状况的，如何处理？"的问题，提出有关联关系的用人单位交叉轮换使用劳动者的，根据现有证据难以查明劳动者实际工作状况的，参照以下原则处理：（1）订立劳动合同的，按劳动合同确认劳动关系；（2）未订立劳动合同的，可以根据审判需要将有关联关系的用人单位列为当事人，以有关联关系的用人单位发放工资、缴纳社会保险、工作地点、工作内容，作为判断存在劳动关系的因素；（3）在有关联关系的用人单位交叉轮换使用劳动者，工作内容交叉重叠的情况下，对劳动者涉及给付内容的主张，可根据劳动者的主张，由一家用人单位承担责任，或由多家用人单位承担连带责任。以上规定仅是原则性规定，因与裁判者个人主观判断有关，在实践操作中存在较大差异，执法尺度不一，劳动者无法在劳动争议仲裁阶段追加被申请人，无法突破"两个被申请人"的上限，而在诉讼阶段又往往陷入"因未经仲裁前置不能追加"的怪圈。

二、劳动者本身的"弱势地位"决定了维权时立案条件不能过于苛刻

《中华人民共和国劳动合同法》（以下简称《劳动合同法》）实施已逾十年，基本解决了签订书面劳动合同的问题，但笔者在实践中发现仍有部分无良企业在劳动合同上玩花招，损害劳动者权益的

现象时常发生，特别是一些劳动者由于自身文化程度不高，疏于防范，对在各种"空白合同""承诺书"上"签名"并不在意，往往在发生劳动争议时才发现上当受骗。例如，劳动者只在劳动合同的落款"乙方签名"处签名并按手印，劳动合同中的"甲方""合同期限""工资标准"等关键条款信息可以手工填写，于是有的用人单位借机随意变更劳动合同的用工主体，甚至用外地的企业与劳动者签订劳动合同，后在劳动争议仲裁或诉讼中以自己与劳动者不存在劳动关系作为抗辩理由，如果劳动者在维权时不能追加其他单位作为被申请人或被告，只能另行申请劳动争议仲裁，事实上的用人单位有可能逃脱法律的制裁。这样难以使劳动争议案件尽快得到处理，难以充分维护劳动者的权益。

三、不限制被申请人或被告的数量有利于劳动关系的良性发展

《劳动合同法》实施以来，劳动关系的复杂程度超乎想象，《劳动和社会保障部关于确立劳动关系有关事项的通知》中所列的三个认定劳动关系的标准和五个认定劳动关系的参考凭证，在人为的劳动关系"大挪移"中可能并不适用。本案中，劳动者不清楚与什么单位签订过劳动合同，从未见过什么劳务派遣公司的工作人员，也不清楚自己的工资到底由哪家单位发放，几乎没有任何能证明劳动关系的证据，连工作牌也只写"某品牌"，就连店长都不清楚自己到底为谁在工作。查询个人所得税申报记录和社保缴纳记录，查询结果显示没有记录，从几家单位提交的证据材料中发现发放工资的居然是上海的一家公司。如果劳动者仅选择一家单位主张权利，那么在诉讼中有可能因与其他单位存在关系或已经提出离职等原因而败诉。本案中，笔者根据搜集到的证据追加多家单位为被告，有效防止了单位采取"移花接木"的做法逃避应承担的责任。在生产和服务一线工作的劳动者数量庞大，文化程度偏低，流动频繁，劳动争议频发，他们的权益更需要保障，是更需要关注的一个群体。从长远发展和稳定劳动关系角度来看，不限制劳动者追加被

申请人或被告的做法，更加有利于构建和谐劳动关系。

四、不限制被申请人或被告的数量有利于查明案件事实，解决劳动争议

有人会认为这是浪费司法资源，但笔者反而认为这是节约司法资源。劳动者申请劳动争议仲裁或诉讼时，如果只允许列 1~2 个被申请人或被告，那么可能因被申请人或被告提出劳动者与其他单位存在劳动关系而产生多轮次的仲裁或诉讼，反而不利于查明事实和解决纠纷，既增加了当事人的诉累和成本，又浪费了有限的司法资源。如果允许劳动者将可能存在关联关系的单位全部列明，则有利于仲裁委或法院查明案件事实，使纠纷在一件案件中得到一次性解决。

（北京市新桥律师事务所　潘文军　刘晓波）

5. 认定事实劳动关系案件中的证明标准

上诉人：杜某
被上诉人：某文化发展有限公司

争议焦点

在没有书面劳动合同的情况下，人民法院判定事实劳动关系存在与否时，对于要件事实证明标准应如何把握？

基本案情

杜某 2016 年 3 月至 2016 年 9 月，在"放羊公社"项目从事人员协调等工作。在此期间，某文化发展有限公司法定代表人王京向杜某银行账户汇款的情况如下：2016 年 4 月 15 日，向杜某的账户转入 5 000 元；5 月 16 日转入 5 000 元；6 月 16 日转入 5 000 元；7 月 14 日转入 5 000 元；8 月 17 日转入 10 000 元；9 月 24 日有两笔汇款，分别为 11 000 元和 10 000 元。截至 2017 年 3 月，杜某在北京市缴纳社保年限为 2 年 8 个月。

杜某以某文化发展公司为被申请人，向北京市西城区劳动人事争议仲裁委员会申请仲裁，要求确认双方存在劳动关系，并要求某文化发展有限公司支付解除劳动关系经济补偿、未签订劳动合同双倍工资差额、未休年假工资等。仲裁裁决如下：（1）被申请人某文化发展有限公司与申请人杜某于 2016 年 3 月 1 日至 2016 年 9 月 7

日期间存在事实劳动关系；（2）被申请人某文化发展有限公司于裁决书生效之日起7日内，支付申请人杜某2016年4月1日至2016年9月7日未签订劳动合同双倍工资差额47 149.23元；（3）驳回申请人杜某其他仲裁请求。后杜某、某文化发展有限公司均不服，诉至法院。杜某请求判令某文化发展有限公司支付解除劳动关系经济补偿金12 000元、2016年4月1日至2016年9月7日未签订劳动合同双倍工资差额67 000元、2016年3月1日至2016年9月7日未休年假工资2 758.62元。某文化发展有限公司请求判令确认其与杜某之间不存在劳动关系、不支付杜某未签订劳动合同双倍工资差额47 149.23元。

一审庭审中，杜某主张自己受王京统一管理，而某文化发展有限公司则主张杜某的工作内容要向其及"放羊公社"项目所属公司共同汇报，两家公司领导共同监督项目实施，工作中杜某受两家公司领导的指导，并称由于杜某和其他工作人员私下克扣演员的劳务报酬，其曾向二人提出了警告。另当事人双方提交了同一份录音证据，杜某主张录音52分52秒以及57分12秒左右的谈话证明了双方存在劳动关系。52分52秒的谈话内容为："（王京:）小杜（杜某），（作为）人员运营主管，首先，（你）起草一个人员招聘的通告……" 57分12秒的谈话内容为："（王京:）小颖（刘某）呢，主要负责行政工作，所有行政的事交给你，我们所有人的工资，所有人的社保，我说的是所有人啊……"某文化发展有限公司主张该录音1小时18秒左右的对话内容能够体现双方建立的是劳务关系。1小时18秒的谈话内容为："（王京:）音乐节来了，咱们单说音乐节的，所以在这方面，一定还会有一定的收益。我想，你们就不按薪水算，算劳务费的形式……"

审理结果

一审法院作出判决：（1）杜某与某文化发展有限公司于2016年3月1日至2016年9月7日期间不存在劳动关系；（2）某文化发展有限公司无须向杜某支付2016年3月1日至2016年9月7日期间未签订劳动合同双倍工资差额47 149.23元；（3）驳回杜某的诉讼请求。

杜某不服一审判决，提出上诉。二审法院判决：撤销法院判决；确认杜某与某文化发展有限公司于2016年3月1日至2016年9月7日期间存在劳动关系，某文化发展有限公司支付杜某2016年4月1日至2016年9月7日期间未签订劳动合同双倍工资差额26 149.43元、2016年3月1日至2016年9月7日期间未休年假工资1 505.52元，驳回杜某其他诉讼请求。

 **评析意见**

一、审判实践中劳动关系认定的困境

劳动关系作为劳动者在劳动争议中各项请求权的基础，其认定是人民法院审理劳动争议案件所面临的先决问题。或出于对劳动关系的认识问题，或基于资本逐利的特性，用人单位与劳动者未签订劳动合同，双方就是否存在劳动关系发生的争议在劳动争议案件中占有较大比重。经统计，2008年至2017年，北京市第二中级人民法院共审理二审劳动争议案件31 101件，其中涉及确认劳动关系的案件18 194件，占比达58.5%。然而在确认劳动关系的案件中，基于法官对证明标准掌握的尺度不一致，同案不同判和二审改判的情况时有发生，影响了司法裁判的统一性和严肃性。

证明标准是法律规定的运用证据证明待证事实所要达到的程度

要求，是衡量待证事实所达到的清晰程度的工具。它的意义源于证明责任的分配，即在争议案件事实真伪不明时，风险在当事人之间的分配。任何法律系统的诉讼法都有三个判断区：已证明—真伪不明—被反驳，证明标准正是连接这三个判断区的桥梁。案件审理中，负有证明责任一方为了避免待证事实真伪不明或被反驳，通过举证、质证来争取审判人员的支持，从而赢得案件的最终胜利。而审判人员则需要通过衡量双方提供的证据形成心证以后，认定争议案件事实是否得到证明。因此，证明标准直接决定着案件最终的裁决结果，直接关系着当事人的利益。以本案为例，本案二审阶段并未出现新的事实，但正是基于同样的事实，一、二审法官却作出了截然相反的判断。对比两份判决的说理，一审判决认为"杜某提交的证据并未形成高度盖然性"，二审判决则认为"杜某已完成其证明责任"，通过以上对比可以得出两点：一是杜某作为主张劳动关系存在的一方，应对产生劳动关系的基本事实承担证明责任，对此一、二审法官观点一致；二是在杜某承担举证证明责任的前提下，基于同样的证据，一、二审法官对杜某是否完成举证证明责任作出了相反的认定，这正说明对证明标准的掌握存在差异，最终产生了杜某一审败诉、二审胜诉的裁判结果。

二、出现劳动关系认定困境的原因分析

在我国实体法及诉讼法领域，均缺少完整、系统的关于劳动争议证明标准的特殊规定。民事诉讼证明标准的一般性与确认劳动关系案件的特殊性之间的矛盾，是导致裁判尺度不统一的主要原因。

1. 劳动法领域关于证明标准的规定

《中华人民共和国劳动争议调解仲裁法》第三十九条规定，当事人提供的证据经查证属实的，仲裁庭应当将其作为认定事实的根据。

《劳动人事争议仲裁办案规则》第十八条规定，争议处理中涉及证据形式、证据提交、证据交换、证据质证、证据认定等事项，若该规则未规定的，可以参照民事诉讼证据规则的有关规定执行。

《最高人民法院关于审理劳动争议案件适用法律若干问题的解释（三）》第九条规定，劳动者主张加班费的，应当就加班事实的存在承担举证责任。但劳动者有证据证明用人单位掌握加班事实存在的证据，用人单位不提供的，由用人单位承担不利后果。

除上述法律外，劳动法领域未见关于证明标准的具体规定。

2. 民事诉讼领域关于证明标准的规定

《最高人民法院关于适用〈中华人民共和国民事诉讼法〉的解释》（以下简称《民诉法解释》）第一百零八条规定，对负有举证证明责任的当事人提供的证据，人民法院经审查并结合相关事实，确信待证事实的存在具有高度可能性的，应当认定该事实存在。对一方当事人为反驳负有举证证明责任的当事人所主张事实而提供的证据，人民法院经审查并结合相关事实，认为待证事实真伪不明的，应当认定该事实不存在。法律对于待证事实所应达到的证明标准另有规定的，从其规定。

通过该条文"确信待证事实的存在具有高度可能性的"表述，可以看出我国民事诉讼的一般性证明标准是"高度盖然性"。在劳动法领域对证明标准没有特别规定的情况下，法官在审理确认劳动关系案件时，往往依据的就是《民诉法解释》所确定的"高度盖然性"标准。此种做法的合法性是毋庸置疑的，但就其合理性，应结合劳动法的属性进行考量。劳动关系最初由私法调整，然而私法中的形式平等和意思自治并不能消弭劳动者与雇主之间地位的悬殊。劳动法作为工业革命之后工业劳动社会化的产物，正是国家基于劳动关系双方经济上的不平等，为了保护和救济处于弱势地位的劳动者，运用法制手段对劳动关系进行规范和干预的结果。其根本目的是通过法律的强制来平衡劳动者与雇主之间的关系，实现劳动关系的和谐，进而促进整个社会的和谐，这与社会法的功能、法益结构、价值取向、调整模式完全吻合，因此劳动法属于典型的社会法。

劳动法作为社会法，以实质平等为基本价值追求。劳动者虽有使用劳动力交换劳动报酬的自由，劳动关系虽在形式上具有平等性，但劳动者在劳动中置于雇主的控制范围之内，劳动力的使用是通过支配、指示劳动者来实现的，因此劳动关系在实质上则具有从属性，这正是劳动关系区别于以意思自治和契约自由为核心的平等主体之间的民事法律关系的本质特征。这种实质上的从属性体现在诉讼活动中，必然是劳动者在举证能力上的弱势地位。从实现劳动法实质平等的价值追求角度，《民诉法解释》中关于"高度盖然性"证明标准的一般性规定，在平衡劳动关系、确认诉讼中双方的权利义务、倾斜保护劳动者方面，显然不够充分。

三、确认劳动关系案件中证明标准的探索

1. 要件事实与证明标准

作为证明标准载体的待证事实，从证明责任角度，对主张劳动关系存在的劳动者而言，即产生劳动法律关系的基本事实，也即要件事实。因此讨论确认劳动关系案件的证明标准，就需要先界定产生劳动法律关系的要件事实。

我国现行法律及司法解释对于产生劳动关系的要件事实并无明确规定。唯一可作为人民法院裁判参考的即《劳动和社会保障部关于确立劳动关系有关事项的通知》（以下简称《通知》），《通知》规定用人单位招用劳动者未订立书面劳动合同，但同时具备下列情形的，劳动关系成立：用人单位和劳动者符合法律、法规规定的主体资格；用人单位依法制定的各项劳动规章制度适用于劳动者，劳动者受用人单位的劳动管理，从事用人单位安排的有报酬的劳动；劳动者提供的劳动是用人单位业务的组成部分。按照《通知》，结合我国民事诉讼法的证明责任分配原则，主张劳动关系存在的劳动者需要证明的要件事实为上述规定所包含的三项内容。

2. 要件事实的证明标准体系探索

根据《民诉法解释》的规定,"高度盖然性"标准是民事诉讼的一般性标准,提高或降低该标准,需要法律"另有规定"。如何在不违背现有法律规定的前提下,解决或缓和民事诉讼证明标准的一般性与确认劳动关系案件的特殊性之间的矛盾,笔者以确认劳动关系为限尝试做如下分析。

从要件事实的界定以及劳动和社会保障部的规定可以看出,导致产生劳动法律关系的要件事实其实由多个要件事实组成。相应根据要件事实的体系,笔者认为可将证明标准分为:单个要件事实的证明标准和整体要件事实的证明标准。整体要件事实的证明标准,是对整个要件事实证明程度的综合要求。

结合《民诉法解释》第九十一条"主张法律关系存在的当事人,应当对产生该法律关系的基本事实承担举证证明责任"和第一百零八条的规定,"产生该法律关系的基本事实""待证事实"指的应是整体要件事实。相应地,"高度盖然性"的证明标准也是针对整体要件事实的证明要求。整体要件事实的证明标准基于法律规定而客观存在,法官不能自由裁量。但单个要件事实作为整体要件事实的组成部分,根据整体与部分的辩证关系原理,单个要件事实的证明标准在服务整体要件事实"高度盖然性"证明标准的基础上,可在"盖然性"和"高度盖然性"之间由法官根据具体案件自由裁量,从而最大限度地平衡诉讼双方的权利义务,实现劳动法实质平等的价值追求。具体可分为以下几种情况:

(1)每个要件事实均达到"高度盖然性"证明标准。此时自然意味着整体要件事实达到"高度盖然性"证明标准。

(2)某个要件事实真伪不明或被证伪。此时该单个要件事实未达到证明标准,整体要件事实因之未达到"高度盖然性"证明标准。

(3)某个或小部分要件事实达到"盖然性"证明标准,其他要件事实均达到"高度盖然性"标准。此时考虑劳动法的社会法属性和劳动者举证能力的局限性,应认定整体要件事实达到"高度盖然性"证明标准。

（4）半数或多个要件事实达到"盖然性"证明标准,其他要件事实未达到"高度盖然性"标准。此时应认定整体要件事实因之未达到"高度盖然性"证明标准。

当然,即便如此,降低证明标准仍是较为敏感的话题,必须根据各个要件事实被证实的难易程度,结合劳动者的举证能力,谨慎确定各个要件事实的证明标准。《通知》规定的三项内容中,第一项和第三项内容较容易被证明,所以应严格按照民事诉讼"高度盖然性"的标准进行审查。而第二项内容因为规定本身的抽象性（劳动规章制度适用、劳动管理）、证据留存的困难性和劳动者举证能力的局限性,往往成为劳动者完成举证证明责任的最大障碍。因此结合案件具体审理情况,适当降低劳动者对于第二项内容要件事实的证明标准,则具有实质性意义。

结合本案,双方争议焦点集中在某文化发展有限公司的劳动规章制度是否适用于杜某及某文化发展有限公司是否对杜某进行劳动管理。杜某主张其受某文化发展有限公司法定代表人王京统一管理。虽杜某未能就该主张直接提供证据,但某文化发展有限公司的陈述体现了其系杜某的汇报对象和工作指导主体之一,也因杜某克扣演员劳务报酬行为对杜某进行了一定程度的管理。如按照"高度盖然性"标准审查,"汇报""指导""警告"并不专属于劳动管理行为,劳务关系中也可能存在此类行为,因此"汇报""指导""警告"的行为并不足以达到"很有可能"存在劳动管理的程度。但结合杜某从事某文化发展有限公司的业务,某文化发展有限公司按相对固定的周期及数额支付杜某劳动报酬的事实,足以形成杜某"较有可能"受某文化发展有限公司劳动管理的心证。此时,基于劳动者举证能力的局限性,结合多数要件事实均达到"高度盖然性"证明标准的情况,认定杜某就其主张存在劳动关系的基本事实已达到"高度盖然性"的证明标准,显然更符合劳动法实质平等的价值追求和倾斜保护的基本原则。

(北京市第二中级人民法院 王 磊)

6. 离岗创业人员在保留人事关系的情形下与新单位之间是否形成劳动关系

上诉人：某园林公司
被上诉人：周某

争议焦点

离岗创业人员在与原单位保留人事关系的情形下加入新单位，其在原单位仍享有一定的福利待遇，其与新单位之间的用工关系应如何认定？

基本案情

周某于2014年3月25日入职某园林公司，某园林公司向其发放聘书，聘其为某园林公司总工程师，双方未签订书面劳动合同，某园林公司亦未给周某缴纳社会保险，周某个人在黑龙江省佳木斯市缴纳了社会保险。后因业务经营不下去，某园林公司与周某解除了工作关系。周某要求某园林公司支付未签订书面劳动合同双倍工资、违法解除劳动关系赔偿金以及拖欠的工资等。

某园林公司辩称：周某在黑龙江省佳木斯市行政服务中心建设局工作，其身份不能签订劳动合同，不能受雇于民营企业，公司与周某之间劳动关系不成立，本案不属于劳动合同纠纷。

后法院查明，周某系佳木斯市园林风景区管理处离岗创业人员,园林绿化高级工程师,事业编制,非公务员。2016年3月,依据《黑龙江省专业技术人员离岗创业实施细则》,周某所在单位为其办理了离岗创业手续,并已到佳木斯市人力资源和社会保障局备案。《黑龙江省专业技术人员离岗创业实施细则》第四条规定:"专业技术人员经批准离岗领办创办企业的,自批准离岗之日起5年内(以下简称离岗期),保留人事关系、职称和尚未期满的专业技术职务聘期,档案工资正常晋升,与离岗前所在单位(以下简称原单位)其他在岗人员同等享有参加专业技术职务任职资格评定、岗位等级晋升的权利。"该细则自2015年9月1日起实施。

审理结果

北京市朝阳区人民法院认定周某与某园林公司之间的劳动关系已解除,判决某园林公司支付周某2014年4月25日至2015年3月24日期间未签劳动合同的双倍工资差额11万元、解除劳动关系的经济补偿金15 000元、欠付的工资17 480元。宣判后,某园林公司对一审法院认定的双方之间成立劳动关系不服,向北京市第三中级人民法院提起上诉。北京市第三中级人民法院撤销了一审法院判决,驳回周某的全部诉讼请求。

评析意见

在当前激励人才创新创业、促进科技成果转化、支持经济转型发展的大背景下,各地纷纷出台政策,鼓励高校、科研院所和国有企事业单位专业技术人员领办创办企业。在此背景下,出现专业技术人员离岗创立企业或者加入新的企业的情形。在此过程中,离岗创业人员与新单位之间成立何种关系,系实践中常见的争议,法律对此未进行明确的规定,理论界亦对此探讨较少,给司法审判带来挑战与困惑。

一、劳动关系内涵解读

劳动关系是指劳动者与用人单位在实现劳动过程中建立的社会经济关系。在具体的劳动关系中,劳动者与用人单位之间不仅存在着财产关系,还存在着人身依附和行政隶属关系;劳动者除提供劳动外,还要接受用人单位的管理,遵守其规章制度。劳动者与用人单位在地位上存在实质上的不平等,劳动法、劳动合同法等相关法律法规在一定意义上系为保护处于相对弱势地位的劳动者,适度限制用人单位,故劳动关系具有一定的国家干预属性,并非属于完全意思自治的私法关系。所以,仅有劳动者与用人单位之间达成成立劳动关系的合意、签订劳动合同,并不当然成立劳动关系。本案中,尽管某园林公司向周某出具的聘书表明双方欲签订劳动合同,但双方之间是否成立劳动关系,不能仅以当事人之间的合意作为唯一依据,仍应分析双方之间的社会经济关系是否符合法律规定。

在法律规定的范围内,一般以当事人之间签订的劳动合同判断是否成立劳动关系。实践中,对于未签订书面劳动合同的情形,一般根据《劳动和社会保障部关于确立劳动关系有关事项的通知》第一条的规定认定劳动关系是否成立。

二、单一劳动关系之社会常态和立法预设

任何一种法律制度都预设了特定的主体模型作为其逻辑前提。我国劳动合同法在预设主体模型时,无论是对劳动者还是用人单位,均采取单一主体模型。需要注意的是,上述劳动关系的认定,指的是符合法律规定的单一劳动关系的特征。此乃社会关系中劳动关系的常见情形。劳动法律法规亦将单一劳动关系默认为常态加以规范。我国当前的劳动法律制度对双重劳动法律关系基本持否定态度,主要基于以下三点理由。一是从价值上看,双重劳动关系不利于对劳动者的保护,会破坏社会经济秩序。承认双重劳动关系的存在,对劳动者而言意味着要履行双份甚至多份劳动义务,但其权利根据劳动法的性质并不当然地对应获得双份或多份。在我国劳动力市场供大于求的情况下，双重劳动关系中劳动者的劳动强度一般都较大，劳动保护条件也较差，一旦发生工伤等事故，劳动者的合法权益更无法保障。二是从技术上看，双重劳动关系会对劳动合同管理产生干扰和影响。劳动法律制度限制了劳动关系当事人自由选择和设定劳动权利义务，即如果承认双重劳动关系的合法存在，在诸多方面将出现失控的局面，如8小时工作制的限制可能被突破，最低工资标准也将难以得到遵守，社会保险待遇的管理将出现问题，劳动者的权益势必受到严重影响。三是从法理上看，双重劳动关系与劳动关系的特征相违背。劳动合同是具有身份性的合同，当事人双方存在管理上的依从关系。劳动者作为用人单位的员工，从身份、组织和经济上从属于用人单位，遵照用人单位的要求，为用人单位提供劳动。这一特征决定了劳动者在同一时期内，一般只能同一个用人单位签订劳动合同。

不可否认的是，在单一劳动关系之外，随着劳动力市场上多种就业形式的出现，人们的就业方式更为灵活，实践中亦存在双重劳动关系的情形。但在现有法律体制框架下，双重劳动关系并非我国法律提倡的劳动关系之常态。在双重劳动关系的认定中，不可完全按照上述劳动关系之特征进行认定，除此之外，还需考虑是否符合法律承认双重劳动关系的立法用意。

本案中，周某为事业编工作人员，其在与原单位存在人事关系的情形下，又与新单位建立用工关系，周某与新单位之间是否成立劳动关系是本案的争议焦点。该情形并非我国法律允许的典型意义上的双重劳动关系。而对于公务员以及参照公务员管理人员以外的事业编工作人员能否与其他单位建立劳动合同关系，现有法律法规亦无明确的禁止性规定，对于该问题，应参照现有法律法规对双重劳动关系认定的规则予以分析和认定。

三、双重劳动关系之特殊存在

依据我国现行劳动法的基本原则,劳动者原则上在同一时间只能与一个用人单位建立劳动或人事关系。双重劳动关系作为例外情形存在,法律法规给予了极其狭小的适用空间,即在两种情形下方可承认双重劳动关系。一是非全日制用工形式下,承认双重劳动关系的存在。《劳动合同法》第六十九条规定,从事非全日制用工的劳动者可以与一个或者一个以上用人单位订立劳动合同;但是,后订立的劳动合同不得影响先订立的劳动合同的履行。二是经济体制转型造成的双重劳动关系。《最高人民法院关于审理劳动争议案件适用法律若干问题的解释(三)》(以下简称《司法解释三》)第八条规定,企业停薪留职人员、未达到法定退休年龄的内退人员、下岗待岗人员以及企业经营性停产放长假人员,因与新的用人单位发生用工争议,依法向人民法院提起诉讼的,人民法院应当按劳动关系处理。

双重劳动关系现象的产生和发展,有其自身社会动因,法律承认特殊情形下双重劳动关系的存在,有着特殊背景和特殊意义。

1. 非全日制用工形成的双重劳动关系

在非全日制用工情形下,用人单位并不要求劳动者一天工作8小时,劳动者可利用工作时间之外的其他时间与其他用人单位订立劳动合同,只要不影响前一用人单位劳动合同的履行即可。该种情形下的双重劳动关系对参与主体的权益影响较小,亦不会对社会秩序造成混乱,法律对此种双重劳动关系予以认可。

因本案不属于非全日制用工形式,本文对此不予过多探讨。

2. 内退、待岗等形成的双重劳动关系

在停薪留职人员、内退人员、下岗待岗人员及企业经营性停产放长假人员与新用人单位之间形成用工关系的情形下,承认双重劳动关系有着特殊的时代意义。这是我国经济发展到一定时期的时代产物。

在应然层面上,劳动关系认定非独立和静态问题,应置于我国劳动用工制度改革与经济社会发展的大背景下，才能获得最充分的解读。在《中华人民共和国劳动法》（以下简称《劳动法》）制定时，劳动关系主要是指单位和职工之间的关系。就单位来看，都是清一色的国有企业。随着国有企业进行改制，除国家另有规定外，统一实行劳动合同制，由于配套措施跟不上，特别是社会保障制度不健全，导致大量富余职工沉积在企业内，成为隐性失业人员，其中一部分成为下岗职工。对于富余职工的安置问题，国家出台相关法规、政策，允许和鼓励企业职工下岗和停薪留职，自谋出路。故原有计划经济体制下的职工下岗或停薪留职，挂靠原单位的同时到另一单位工作，原单位为职工保留档案关系、社会保险关系，但是没有工作任务安排给职工，职工与原单位只是名义上的劳动关系，而职工为另一用人单位提供劳动。随着我国改革开放和产业升级换代，相当多的企业在优胜劣汰的过程中或者发生经营困难，或者因科技创新大大提高了生产效率，产生了大量因经营性停产放长假的人员，这部分人员往往会自谋出路。这类劳动者向新用人单位提供劳动、获取劳动报酬的过程中，如何对其应享有劳动权益如劳动条件、劳动保护、社会保险等进行保障，成为困扰实践的难题。

上述情形下的人员往往是社会的弱势群体，更应得到社会的理解和法律的保护。正是基于以上原因，《司法解释三》将上述人员与新用人单位之间的用工关系界定为劳动关系，以充分保障劳动者的合法权益。

可见，双重劳动关系系特定时期、特定背景下的特殊存在，法律对其作出例外性的认可有其特殊的意义。

四、当前政策下的离岗创业人员不属于双重劳动关系保护范围

随着我国经济的发展和产业结构调整的有序推进，就业形式日益灵活化、弹性化，非典型劳动关系大量出现，已经呈现出传统与新型、一般与特殊、典型与非典型劳动关系并存发展的态势。应该承认，劳动法是以传统的、一般的、典型的劳动关系为规制对象诞

生和发展起来的,面对当前劳动关系多元化、灵活化的趋向,在适用上面临一些困境和盲区。

认定劳动关系的本质在于探寻其背后的真正"意图",即保护那些应该保护的群体的利益。劳动关系的判定标准过于严苛将导致劳动法保护范围过小,使部分劳动关系暴露于劳动法规制之外,劳动者权益之保护有失严密和完备。反之,一旦劳动关系判定标准过于宽泛,则本应由民事立法所调整的平等主体之间的劳务关系则会进入劳动法的视野,导致对平等的社会关系施予不平等的法律保护。

基于上述论述,笔者认为,当前政策下的离岗创业人员不属于法律规定的双重劳动关系的保护范围,不应认定离岗创业人员与新用人单位之间成立劳动关系,具体分析如下:

1. 双重劳动关系的立法用意

《司法解释三》第八条对建立双重劳动关系的人员范围进行了严格限制。这类人员与原单位之间的劳动关系虽然在形式上尚未解除或终止,但是从实质上看,双方均不能继续享有劳动法上的权利,也无法履行劳动法上的义务。在此种情形下,将劳动者与新用人单位之间的关系按照劳动关系处理,系为了保护处于特殊情形下的劳动者的合法权益,也即仅在此种情形下可以认定劳动者与两个单位存在劳动关系,但这绝非劳动关系认定之常态。

2. 离岗创业人员政策解读

《国务院关于印发"十三五"促进就业规划的通知》(国发〔2017〕10号)规定,"调动劳动者创业创富积极性。加快落实高校、科研院所等专业技术人员离岗创业政策,鼓励科技、教育、文化等专业人才转变观念,发挥知识和技术优势,成为创业的引领者"。在此政策下,各地纷纷出台专业技术人员离岗创业实施细则,且在具体内容上存在一致性,即保留离岗创业人员与原单位的人事关系、职称和尚未期满的专业技术职务聘期,与原单位的其他在岗人员同等享有相应权利等。当前形势和政策下的离岗创业人员，与前文所述的企业停薪留职人员、未达到法定退休年龄的内退人员、下岗待岗人员以及企业经营性停产放长假人员有着显著的区别，无须认定其与新单位之间成立劳动关系进而对其进行特殊保护。

本案中，周某作为离岗创业人员，其人事关系所在单位仍为其缴纳社会保险，按照当地规定周某在原单位仍享有一定的福利待遇，显然不属于《司法解释三》规定的双重劳动关系的情形，故不应将周某与新单位之间的关系界定为劳动关系。

（北京市第三中级人民法院　夏海曼）

7. 事实劳动关系认定问题分析

上诉人：某科技公司

被上诉人：朱某、徐某一、尤某、徐某二、徐某某

争议焦点

1. 劳动者自行缴纳社会保险费，用人单位据此辩称与劳动者不存在劳动关系，能否依据社会保险费的缴纳单位倒推事实劳动关系？

2. 法定代表人的个人账户每个月向劳动者转账，能否认定为工资的支付？

3. 劳动者提供工作名片、盖有公司印章的职业及收入证明、工作场所的照片，能否据此认定劳动者已经初步完成了举证责任？

基本案情

徐鹏自 2015 年 12 月开始到某科技公司上班，直至其于 2017 年 2 月 13 日因前往石家庄送净水机时发生交通事故去世。徐鹏的近亲属朱某、徐某一、尤某、徐某二及徐某某提供了徐鹏生前的工作名片，显示其为"某科技公司销售部经理"，还提供了盖有该公司印章的空白的职业及收入证明，以及该公司的法定代表人平均每个月通过银行转账的方式向徐鹏支付 2 500 元的明细单。某科技公司否认徐鹏为其员工，辩称徐鹏是以某商贸公司职工的名义缴纳的

社会保险费。经查明，徐鹏在2015年8月以前是以某商贸公司职工的名义缴纳的社会保险费，2015年8月以后是以个人名义缴纳的社会保险费，邯郸市社会保障中心出具的缴费明细上显示单位名称为"个人参保库（自由职业者）"。

2017年8月30日，邯郸市丛台区劳动人事争议调解仲裁委员会作出裁决：徐鹏与某科技公司之间存在事实劳动关系。某科技公司不服该裁决，向法院起诉。

审理结果

一审法院认为：关于某科技公司与徐鹏之间是否存在事实劳动关系的问题，参照《劳动和社会保障部关于确立劳动关系有关事项的通知》（以下简称《通知》）的规定，某科技公司和徐鹏均为法律上的适格主体，徐鹏亲属完成了初步的举证责任，其提交的证据能够证明徐鹏是某科技公司的职工，而某科技公司未能提交有效的证据。一审判决双方自2015年12月至2017年2月形成了事实劳动关系。

某科技公司不服，上诉至邯郸市中级人民法院。二审法院认为，虽然某科技公司法定代表人每月向徐鹏转账的款项数额不一致，但因徐鹏为销售人员，有一定的提成，故该公司辩称该款项为货款是不能成立的，且其未提交货款相关的单据；徐鹏在押送净水机的路上发生交通事故，该公司的营业范围包括净水机的销售，且徐鹏的名片和工作场所留影均能证实双方之间存在事实劳动关系。二审法院驳回了上诉，维持原判。

评析意见

在用人单位未依法缴纳社会保险费，劳动者自行缴纳社会保险费的情况下，是不影响事实劳动关系的确立的。因为用人单位为了逃避劳动法规定的义务，可能不给劳动者缴纳社会保险费，也可能存在劳动者依然以原"空壳单位"名义继续缴纳社会保险费的情况。虽然《通知》规定了用人单位负举证责任的凭证中包含缴纳各项社会保险费的记录，但并未明确规定仅凭该记录就能够证明事实劳动关系的存在，法律法规也未规定社会保险费的缴纳单位一定为用人单位。

在一些管理不规范的小微企业中，可能会出现通过法定代表人或公司会计的个人银行账户向劳动者发放工资的情况，这种情况下用人单位如果辩称不是工资发放的话，需要提供充分的证据予以证明，因为劳动者只须打印相关银行凭证予以证明，而举证责任由用人单位承担。如果用人单位不依法提交相关凭证，就要承担不利的法律后果。

《通知》第一条规定了用人单位招用劳动者未订立书面劳动合同，劳动关系成立应同时具备三种情形。第二条规定："用人单位未与劳动者签订劳动合同，认定双方存在劳动关系时可参照下列凭证：（一）工资支付凭证或记录（职工工资发放花名册）、缴纳各项社会保险费的记录；（二）用人单位向劳动者发放的'工作证''服务证'等能够证明身份的证件；（三）劳动者填写的用人单位招工招聘'登记表''报名表'等招用记录；（四）考勤记录；（五）其他劳动者的证言等。其中（一）（三）（四）项的有关凭证由用人单位负举证责任。"

上述规定沿用至今，在司法实践中，各地法院把握尺度和标准不一，可能造成裁量结果不同，故建议尽快出台相关的司法解释予以明确。

(河北省邯郸市丛台区人民法院　王彦伟)

8. 超过法定退休年龄继续用工是否可认定劳动关系

原告：孙某
被告：某金属制品有限公司

争议焦点

劳动者达到法定退休年龄，但未享受基本养老保险待遇，用人单位继续用工，劳动者与用人单位是否存在事实劳动关系。

基本案情

孙某自2015年起在某金属制品有限公司从事塑料制造、加工工作，双方没有签订劳动合同。孙某的工资由某金属制品有限公司法定代表人曹某不定期通过银行转账的方式发放。2017年5月27日，孙某在工作过程中因机械故障，高温物料高压喷出受伤。孙某为了进行工伤认定，向景县劳动人事争议调解仲裁委员会提出仲裁申请，请求确认与某金属制品有限公司存在事实劳动关系，仲裁委员会以"申请人已超过法定退休年龄，主体不适格"为由出具了不予受理案件通知书。孙某不服，诉至法院。

审理结果

法院查明,孙某虽已达到法定退休年龄,但未享受基本养老保险待遇。法院判决孙某与某金属制品有限公司之间存在事实劳动关系。双方均未提起上诉。

评析意见

《劳动法》第十五条规定,禁止用人单位招用未满16周岁的未成年人,文艺、体育和特种工艺单位招用未满16周岁的未成年人,必须遵守国家有关规定,并保障其接受义务教育的权利。《劳动法》只对劳动者的劳动年龄下限进行了规定,但对达到法定退休年龄依然从事劳动的劳动者未作禁止性规定,退休年龄并不能被推定为劳动能力完全丧失的年龄。《中华人民共和国劳动合同法实施条例》(以下简称《劳动合同法实施条例》)第二十一条规定:"劳动者达到法定退休年龄的,劳动合同终止。"这一规定赋予了用人单位在劳动者达到法定退休年龄时对劳动关系的终止权,但并不意味着劳动关系在劳动者达到法定退休年龄时就自动终止。因此,只要是未违反法律禁止性规定的有劳动能力的人员,均能成为劳动关系中的劳动者。《最高人民法院关于审理劳动争议案件适用法律若干问题的解释(三)》第七条规定:"用人单位与其招用的已经依法享受养老保险待遇或领取退休金的人员发生用工争议,向人民法院提起诉讼的,人民法院应当按劳务关系处理。"故对于达到或者超过法定退休年龄的劳动者(含农民工)与用人单位之间劳动关系的终止,应当以劳动者是否享受养老保险待遇或者领取退休金为标准,而劳动者达到法定退休年龄不一定能够享受养老保险待遇或退休金。且从工伤的相关规定可以看出,达到或超过法定退休年龄的劳动者认定工伤或视同工伤,是以其是否享受基本养老保险待遇或用人单位是否为其办理工伤保险手续等因素作为是否存在劳动关系的条件。如《人力资源社会保障部关于执行〈工伤保险条例〉若干问题的意见（二）》（人社部发〔2016〕29号）第二条规定："达到或超过法定退休年龄,但未办理退休手续或者未依法享受城镇职工基本养老保险待遇,继续在原用人单位工作期间受到事故伤害或患职业病的,用人单位依法承担工伤保险责任。用人单位招用已经达到、超过法定退休年龄或已经领取城镇职工基本养老保险待遇的人员,在用工期间因工作原因受到事故伤害或患职业病的,如招用单位已按项目参保等方式为其缴纳工伤保险费的,应适用《工伤保险条例》。"

本案中某金属制品有限公司与孙某之间的关系符合劳动关系成立要件,且其未为孙某办理退休手续,孙某未享受基本养老保险待遇,其生活无法得到保障。劳动法立法精神是为了保护劳动者的合法权益,且法律未禁止达到或超过退休年龄的人员参加劳动,未明确规定这类人员不能成为劳动关系主体,故应认定孙某与某金属制品有限公司之间存在事实劳动关系,以更好地保障劳动者的权益。

（河北省衡水市景县人民法院　郭倩倩）

9. 承包人与施工人招用的劳动者之间是否存在劳动关系

上诉人：某建筑公司
被上诉人：荀某某

争议焦点

在违法转包、非法分包中应如何认定劳动关系？

基本案情

2014年，作为甲方的某医院同作为乙方的某建筑公司签订综合病房楼工程施工合同书。某建筑公司委派李某某为该项目经理，负责该工程施工建设。在施工期间，某建筑公司将该工程的强电和弱电预埋安装、避雷接地、立杆穿线等电器安装工程分包给刘某某，双方约定按安装面积结算。荀某某在刘某某手下一直从事电器安装、管道疏通工作，2015年，刘某某让荀某某到某医院综合病房楼工程工地干活。荀某某在工作过程中发生事故，造成右眼受伤。荀某某向劳动人事争议调解仲裁委员会申请仲裁，仲裁委员会裁决荀某某受伤时与某建筑公司存在劳动关系。某建筑公司不服该裁定诉至法院。

另查明，某建筑公司经工商注册登记，具备承包建筑工程的资质，但刘某某不具备承包该工程的资质，故双方系违法分包。

劳动关系认定

 审理结果

一审法院认为，荀某某在从事刘某某分包的工程时受伤，因某建筑公司将该工程违法分包给不具备用工主体资格的刘某某，根据《劳动和社会保障部关于确立劳动关系有关事项的通知》第四条"建筑施工、矿山企业等用人单位将工程（业务）或经营权发包给不具备用工主体资格的组织或自然人，对该组织或自然人招用的劳动者，由具备用工主体资格的发包方承担用工主体责任"的规定，某建筑公司应承担用工主体责任，判决荀某某自从事某医院综合病房楼工程电器安装工作之日起与某建筑公司建立劳动关系。某建筑公司不服提起上诉。

二审法院对某建筑公司要求确认其与荀某某不存在劳动关系的诉讼请求予以支持。

 **评析意见**

《人力资源社会保障部关于执行〈工伤保险条例〉若干问题的意见》（人社部发〔2013〕34号）第七条规定，具备用工主体资格的承包单位违反法律、法规规定，将承包业务转包、分包给不具备用工主体资格的组织或自然人，该组织或自然人招用的劳动者从事承包业务时因工伤亡的，由该具备用工主体资格的承包单位承担用人单位依法应承担的工伤保险责任。该条规定了实际施工人雇用劳动者发生工伤事故时，承包人应承担工伤保险责任。《劳动和社会保障部关于确立劳动关系有关事项的通知》第四项规定由具备用工主体资格的发包方对实际施工人雇用的劳动者承担用工主体责任。

本案中某建筑公司将业务违法分包给不具备承包资质的刘某某，应由某建筑公司对荀某某承担用工主体责任。但承担用工主体

47

责任与形成劳动关系并非同一法律关系,"用工主体责任"与"用人单位责任"并非同一法律概念,荀某某未举证证明其与某建筑公司形成劳动关系的基础事实,双方之间亦不存在劳动关系的形式要件,认定某建筑公司与荀某某存在劳动关系,理由不足。而刘某某招用荀某某进行施工,荀某某的工资由刘某某发放,工作受其管理,应认定刘某某与荀某某形成雇佣关系。劳动关系主要特点为用人单位招募劳动者为其成员,向其发放工资,劳动者服从用人单位管理和指挥,遵守用人单位内部规章制度。建筑用工过程中多是分包人(即俗称的包工头)雇用工人并发放工资,因此确认工人与承包单位存在劳动关系不符合客观事实。

(河北省保定市中级人民法院 霍丽芳)

10. 学生实习期与用人单位是否建立劳动关系

申请人：孙某

被申请人：某汽车销售公司

争议焦点

实习期间的学生与用人单位是否建立劳动关系？

基本案情

孙某，1997年出生，2013年8月到承德某技师学院学习，专业为会计电算化，学制3年，2016年6月30日毕业。2015年5月，孙某经学校老师介绍到某汽车销售公司实习，学校与该公司签订了实习协议，孙某在公司主要从事配件三包、售后服务工作，每天工作8小时，公司按月发放实习工资。2016年10月30日，孙某口头提出辞职，离开时要求公司给付未签劳动合同双倍工资及补缴社保。后孙某向当地劳动争议仲裁委员会申请仲裁。某汽车销售公司认为孙某系实习学生，因此其提出的请求不能成立，且其违反了公司离岗前一个月提出申请的规定，给公司工作开展造成影响，对此应承担责任。

审理结果

经仲裁庭反复调解,双方自愿达成和解协议,某汽车销售公司一次性给付孙某补偿金 5 000 元。

评析意见

学生实习是学校出于教学需要,安排学生进行的社会实践,主要还是为教学服务。《国务院关于大力发展职业教育的决定》(国发〔2005〕35号)规定:"大力推行工学结合、校企合作的培养模式。与企业紧密联系,加强学生的生产实习和社会实践,改革以学校和课堂为中心的传统人才培养模式。中等职业学校在校学生最后一年要到企业等用人单位顶岗实习,高等职业院校学生实习实训时间不少于半年。建立企业接收职业院校学生实习的制度。实习期间,企业要与学校共同组织好学生的相关专业理论教学和技能实训工作,做好学生实习中的劳动保护、安全等工作,为顶岗实习的学生支付合理报酬。逐步建立和完善半工半读制度。"实习单位与实习学生不建立劳动关系。在《劳动部关于贯彻执行〈中华人民共和国劳动法〉若干问题的意见》(劳部发〔1995〕309号)中有类似规定,"在校生利用业余时间勤工助学,不视为就业,未建立劳动关系,可以不签订劳动合同"。

如果学生领取毕业证之后,还一直在实习单位工作,此时与单位之间便形成了劳动关系。就本案而言,孙某2016年6月30日领取了毕业证后,一直在之前实习的公司工作,而该公司没有及时为孙某办理招工录用等相关手续,最终导致了争议发生。这也给用人单位敲响了警钟,实习学生拿到毕业证后,要及时签订劳动合同,办理社保相关事宜。

(河北省承德市劳动人事争议仲裁院 张 勇)

11. 劳动者死亡后，其近亲属能否申请仲裁要求确认劳动关系

申请人：刘某
被申请人：某石化物流公司

争议焦点

1. 劳动者死亡后，其近亲属是否具有申请仲裁确认劳动关系的主体资格？近亲属申请仲裁的人员顺序如何确定？

2. 如何理解《劳动争议调解仲裁法》第二十五条中的"劳动者死亡后，由其近亲属或者代理人参加仲裁活动"中的"代理人"？

基本案情

刘某之父刘某某与某石化物流公司于2015年5月14日签订劳务协议，期限自2015年5月14日至2016年5月13日，约定岗位为炊事员，负责做早晚餐，每月报酬为4 500元。协议期满后双方又签订另一份协议，期限自2017年5月14日至2018年5月13日，其他内容均不变。协议中约定了合同履行期限、工资标准、年休假期限、竞业限制条款、劳动保护条件、争议解决方式等内容。某石化物流公司未为刘某某缴纳社会保险。2017年11月15日17时许，刘某某在工作过程中突然晕倒，18时许被发现已死亡。某石化物流

公司否认与刘某某之间存在劳动关系，称双方只是劳务关系，对刘某某未进行考勤记录。刘某申请劳动争议仲裁，请求确认刘某某在2015年5月14日至2017年11月15日期间与某石化物流公司存在劳动关系，并请求裁决某石化物流公司支付一次性工亡补助金、丧葬补助金。某石化物流公司则主张双方间签订的是劳务协议，刘某不具有申请人主体资格。

审理结果

仲裁委员会作出裁决，确认刘某某生前与某石化物流公司在2015年5月14日至2017年11月15日期间存在劳动关系，驳回其他仲裁请求。

评析意见

劳动关系是指劳动者与用人单位之间，依法所确立的劳动过程中的权利义务关系，这一确认之诉通常应当由劳动关系的实体权利义务当事人进行主张。劳动者死亡后，其近亲属是否具有请求确认劳动关系的主体资格，目前有两种不同意见。

一种意见认为，确认劳动关系本质上是对双方是否存在具有人身依附性的身份关系作出认定，属于身份权的范围。而身份权是民事主体基于某种特定身份享有的民事权利，依据《中华人民共和国民法总则》（以下简称《民法总则》）第十三条"自然人从出生时起到死亡时止，具有民事权利能力，依法享有民事权利，承担民事义务"的规定，相应的请求权只能由劳动者本人行使，不能被继承，故劳动者死亡后，其近亲属主体不适格，不能行使确认劳动关系之权。

另一种意见认为，劳动者的权利兼具人身权利和财产权利属性、自由择业权、休息休假权等属于劳动者的人身权利，具有人身专属性，一旦权利主体消亡，这些权利也不再存在，无法继承；而劳动者依法获得劳动报酬、社会保障等权利具有财产权利的性质，这些权利是可以与劳动者的特定身份相分离的，所以死亡劳动者的近亲属就具有相应的主体资格。而劳动者死亡后，其近亲属请求确认劳动关系，最终目的是申请工伤认定从而取得劳动者工亡待遇及赔偿，实质是主张财产权利，其明显具有可继承性，所以死亡劳动者近亲属具有申请确认劳动关系的主体资格。

权衡两种意见，笔者倾向于第二种意见。

第一，劳动者死亡的，近亲属参加仲裁活动的身份是什么？

笔者认为应为当事人身份。《劳动争议调解仲裁法》第二十五条规定，劳动者死亡的，由其近亲属或者代理人参加仲裁活动。但对近亲属的范围和申请仲裁的顺序，法律法规并无相关规定。在民事争议领域，因死者名誉权、肖像权等引发的侵权纠纷及精神损害赔偿纠纷，与劳动者死亡后劳动关系确认及工伤待遇支付争议非常类似，可参照执行。

《最高人民法院关于适用〈中华人民共和国民事诉讼法〉的解释》第六十九条规定，对侵害死者遗体、遗骨以及姓名、肖像、名誉、荣誉、隐私等行为提起诉讼的，死者的近亲属为当事人。《最高人民法院关于审理名誉权案件若干问题的解答》（法发〔1993〕15号）提出："死者名誉受到损害的，其近亲属有权向人民法院起诉。近亲属包括：配偶、父母、子女、兄弟姐妹、祖父母、外祖父母、孙子女、外孙子女。"相对应的，《中华人民共和国侵权责任法》第十八条规定，被侵权人死亡的，其近亲属有权请求侵权人承担侵权责任。《最高人民法院关于确定民事侵权精神损害赔偿责任若干问题的解释》第七条规定，自然人因侵权行为致死，或者自然人死亡后其人格或者遗体遭受侵害，死者的配偶、父母和子女向人民法院起诉请求赔偿精神损害的，列其配偶、父母和子女为原告；

没有配偶、父母和子女的,可以由其他近亲属提起诉讼,列其他近亲属为原告。

上述这些规定明确了死者近亲属的当事人地位,还明确了近亲属之间提起诉讼的顺位问题。在相关劳动法律法规政策尚不明确的情况下,笔者建议在劳动争议案件中可以参照民事争议领域的相关规定。

第二,死亡劳动者近亲属请求确认劳动关系的终极目的是什么?

死亡劳动者近亲属提起劳动关系确认之诉,深层次原因多是为申请工伤认定,最终获得劳动者的工亡待遇及赔偿,工亡待遇及赔偿属于劳动者的财产权,具有可继承性。本案中,从刘某要求支付一次性工亡补助金、丧葬补助金的请求,也可以很明显看出其要求确认劳动关系的最终目的是确认刘某某因工死亡进而得到赔偿,并非为维护死者刘某某生前的身份性劳动权利。从这一终极目的来看,赋予死亡劳动者近亲属申请仲裁的主体资格,有利于保护死者的相关利益,符合当事人的仲裁期望。近年来,我国的司法改革朝着加强当事人诉权保障、实现司法为民的方向不断发展。《中华人民共和国民事诉讼法》(以下简称《民事诉讼法》)从扩展诉权范围、构建公益诉讼制度及完善保障诉权得以实现的各项机制等多方面,充分体现了当前强化当事人诉权保障的主导思想。在此大环境下,笔者认为,赋予死亡劳动者近亲属确认劳动关系的主体资格,正是顺应了我国司法改革的发展趋势。

第三,劳动者死亡后,其代理人参加仲裁活动的身份如何界定?是否具备合理性?

《劳动争议调解仲裁法》第二十五条规定,劳动者死亡的,由其近亲属或者代理人参加仲裁活动。其中代理人的身份是值得探讨的。《民法总则》第一百六十三条规定,代理包括委托代理和法定代理。委托代理人按照被代理人的委托行使代理权,法定代理人依照法律的规定行使代理权。《劳动争议调解仲裁法》第二十四条、第二十五条对代理也有相关规定，当事人可以委托代理人参加仲裁活动；丧失或者部分丧失民事行为能力的劳动者，由其法定代理人代为参加仲裁活动，无法定代理人的，由劳动争议仲裁委员会为其指定代理人。劳动者死亡后，显然是没有委托权的，那么代理人的身份既不属于委托代理人亦不属于法定代理人，也不具备指定代理的条件。也就是说，劳动者死亡的，不可能由代理人单独参加仲裁活动。然而，死亡劳动者近亲属作为当事人是具有委托代理的权利的，那么该代理人就只能是死亡劳动者近亲属的代理人，并非死亡劳动者的代理人。可见《劳动争议调解仲裁法》第二十五条"劳动者死亡的，由其近亲属或者代理人参加仲裁活动"中的"代理人"只能是近亲属的委托代理人，不具有仲裁申请人主体资格。故笔者认为该法条的表述不够严谨。

综上所述，笔者认为，死亡劳动者近亲属应当作为当事人参加劳动争议仲裁活动，可以请求确认劳动关系。结合本案，依据《劳动和社会保障部关于确立劳动关系有关事项的通知》的相关规定，刘某某系受某石化物流公司管理的人员，其与该公司签订的两份劳务协议中写明了合同履行期限、工资标准、年休假期限、竞业限制条款、劳动保护条件等内容，虽然未订立名称为劳动合同的文本，但订立的协议已经包含了劳动合同期限、工作内容、休息休假、劳动报酬等内容，明确了双方的主要权利义务，具备劳动合同本质特征，应当认定双方已经订立了书面劳动合同，故仲裁庭认定双方签订的劳务协议系劳动合同。刘某还提供了刘某某工作单位通行证、银行流水清单等证据，对事实劳动关系的存在进行了初步举证。仲裁庭经审查，对刘某的仲裁请求予以了支持。

(天津市劳动人事争议仲裁院 赵 晶)

12. 员工为承包单位业务自行招用人员的劳动关系认定

申请人：王某
被申请人：天津某散热器有限公司

争议焦点

企业车间主任承包车间业务，自行招用的员工与企业是否存在劳动关系？

基本案情

陈某负责管理天津某散热器有限公司散热器车间和技术工作，双方于2016年2月1日签订了散热器喷涂业务加工协议。2016年2月，陈某招用王某到车间工作，岗位为操作工，未签订劳动合同。2017年10月30日王某在上班途中发生交通事故并受伤。王某为认定工伤提出仲裁申请，请求确认与天津某散热器有限公司之间存在劳动关系。

天津某散热器有限公司主张与王某之间不存在劳动关系。理由如下：王某受雇于自然人陈某，从事喷涂工作，陈某与公司是业务加工关系，公司根据喷涂工作量支付加工费用，王某不受公司的管理，公司不向王某支付工资，所以双方之间不存在劳动关系。

劳动关系认定

 审理结果

仲裁委员会认为，陈某负责代管被申请人散热器车间和技术管理，通过被申请人提交的 2016 年 6 月、7 月、9 月工资表中均有向陈某支付工资的记载，可见，陈某从事被申请人所属业务的工作，接受被申请人管理，被申请人向其支付劳动报酬，依据《劳动和社会保障部关于确立劳动关系有关事项的通知》的规定，被申请人与陈某之间属于劳动关系。虽然天津某散热器有限公司将所属车间业务承包给与其存在劳动关系的陈某负责加工，双方存在业务加工关系，但并不影响双方劳动关系的存在。王某系陈某招用，所在车间系天津某散热器有限公司业务范畴，陈某对车间的管理也系天津某散热器有限公司的管理行为。依据《劳动和社会保障部关于确立劳动关系有关事项的通知》第一项规定，裁决王某与天津某散热器有限公司自 2016 年 2 月起建立劳动关系。

 **评析意见**

一些单位为了方便管理，会将业务承包给本单位有一定经验的人员管理，大多是本单位的车间主任等。单位负责场地、生产工具，管理人员负责购买原材料、生产销售、招用并管理工人等事务，但财务由单位统一管理。这些单位中有的以年薪方式向管理人员支付工资，有的以普通车间主任工资标准支付工资，年底时按业务量分成。通过此种方式，单位可以对外宣称是由管理人员自行招用工人、管理工人、支付工资，从而规避与工人签订劳动合同、缴纳社会保险费的责任。劳动者大多不清楚实情，认为这个管理人员就是老板，即使知道实情，在维权时取证也很难。

本案中仲裁员抓住了一条线索，就是用人单位提供的工资表与管理人员给劳动者的工资表样式和记载方式相同，当庭对关键人物陈某提出大量问题要求其回答，最终陈某不能自圆其说，只能承认确实负责单位的总体业务管理。陈某与用人单位是存在劳动关系的，他招用管理的工人，也就与用人单位存在劳动关系。虽然陈某与用人单位签订了加工协议，暂不论此加工协议的真伪，即使双方确实存在业务加工关系，但此业务加工关系依附在双方劳动关系的基础之上。首先，用人单位和管理人员之间存在劳动关系，他们之间有了人身依附关系；其次，产生了业务加工关系，管理人员招用劳动者从事此项业务，劳动者从事的此项业务属于用人单位业务范畴，虽然不受用人单位直接管理，但接受管理人员的管理，管理人员与用人单位有被管理的关系，故劳动者也是受用人单位管理的；最后，工资报酬的支付，无论是用人单位向劳动者支付工资，还是管理人员向劳动者支付工资，都是劳动者从事此项工作产生的工资报酬。综上，管理人员招用的劳动者与用人单位之间的劳动关系是存在的。

（天津市宁河区劳动人事争议仲裁院　薄俊玲）

13. 劳动者的工作单位委托劳务派遣公司缴纳社会保险费，劳动者与谁存在劳动关系

上诉人：某科技发展公司
被上诉人：李某
被上诉人：某劳务派遣公司

争议焦点

1. 某科技发展公司与某劳务派遣公司中，谁与李某存在劳动关系？
2. 李某的未签订书面劳动合同二倍工资差额及拖欠工资应由哪家单位支付？

基本案情

2014年8月11日，李某到某科技发展公司工作，2016年3月12日离职。2016年4月22日，李某以某科技发展公司为被申请人，申请劳动争议仲裁，要求其支付拖欠的工资18 431元、未签订书面劳动合同二倍工资差额38 500元、违法拖欠工资经济赔偿金7 000元。仲裁委员会裁决某科技发展公司向李某支付未签订书面劳动合同和未订立无固定期限劳动合同二倍工资差额37 252.88元、

拖欠的工资17 787.35元。某科技发展公司不服该仲裁裁决，提起诉讼，一审判决后其又提起上诉，二审法院将该案发回重审。一审法院依法追加某劳务派遣公司为被告。某科技发展公司提交了与某劳务派遣公司签订的劳务派遣协议及2016年4月28日某劳务派遣公司出具的管理费发票，主张某劳务派遣公司为李某的用人单位。上述劳务派遣协议约定："……乙方（某劳务派遣公司）负责与劳务人员建立劳动关系、签订和管理劳动合同、招聘的前期岗前培训、代发工资、代缴保险、代为处理工伤等相关工作。……"李某提交了某劳务派遣公司与某科技发展公司签订的保险代理协议书。该协议书约定："……甲方（某劳务派遣公司）受乙方（某科技发展公司）委托，为乙方部分员工（名单附后）代理缴纳养老保险、医疗保险、生育保险、失业保险、工伤保险、住房公积金，与乙方代理保险人员无劳动关系……"某劳务派遣公司提交了某科技发展公司2015年1—12月的劳务费明细一份，与李某均主张某劳务派遣公司只是为李某代缴社会保险费，劳务派遣协议并未实际履行。另外，李某对某科技发展公司通过银行转账支付工资3 000元、5 000元的事实予以认可。二审中，法院调取了李某2014年8月至2016年3月期间社会保险缴费情况，经质证认定：为李某缴纳养老保险费用的单位为某劳务派遣公司。

 审理结果

一审法院经审理认为，某科技发展公司主张李某属于某劳务派遣公司派遣到其公司工作的人员，但当事人分别提供的相应证据，足以证明某劳务派遣公司与李某之间系社会保险代理关系，某科技发展公司为李某发放工资，李某受其管理、从事其安排的有报酬的劳动，具备《劳动和社会保障部关于确立劳动关系有关事项的通知》第一项规定的劳动关系成立的要件，可以认定某科技发展公司与李某之间存在劳动关系,李某与某劳务派遣公司不存在劳动关系。

一审法院判决某科技发展公司给付李某未签书面劳动合同二倍工资差额34 500元和拖欠的工资17 787.35元,对李某的其他仲裁请求不予支持,驳回某科技发展公司的其他诉讼请求。

二审法院经审理认为,虽然李某未与某劳务派遣公司签订书面劳动合同,但某劳务派遣公司与某科技发展公司签订了劳务派遣协议。某科技发展公司提交的某劳务派遣公司开具的管理费发票,能够证明截至开票时双方签订的劳务派遣协议仍在履行。以上证据能够相互印证,证明某劳务派遣公司为李某的用人单位,某科技发展公司为李某的用工单位,故某科技发展公司无须向李某支付未签订书面劳动合同和无固定期限劳动合同二倍工资差额。《最高人民法院关于审理劳动争议案件适用法律若干问题的解释(三)》第六条第二款:"被追加的当事人应当承担责任的,人民法院应当一并处理。"根据这一规定,上述款项应由某劳务派遣公司承担。故二审法院判决某劳务派遣公司给付李某未签书面劳动合同二倍工资差额34 500元。关于某科技发展公司支付李某拖欠工资问题,一审判决论述及数额认定并无不当,二审法院予以维持。

评析意见

2012年12月28日,第十一届全国人民代表大会常务委员会第三十次会议通过了《关于修改〈中华人民共和国劳动合同法〉的决定》,此次修改主要针对劳务派遣的相关问题予以细化和明确,目的在于规范劳务派遣行为。尽管如此,仍有用人单位为了转嫁风险,利用法律空白和漏洞,规避自己应当承担的责任,侵害劳动者的合法权益。

本案中,某科技发展公司和某劳务派遣公司在李某不知情的情况下，签订了保险代理协议书和劳务派遣协议，在两份协议内容相互矛盾的情况下，相互推诿责任。为保护劳动者的合法权益，综合判定与李某具有劳动关系的用人单位，首先就需要确定某科技发展公司与某劳务派遣公司签订的保险代理协议书和劳务派遣协议的效力。笔者认为，平等主体某科技发展公司与某劳务派遣公司之间签订的两份协议不违反法律、行政法规的强制性规定，应认定该两份协议依法成立并有效。结合劳务派遣协议的约定，以及某劳务派遣公司为李某缴纳社会保险的事实，可以认定某劳务派遣公司是李某的用人单位，某科技发展公司是李某的用工单位。但根据合同的相对性原则，该两份协议的效力仅限于某科技发展公司与某劳务派遣公司之间，对第三人李某并无约束力。

根据《劳动合同法》第五十八条之规定，劳务派遣单位是用人单位，应当履行用人单位对劳动者的义务。某劳务派遣公司作为李某的用人单位，未履行与劳动者签订书面劳动合同的义务，故未签订书面劳动合同二倍工资的支付责任应由某劳务派遣公司承担。

《劳动合同法》第五十九条规定，劳务派遣单位派遣劳动者应当与接受以劳务派遣形式用工的单位订立劳务派遣协议。劳务派遣协议应当约定派遣岗位和人员数量、派遣期限、劳动报酬和社会保险费的数额与支付方式以及违反协议的责任。某科技发展公司与某劳务派遣公司签订的劳务派遣协议约定由某劳务派遣公司代发工资，现李某工资被拖欠，合法权益受到侵害，如何确定劳务派遣单位和用工单位的工资支付责任承担，有协议应依约履行。本案中，实际上是某科技发展公司向李某发放工资，而某劳务派遣公司亦有异议，可视为双方以实际行为对协议内容的变更。从另一方面而言，按照"谁用工、谁受益、谁负责"的原则，李某为某科技发展公司提供了劳务，李某的工资应由受益方某科技发展公司发放，支付拖欠工资的责任也应由某科技发展公司承担。

劳务派遣实际上既有用工单位和劳动者的劳务关系，还有派遣单位与劳动者的劳动关系,三方主体之间的关系不仅受到法律法规的调整,而且还要受相互之间协议的约束。在民事法律法规的大框架内尊重意思自治,保护各方合法权益,就要厘清并确定"三方两关系",从而准确分配各自的权利和义务。特别是对本案所涉情形,现行的法律法规并无涉及,给司法实践带来很大困扰。用工单位和劳务派遣单位私订劳务派遣协议,劳动者在不知情的情况下"被派遣",如何界定相互之间的关系,划定各自承担的责任和义务,从而保护处于弱势地位的劳动者的合法权益,就显得尤为重要。

(河北省秦皇岛市中级人民法院　任秀文)

劳动合同的签订与履行

14. 成立劳动关系却签订"劳务合同"，并不必然属于未签订书面劳动合同

上诉人：张某
被上诉人：某文化传播公司

争议焦点

用人单位与劳动者之间签署了具备劳动合同性质的"劳务合同"，是否属于未与劳动者签订书面劳动合同？应否支付未订立书面劳动合同的二倍工资差额？

基本案情

2016年7月11日，张某与某文化传播公司签订劳务合同，约定张某从事宿管劳务工作，每月劳务报酬4 000元，合同期限自2016年7月11日至2017年12月31日。2017年11月4日，张某向某文化传播公司邮寄解除劳动合同通知书，以某文化传播公司未与其签订书面劳动合同、未缴纳社会保险费且未及时足额支付劳动报酬为由解除劳动合同。其后，张某向仲裁委员会申请仲裁。2017年11月29日，仲裁委员会裁决驳回张某的仲裁请求。张某不服裁决结果，向法院提起诉讼。张某认为某文化传播公司与其并未签订劳动合同，故在诉讼请求中要求某文化传播公司向其支付2016年8月11日至2017年7月11日期间未签订书面劳动合同二倍工资差额

49 500元。本案中双方均符合建立劳动关系的主体资格,某文化传播公司亦于庭审中认可张某实际提供劳动、支付张某工资、张某的劳动系其业务必要组成部分的事实。

审理结果

一审法院判决某文化传播公司支付张某病假工资 417 元、解除劳动合同经济补偿金 5 925 元、未休年休假工资 363 元,驳回张某的其他诉讼请求。

张某不服一审判决诉至二审法院,二审法院判决:驳回上诉,维持原判。

评析意见

《劳动法》第十六条第一款规定:"劳动合同是劳动者与用人单位确立劳动关系、明确双方权利和义务的协议。"劳动合同是调整劳动关系的基本法律形式,也是确立劳动者与用人单位劳动关系的重要前提。根据《劳动法》第十六条的规定,建立劳动关系应当订立劳动合同。《劳动合同法》第十条规定:"建立劳动关系,应当订立书面劳动合同。已建立劳动关系,未同时订立书面劳动合同的,应当自用工之日起一个月内订立书面劳动合同。"第八十二条规定:"用人单位自用工之日起超过一个月不满一年未与劳动者订立书面劳动合同的,应当向劳动者每月支付二倍的工资。"法律对于劳动合同的签订形式、及时程度以及不予签订书面劳动合同的后果均作了规定。实践中由于当事人法律知识欠缺、利益考量失衡、维权意识淡薄等原因,双方当事人之间虽签订了书面合同,对工作岗位、工资收入、休息休假等均进行了约定,但是合同却冠之以"劳务合同"而非"劳动合同"。此种情形下,是否应当据此认为双方并未签订书面劳动合同,并判令由用人单位向劳动者支付未签订书面劳动合同的二倍工资差额?笔者认为,此类案件不能仅根据合同名称便径直认定双方未签订书面劳动合同,而应当对合同内容进行实质审查,判断涉案合同是否具备了劳动合同应当具备的关键条款。若涉案合同已具备了劳动合同应当具备的实质内容,则应认定双方已签订书面劳动合同。

本案争议的主要焦点为:用人单位与劳动者实际成立了劳动关系却签订了名为"劳务合同"的协议,用人单位是否属于上述法律条文规定的"未与劳动者订立书面劳动合同"的情况,用人单位是否需要向劳动者支付未签订书面劳动合同的二倍工资差额。

一种观点认为,某文化传播公司与张某的关系符合劳动关系的本质特征,但某文化传播公司却仅与张某签订了"劳务合同",有逃避义务之嫌,故某文化传播公司应根据《劳动合同法》的规定向张某支付未签订书面劳动合同的二倍工资差额。

另一种观点认为,因双方签订的名为"劳务合同"的协议明确了双方信息、合同期限、工作岗位、劳动报酬等重大劳动权利义务事项,已具备劳动合同应当具备的关键条款,故张某无权要求未签订书面劳动合同的二倍工资差额。

笔者认同第二种观点。

首先,从立法目的看。《劳动合同法》关于未签订书面劳动合同应当向劳动者支付二倍工资的规定,其立法目的在于提高书面劳动合同的签订率、明晰劳动关系中的权利义务,而非劳动者可以从中谋取超出劳动报酬的额外利益。因此,未签订书面劳动合同的二倍工资差额的性质并非劳动者的劳动所得,而是对用人单位违反法律规定的一种惩戒。认定劳动关系是确定用人单位与劳动者具有法律上的权利义务的重要判断,书面劳动合同则是证明双方权利义务关系的重要依据。若用人单位与劳动者之间签署的其他有效书面文件具备了书面劳动合同的实质,双方的权利义务已通过书面的形式确定,那么自然就无须再因用人单位未签订书面劳动合同而对其进行惩戒。

其次,从书面劳动合同的要素看。劳动合同是典型的双务合同,合同双方当事人互为给付义务。劳动者的义务主要有工作义务、忠实义务等,用人单位的义务主要有工资支付义务、保护照顾义务、证明义务等。《劳动合同法》第十七条第一款规定了劳动合同的必备条款,包括用人单位与劳动者的基本信息、劳动合同期限、工作内容、劳动报酬等。其中双方信息、合同期限、工作岗位、劳动报酬等关系到劳动合同双方当事人权利义务的实现,是劳动合同的重要事项,本案中的"劳务合同"中已具备这些关键内容。

最后,从劳动者的权利保护看。用人单位与劳动者建立劳动关系应当签订书面劳动合同是《劳动合同法》的强制规定,用人单位和劳动者应当遵守。而判断双方之间是否建立劳动关系、是否以书面的形式确定各自的权利义务,应当结合实际情况进行认定。根据本案所查事实,案涉协议虽名为"劳务合同",但其内容明确了用人单位与劳动者的基本权利义务,对劳动者的权利保护有积极意义,并不影响该合同的劳动关系性质。

因此,张某主张未签订书面劳动合同的二倍工资差额,缺乏事实根据,亦不符合相关规定的立法本意。

(北京市第三中级人民法院 高 贵 郭 琳)

15. 规章制度合法性的认定标准

原告：某公司
被告：雷某

争议焦点

用人单位制定的规章制度合法性如何认定？

基本案情

雷某于 2011 年 5 月 1 日入职某公司，担任大店长，双方签订期限至 2018 年 5 月 31 日的劳动合同。雷某的月工资构成为底薪 3 250 元加上提成，其最后出勤日为 2015 年 9 月 19 日。某公司于 9 月 23 日与雷某解除劳动合同。

某公司主张雷某严重违反公司规章制度，故与其解除了劳动合同，并称雷某违反公司规章制度的行为主要包括：利用职务便利强行向员工收取现金、管理工作存在疏忽、严重违反公司考勤制度等。雷某对此不予认可，并称某公司作为解除依据的规章制度未经民主程序制定，公司也未将相应的规章制度向其送达，所以某公司属于违法解除劳动合同。

雷某向劳动人事争议仲裁委员申请仲裁，仲裁委员会裁决某公司支付雷某违法解除劳动合同的赔偿金 64 215 元。某公司不服上述裁决，向法院起诉。

审理结果

法院经审理认为，某公司虽主张雷某存在若干违反规章制度的行为，但并未就此提交充分证据予以证明，且某公司对作为解除依据的规章制度，并未举证证明其已向雷某进行送达，故某公司解除劳动合同的行为属于违法解除，判决某公司支付雷某违法解除劳动合同赔偿金 64 215 元。

 **评析意见**

本案的争议焦点是用人单位依据自己制定的规章制度，以劳动者违反该规章制度为由与劳动者解除劳动合同的，该规章制度的效力如何认定。

实践中，用人单位出于方便对员工进行管理的目的，大多会制定工作纪律、奖惩管理、考勤管理等规章制度，并且都会列明如果劳动者违反了规章制度，单位会采取何种惩罚措施。可见，规章制度对劳动者的切身利益有重要影响。

《劳动合同法》第四条规定："用人单位应当依法建立和完善劳动规章制度，保障劳动者享有劳动权利、履行劳动义务。用人单位在制定、修改或者决定有关劳动报酬、工作时间、休息休假、劳动安全卫生、保险福利、职工培训、劳动纪律以及劳动定额管理等直接涉及劳动者切身利益的规章制度或者重大事项时，应当经职工代表大会或者全体职工讨论，提出方案和意见，与工会或者职工代表平等协商确定。在规章制度和重大事项决定实施过程中，工会或者职工认为不适当的，有权向用人单位提出，通过协商予以修改完善。用人单位应当将直接涉及劳动者切身利益的规章制度和重大事项决定公示，或者告知劳动者。"《劳动合同法》对规章制度的制定程序、涵盖的内容等已作出了规定。

一、规章制度的制定应符合法定程序

用人单位制定规章制度时,应当通过职工代表大会对制度内容进行讨论,与职工代表进行平等协商;若用人单位未建立职工代表大会,则应经过全体职工讨论。因此,规章制度虽由用人单位制定,但其应体现全体职工的意志,内容也应经过平等协商之后由双方确认。

二、规章制度的意义在于保障劳动者享有劳动权利、履行劳动义务

规章制度不仅是用来约束劳动者的,也是用来保护劳动者的。劳动纪律仅是规章制度的一小部分内容,完善的规章制度应包含劳动报酬、工作时间、休息休假、劳动安全卫生、保险福利、职工培训、劳动纪律以及劳动定额管理等内容。

三、规章制度应经过送达或公示程序

用人单位制定规章制度的初衷是要求劳动者遵守,而遵守的前提在于知晓,因此若规章制度没有经过送达或公示程序,应推定认为劳动者并不知晓规章制度的内容,该规章制度对劳动者亦无约束力。

本案中,某公司对所提交的《奖惩管理办法》和《考勤管理办法》,并未举证证明与职工代表或全体职工进行过讨论协商,所以该制度的制定未经过民主程序;某公司也未举证证明其将规章制度进行过公示或向雷某进行了有效送达。因此,该规章制度不能作为用人单位与劳动者解除劳动合同的依据。

(北京市朝阳区人民法院　白星晖)

16. 用人单位如何合法调整劳动者工作岗位及工作地点

申请人：张某

被申请人：某商贸公司

争议焦点

1. 基于企业用工自主权，用人单位是否有权变更劳动者工作岗位和工作地点？如何合法地调整工作岗位？

2. 用人单位根据生产经营需要变更劳动者的工作岗位和工作地点，该如何判断其合理性？

基本案情

张某于 2016 年 3 月 1 日入职某商贸公司，并于入职当天签订了劳动合同。双方在劳动合同中约定张某的工作岗位为"销售"，工作地点为"北京市内"，月工资构成为"基本工资 2 000 元+提成工资+补助 500 元"，并在劳动合同附件中约定，某商贸公司可根据生产经营情况合理地调整张某的工作岗位及地点。张某入职后一直在某商贸公司设立于 A 商场的专柜担任导购员，后因工作成绩出色，升职为店长，工资构成中多了店长补贴 500 元。2017 年 11 月 1 日，某商贸公司因经营战略调整，撤销了在 A 商场内的柜台，并通知张某 5 日内到 B 商场报到。因 B 商场有店长，故张某不再担任店长职务，但原工资福利待遇不变，且每月增加300元的交通补助。张某在规定的时间内没有到达B商场工作，2017年11月7日，某商贸公司向张某邮寄了上岗通知，邮寄回执单显示张某签收了该通知，但张某依然没有到岗。之后，某商贸公司以旷工为由与张某解除了劳动关系。张某不服，向劳动人事争议仲裁委员会提出仲裁申请，要求支付违法解除劳动合同赔偿金。庭审中，张某表示不同意变更工作地点，主张新的工作地点距离较远，每天上班花费的交通费及往返时间都比之前多，且由店长降为导购员，属于调整工作岗位，其不同意。某商贸公司主张因业务调整撤销在A商场的柜台，属于客观情况发生变化，且在劳动合同中已约定张某的工作地点为"北京市内"，公司有权在北京市调整张某的工作地点；另外，公司承诺变更工作地点后每月多支付张某300元交通补助，并没有降低张某的工资标准，公司已经采取了弥补措施；而张某拒不到岗工作，也不与单位协商，违反了公司的规章制度，公司可以与其解除劳动关系。

审理结果

仲裁委员会裁决驳回张某的仲裁请求。

评析意见

在实践中，用人单位和劳动者一般会在劳动合同中约定，用人单位可根据生产经营或工作需要调整劳动者的工作岗位和工作地点，但往往用人单位调岗后，劳动者却并不配合。在此情况下，用人单位提出解除劳动合同，是否应支付经济补偿？笔者认为，关键在于判断用人单位调岗行为是否合法，是否属于在合理合法的范围内行使用工自主权。上述问题，可以从三个方面考虑。第一，用人单位与劳动者已书面约定可根据生产经营情况调整工作岗位，用人单位也提交了证据可以证明确实生产经营情况发生变化，调岗也在合理范围的，应支持用人单位的调岗行为。第二，用人单位与劳动者未书面约定"工作岗位"或约定不明确的，用人单位根据生产经营情况需要调整岗位的，是否合理需要考察用人单位调整工作岗位的经营必要性、目的正当性，以及调整后的岗位是不是劳动者能胜任的、对劳动者有无不利。第三，用人单位与劳动者没有约定如何调岗或约定不明的，要考察是否符合《劳动合同法》第四十条的规定。即有下列情形之一的，用人单位提前三十日以书面形式通知劳动者本人或者额外支付劳动者一个月工资后，可以解除劳动合同：（1）劳动者患病或者非因工负伤，在规定的医疗期满后不能从事原工作，也不能从事由用人单位另行安排的工作的；（2）劳动者不能胜任工作，经过培训或者调整工作岗位，仍不能胜任工作的；（3）劳动合同订立时所依据的客观情况发生重大变化，致使劳动合同无法履行，经用人单位与劳动者协商，未能就变更劳动合同内容达成协议的。如果用人单位不符合《劳动合同法》第四十条所列情形而变更劳动者工作岗位，则属于违约行为，给劳动者造成损失的，要予以赔偿；对劳动者要求恢复原岗位的，可根据实际经营情况处理。

本案中，某商贸公司因生产经营问题，关闭了在 A 商场内的柜台，属于企业生产经营情况产生了客观的变化，给张某调整岗位不属于恶意或惩罚性，且在调岗后，并没有降低张某的工资标准，并已经尽可能采取了支付交通补助等补救措施。因此，某商贸公司变更张某的工作地点及工作岗位并无不妥，而张某因此拒绝到岗工作，经公司通知后依然不到岗，已经造成旷工，某商贸公司依据公司的规章制度解除与张某的劳动关系，于法有据。

此外，工作地点是用人单位与劳动者签订劳动合同所应约定的必备条款之一，对于劳动合同约定工作地点的变更，需要用人单位与劳动者协商一致才能进行调整。用人单位招用劳动者时，应当如实告知劳动者工作内容、工作条件、工作地点、职业危害、安全生产状况、劳动报酬以及劳动者要求了解的其他情况。在实践中，约定工作地点不宜过于宽泛，如"北京""全国"等。如果用人单位对劳动者的工作地点没有明确约定，那么在劳动合同履行后，实际履行地可以视为双方约定的工作地点。用人单位不得以工作地点为"全国"为由，无正当理由变更劳动者的工作地点。如果劳动者的岗位特殊，比如在跨区域的销售公司或研发公司工作，那么用人单位要就经营模式或工作岗位的特性向劳动者作出说明，并在劳动合同中进行约定或注明。有约定，从约定；无约定，以已经实际履行的情况确定工作地点。因此，用人单位不得以工作地点在劳动合同中没有明确约定为由，随意变更劳动者的工作地点。

(北京市顺义区劳动人事争议仲裁院　马　雯)

17. 用人单位调岗降薪的合法性审查

上诉人：王某

被上诉人：某科技公司

争议焦点

用人单位行使用工自主权的合法性问题，具体表现为用人单位调岗降薪行为的合法性问题。

基本案情

王某与某科技公司签订了自 2014 年 5 月 12 日至 2017 年 6 月 30 日的劳动合同，王某任资源开发总监，月工资为 26 000 元。双方订立的劳动合同第三条第 3.4 款约定："公司因企业经营需要，按照公平、诚信的原则，具备下列情形之一的，公司可以调整员工的工作岗位（职务），调整工作岗位（职务）时，工资按照公司的工资制度发生相应的变动。"该款下第 3.4.2 项约定："员工不能胜任工作，经公司业绩评估制度考核，员工的业绩评估考核的结果为不合格时，公司可根据实际情况对员工进行培训或调整员工岗位。"2015 年 9 月 29 日，某科技公司以"2015 年半年绩效考核结果未能达到本岗位工作要求，且经沟通后在第三季度未能得到改进"为由，通知王某将其工作岗位调整为资源开发经理，月工资调整为 18 000 元。某科技公司从 2015 年 10 月 1 日起按照每月 18 000 元的标准向王某支付工资，自 2016 年 4 月起，王某的月工资调整为 20 000 元，某科技公司开始按照该标准向王某支付工资。

2017 年 3 月 10 日，王某申请劳动争议仲裁。仲裁委员会裁决某科技公司向王某支付 2015 年 10 月 1 日至 2016 年 7 月 31 日期间被克扣的工资 56 919.76 元。某科技公司不服仲裁裁决，向法院起诉。

王某主张双方签订的《2015 年总监岗年度绩效考核指标计划表》约定按照年度绩效进行考核，2015 年 8 月 14 日某科技公司完成对其 2015 年上半年绩效考核，而未进行全年度绩效考核，就以考核结果未能达到本岗位工作要求为由，单方面调整其工作岗位及薪酬，违反了劳动合同约定。王某表示其在公司人力资源部送达的员工调岗通知书下方回执处书面回复拒绝接受降职降薪的决定，并当场将该通知书交回公司人力资源部，且在知悉工资大幅减少后，于 2015 年 11 月 13 日通过邮件向某科技公司索取 2015 年 9 月及 10 月工资单，并多次表示不同意调整薪酬。

某科技公司主张双方签订的劳动合同中约定了某科技公司具有在王某不能胜任工作时，调整岗位（职务）并相应调整工资的权利。王某 2015 年半年绩效考核结果未能达到本岗位工作要求，且经沟通后在第三季度未能得到改进，故公司有权对王某进行调岗降薪。且王某对调岗降薪行为没有提出异议，双方已经就此协商一致。

一审法院认为，某科技公司已按相应的调整后的月工资标准向王某支付了 2015 年 10 月 1 日至 2016 年 7 月 31 日期间的工资和待岗工资，而王某在某科技公司按相应调整后的月工资标准向其发放工资后至双方劳动合同解除（2017 年 2 月 10 日）前，从未提出过异议，由此可以认定双方已就王某的月工资标准调整达成了一致。某科技公司已足额支付王某 2015 年 10 月 1 日至 2016 年 7 月 31 日期间的工资。王某不服一审判决，提出上诉。在二审审理中，经询双方某科技公司通知王某调岗降薪后王某的工作内容是否发生变化，王某称其工作内容没有变化，某科技公司称王某工作职责没有变化。

审理结果

二审法院判决某科技公司支付王某 2015 年 10 月 1 日至 2016 年 7 月 31 日期间被克扣工资 32 000 元（税前）。

评析意见

本案的争议焦点是用人单位行使用工自主权的合法性问题，具体表现为用人单位调岗降薪行为的合法性问题。依法订立的劳动合同具有约束力，用人单位与劳动者应当按照劳动合同的约定，全面履行各自的义务。劳动合同的变更应由双方协商一致，用人单位行使用工自主权应该遵守法律规定和双方约定，不得以用工自主权为由擅自调岗降薪，损害劳动者的合法权益。

本案王某从 2015 年 9 月 29 日到 2016 年 4 月 26 日多次以书面形式对某科技公司变更劳动合同的行为提出异议，在双方未就劳动合同变更协商一致的情况下，某科技公司对王某调岗降薪行为的正当性问题，需从两个方面进行审查，一是公司是否有权单方决定调整王某的工作岗位和薪酬标准，二是公司对王某调岗降薪的具体行为是否合法。

第一，关于某科技公司是否有权单方决定调整王某的工作岗位和薪酬标准的问题。双方签订的劳动合同约定了公司具有在王某不能胜任工作时，调整岗位（职务）并相应调整工资的权利。根据《劳动合同法》第四十条第（二）项的规定，劳动者不能胜任工作，经过培训或者调整工作岗位，仍不能胜任工作的，用人单位提前30日以书面形式通知劳动者本人或者额外支付劳动者1个月工资后，可以解除劳动合同。由此可知，法律也赋予了用人单位在劳动者不能胜任工作时调整其工作岗位的权利，工资标准随岗位相应调整也是应有之义。因此，在劳动者不能胜任工作的前提下，用人单位调整劳动者的工作岗位，并相应调整工资标准，是法律赋予用人单位的权利，也是本案中双方所订立的劳动合同明确约定的内容。

　　第二，关于某科技公司对王某调岗降薪的具体行为的合法性问题。分析这一问题的关键在于，公司对王某调岗降薪的行为是否符合"不能胜任工作"的特定条件。劳动合同中有关于考核不合格公司可以调岗的约定，王某入职后签订了《2015年总监岗年度绩效考核指标计划表》，其上对考核项目及标准作出了明确约定，因此按照该计划表进行年度考核的结果是界定王某是否胜任工作的重要依据。根据某科技公司2015年总监岗半年绩效考核评分表，公司对王某进行了半年考核，考核结果为不合格。2015年9月29日，公司据此对王某调岗降薪。某科技公司在半年考核不合格的情况下即认定王某不能胜任工作，显然与王某签订的《2015年总监岗年度绩效考核指标计划表》所约定的考核周期不符。但是，2015年年度考核周期届满之后，王某于2016年2月1日签字的2015年经理岗年度绩效考核评分表显示，王某2015年年度考核不合格。虽岗位调整，但王某工作内容未发生实质性变化。根据年度考核结果，王某2015年未能完成总监岗所要求的年度绩效考核指标，根据双方的约定及2015年年度考核结果，王某符合不能胜任工作的情形。所以，某科技公司以半年考核结果为依据对王某调岗降薪，违反了双方的约定，属于违法调岗降薪；而经王某签字确认的2015年年度考核结果证明王某确实不能胜任工作，某科技公司据此调岗降薪符合法律规定及双方的约定。鉴于双方已经协商一致解除劳动合同，某科技公司应该补足违法调岗降薪期间的工资差额。

用人单位在劳动者不能胜任工作时，调整劳动者的工作岗位及工资标准，是法律赋予用人单位的权利，属于用人单位行使用工自主权的范畴，一般情况下法院不宜进行干预。但是，用人单位的用工自主权是有界限的，对于劳动者是否胜任工作的界定，要按照双方关于考核内容、标准、周期等的约定或用人单位的规章制度及相关法律规定进行。在依法维护用人单位生存发展的同时，要避免用人单位滥用考核权侵犯劳动者的合法权益。

(北京市第二中级人民法院　周　珍)

18. 用人单位能否单方调整劳动者的工作地点

上诉人：某商贸公司
被上诉人：高某

争议焦点

1. 哪些情况属于"劳动合同订立时所依据的客观情况发生重大变化"？
2. 如何审查用人单位单方调整劳动者工作地点的合法性与合理性？

基本案情

高某于2009年10月26日入职某商贸公司。2016年1月1日，某商贸公司与高某签订了无固定期限劳动合同，约定高某的工作岗位为助理技术支持经理，工作地点为北京，经双方协商一致，可以变更工作地点和工作岗位。

高某的工作职责为：为客户提供标签技术生产方案，为生产部门提供可行性标签生产技术流程，紧密支持销售人员，在销售过程中保持与客户的沟通，提供质量问题解决方案，建立标签产品质量标准和供应商审核标准。

2016年2月3日，某商贸公司董事会就公司转型升级，从制造型企业向商业及服务中心转型事宜通过决议，决定采取如下措施进行转型升级：（1）将剥离印刷制造功能，转型为订单分发处理中心以及客户服务中心；（2）印刷产能将转移到武汉和成都工厂，所有的生产设备将一并转移至武汉和成都工厂，但公司仍保留商务、财务、图文设计和样品研发等非劳动密集型部门；（3）公司将继续承接订单，并将具体生产交付给其他工厂生产，同时公司将致力于提供其他更高价值的客户服务，包括样品研发、图文设计制作、印前媒体服务、创意策划和售后服务等。

2016年7月6日，某商贸公司向高某送达通知书，以北京没有标签业务和生产工厂，决定取消高某的工作岗位为由，决定在岗位、职责、薪资不变的情况下为高某提供转岗至苏州工作的机会，但高某不同意某商贸公司的上述转岗决定。后某商贸公司再未与高某进行过协商，未向高某提供过继续在北京工作的与高某原工作接近或类似的岗位。

2016年7月7日，某商贸公司在征得工会同意后向高某送达了解除劳动合同通知书，以"你所担任的岗位取消，经公司与你协商，未能就变更劳动合同内容，调整你的工作岗位达成一致"为由，决定与高某解除劳动合同。高某离职前12个月的月平均工资为17 827.83元。某商贸公司向高某支付了解除劳动合同经济补偿金124 794.81元，解除劳动合同代通知金14 998元。

2016年7月15日，高某申请劳动争议仲裁，要求某商贸公司向其支付违法解除劳动合同赔偿金249 589.62元。2017年1月9日，仲裁委员会裁决：驳回高某的仲裁请求。高某不同意该裁决，诉至法院。

 审理结果

一审法院经审理认为，某商贸公司与高某就双方的劳动合同解除之前，存在双方订立劳动合同时依据的客观情况发生重大变化的情形没有争议，但从某商贸公司向高某送达的调岗通知书的内容来看，某商贸公司实际上是单方决定将高某的工作地点从北京调整到苏州，该做法明显不当，高某有权对此予以拒绝；结合某商贸公司未向高某提供过继续在北京工作的与高某原工作接近或类似的岗位的事实，可以认定某商贸公司的上述做法并不构成就变更劳动合同内容所进行的协商，而属于单方调整高某工作地点的行为。扣除某商贸公司已向高某支付的解除劳动合同经济补偿金和解除劳动合同代通知金，一审法院判决某商贸公司支付高某违法解除劳动合同赔偿金差额 109 796.81 元，驳回高某的其他诉讼请求。

某商贸公司不服一审法院判决，上诉至二审法院。

二审法院经审理认为，某商贸公司虽然主张劳动合同订立时的客观情况发生变化导致合同无法继续履行，但本案中的情况实际是其以董事会决议形式主动对经营事项做出主观调整，并在此基础上单方将劳动者的工作地点由北京调整到苏州，因劳动者不同意调整工作地点，双方未能达成一致意见，某商贸公司也并未提供相同工作地点的其他近似工作岗位，随即单方解除无固定期限劳动合同。二审法院作出如下判决：驳回上诉，维持原判。

 **评析意见**

在本案中，通过分析二审法院的生效判决可以发现，二审法院驳回某商贸公司的上诉，维持一审判决的原因有二：一是二审法院认为本案中某商贸公司经营方向调整不属于劳动合同订立时的客观情况发生重大变化导致合同无法继续履行的情形；二是二审法院认为某商贸公司是单方调整高某的工作地点，未能与高某达成一致意见。

一、哪些情况属于"劳动合同订立时所依据的客观情况发生重大变化"

《劳动合同法》第四十条第三项与《劳动法》第二十六条第三项均规定，劳动合同订立时所依据的客观情况发生重大变化，致使原劳动合同无法履行，经用人单位与劳动者协商，未能就变更劳动合同内容达成协议的，用人单位可以与劳动者解除劳动合同。

《劳动部关于〈劳动法〉若干条文的说明》第二十六条对"客观情况"作出了说明，"客观情况"是指发生不可抗力或出现致使劳动合同全部或部分条款无法履行的其他情况，如企业迁移、被兼并、企业资产转移等，并且排除《劳动法》第二十七条所列的"法定整顿期间"的客观情况。根据《北京市高级人民法院、北京市劳动人事争议仲裁委员会关于审理劳动争议案件法律适用问题的解答》，"劳动合同订立时所依据的客观情况发生重大变化"是指劳动合同订立后发生了用人单位和劳动者订立合同时无法预见的变化，致使双方订立的劳动合同全部或者主要条款无法履行，或者若继续履行将出现成本过高等显失公平的状况，致使劳动合同目的难以实现。下列情形一般属于"劳动合同订立时所依据的客观情况发生重大变化"：（1）地震、火灾、水灾等自然灾害形成的不可抗力；（2）受法律、法规、政策变化导致用人单位迁移、资产转移或者停产、转产、转（改）制等重大变化；（3）特许经营性质的用人单位经营范围等发生变化的。在本案中，某商贸公司董事会通过决议决定公司转型升级，导致高某在北京的工作岗位被撤销，显然不属于"劳动合同订立时所依据的客观情况发生重大变化"的情形。

二、如何审查用人单位单方调整劳动者工作地点的合法性与合理性

即便是在客观情况发生重大变化，导致劳动合同无法继续履行时，用人单位想要调整劳动者的工作岗位或工作地点，也应做到合法、合理。首先，在司法实践中，可以从程序性要件方面考察用人

单位调整劳动者工作地点的合法性。用人单位调整劳动者工作地点时，要采取书面形式，且要充分告知劳动者工作地点调整的事由，保障劳动者的知情权与表达权。用人单位还应听取劳动者的意见，考虑劳动者的正当利益诉求。其次，对于用人单位调整劳动者工作地点，还应当综合考虑其合理性。工作地点的变动影响到劳动者上下班的交通状况以及通勤时间，甚至会对劳动者的家庭生活产生很大的影响。在司法实践中，可以从用人单位是否努力减轻工作地点调整对劳动者造成的不利影响以及是否对此不利影响采取措施进行弥补等方面，来考察用人单位调整劳动者工作地点的合理性。具体而言，一是工作地点相近。用人单位有多个办公地点，应选择距劳动者原工作地点较近的工作地点。在可以选择的范围内，应给予劳动者自主选择新工作地点的权利。二是不利影响的补救。用人单位应对工作地点调整给劳动者造成的不利影响采取适当的补救措施，以平衡用人单位与劳动者之间的利益。

本案中，某商贸公司单方调整高某工作地点的行为在程序上缺乏合法性。从程序来看，某商贸公司未与高某协商，就向高某送达通知书，让其转岗至苏州工作，在高某拒绝后，也未与高某进行协商。某商贸公司侵害了高某的表达权，也违背了法律规定和双方劳动合同的约定，在程序上是不合法的。就某商贸公司单方调整工作地点的合理性而言，其没有考虑到工作地点的变化对高某工作与生活的影响，没有向高某提供过可以继续在北京工作的与原工作接近或类似的岗位，也没有对高某因工作地点变动造成的不利影响进行补偿。综上所述，某商贸公司单方调整高某的工作地点不具备合理性。其在高某拒绝调整工作地点后，随即与高某解除劳动合同的行为违法，应当向高某支付违法解除劳动合同赔偿金。

（北京市大兴区人民法院　毛希彤　闫俊慧）

19. 劳动者在工作期间向单位借款的相关法律风险

上诉人：某数码公司
被上诉人：李某

争议焦点

1. 劳动者工作期间以借款方式向用人单位出具的借款单性质认定。
2. 用人单位与劳动者在借款行为项下的举证责任分配。

基本案情

李某于2011年3月15日入职某数码公司，担任司机，主要负责车辆管理。双方签订期限为2011年3月15日至2014年3月14日的劳动合同。工作期间，李某向某数码公司三次借款，分别为：2012年2月8日，借款4 200元，借款理由为缴纳宝马车违章罚款；2012年3月15日，借款10 000元，借款理由为支付宝马车过路费、汽油费、停车费；2012年4月10日，借款1 800元，借款理由为支付梅地亚中心地库2个车位停车费。后某数码公司向法院起诉，要求李某归还借款本金及利息。某数码公司称按照公司一贯做法，三张借款单应在李某持有效票据报销后归还李某，现三张借款单均在公司手中，说明李某并未将相关的票据交给公司。某数码公司提交了员工手册以证明公司报销流程，但其中仅有差旅费的报销流程规定。李某对该报销流程不认可，称三张借款单的有关报销票据均已交给公司财务，财务并未向其出具相关的收据或者将借款单的原件交还给他。李某还提供了相应的票据和借款使用明细。某数码公司虽不认可，但未提交相应的证据予以反驳。

审理结果

一审法院经审理认为，当事人对自己提出的诉讼请求所依据的事实有责任提供证据加以证明，没有证据或者证据不足以证明当事人的事实主张的，由负有举证责任的当事人承担不利后果，判决驳回某数码公司诉讼请求。某数码公司不服，提出上诉。

二审法院判决：驳回上诉，维持原判。

评析意见

该案例引出了三个值得探讨的法律问题。

一、员工向单位借款的行为如何定性

职务借款纠纷是劳动争议还是普通民事纠纷？

首先，要阐述一下民间借贷的概念及特征。民间借贷是指自然人之间、自然人与法人之间、自然人与其他组织之间的借贷。只要双方当事人意思表示真实即可认定借贷行为有效，但利率不得超过人民银行规定的相关利率的4倍。民间借贷具有以下几个法律特征。

一是民间借贷是一种民事法律行为。借贷双方通过签订书面协议或达成口头协议形成债权债务关系，从而产生相应的权利和义务。

二是民间借贷是合约行为。借贷双方是否成立借贷关系取决于借贷双方的书面或口头协议。只要协议内容为双方真实意思表示，且符合法律相关规定，都受到法律的保护。

三是民间借贷关系成立的前提是借贷物的实际支付。借贷双方间形成借贷关系，除对借款数额、偿还期限等内容意思表示一致外，还要求出借人将货币实际交付给借款人，借贷关系才算正式成立。

四是民间借贷的标的物必须属于出借人所有或拥有支配权的财产。基于不属于出借人或出借人没有支配权的财产形成的借贷关系无效，不受法律的保护。

五是民间借贷可以有偿，也可无偿，是否有偿由借贷双方约定。只有事先在书面或口头协议中约定有偿的，出借人才能要求借款人在还本时支付利息。

通过对民间借贷的概念及特征的分析可以看出，本案中，某数码公司与李某之间的借款显然不属于民间借贷的范畴。某数码公司提交的李某的借款单中写明了"油费""过路费""停车费"等，显然是用于工作之用，故本案应适用劳动争议案件的相关法律法规。

二、报销款是否认定为工资

有许多劳动争议案件涉及对报销款的定性问题，该问题之所以出现，是因为现在有许多高薪岗位，企业为了帮助员工少缴个人所得税，逃避纳税义务，会将一部分工资做成报销款的形式。但是报销款究竟能否认定为工资，还要具体情况具体分析。

1. 不能认定为工资的情况

从原则上讲，报销款是不应视为工资的。它是企业对于员工因工发生的相关费用的一种补偿，如员工出差产生的差旅费、伙食费、长途电话费等，通常是根据实际发生情况进行实报实销，且数额也不是固定的，是用人单位的经营成本。如果用人单位与劳动者约定的工资收入中包含报销款项，就应当约定明确。未约定明确的，一般情况下报销款不视为工资。

2. 可能认定为工资的情况

有的企业是每月固定发放报销款，这种情况下的固定报销款名为报销，实为工资。那么固定报销款符合哪些条件可以报销？如何理解固定报销款名为报销实为工资呢？根据《劳动部关于贯彻执行〈中华人民共和国劳动法〉若干问题的意见》（劳部发〔1995〕309号）第53条规定："劳动法中的'工资'是指用人单位依据国家有关规定或劳动合同的约定，以货币形式直接支付给本单位劳动者的劳动报酬，一般包括计时工资、计件工资、奖金、津贴和补贴、延长工作时间的工资报酬以及特殊情况下支付的工资等。"如果双方在劳动合同中约定了每月有固定的金额作为补贴工资发放，且每月都可以凭任何人的吃饭、交通、住宿的发票领取固定金额，可以认定该报销款并不是真正的报销款项，而是用人单位为了逃避税收监管变相给劳动者发放的工资。在计算劳动者离职前12个月月平均工资时，应当将其作为工资构成，列入经济补偿金的计算基数。

三、举证责任的分配及风险的防范

由用人单位承担员工借款的举证责任，有以下两点考虑。

第一，符合我国劳动立法的初衷，即对劳动者的倾斜保护。员工因工作必然产生一些应当报销的费用，推定员工已经将相关的报销凭证交予用人单位，有两个风险，一是职工可能根本就没有交报销凭证，二是职工虽然交了报销凭证，但是提交的报销凭证不足额。但从另一个角度考虑，按照常理，员工不会不报销而使自己的利益受损，所以最终把证据利益归于员工应当是具有合理性的。

第二，督促用人单位积极行使管理权。《劳动法》和《劳动合同法》都赋予了用人单位依法行使管理的权利和义务，若用人单位疏于管理、怠于管理，那么也要承担由此造成的一部分结果。假设员工确实没有交给单位报销凭证，但如果单位当初完善报销手续，不给他人可乘之机，也不会造成对自己不利的后果。所以关键还是用人单位要积极行使管理权，不断改进管理。

（北京市朝阳区人民法院　杨晓娥）

20. 外国人就业证制度对用工的影响及制度完善

上诉人：DAN HANSEN（中文名丹汉森）
被上诉人：某进出口公司

争议焦点

1. 外国人未依法取得《中华人民共和国外国就业许可证书》（以下简称就业许可证书）之前企业即用工，外国人的劳动权益如何保障？

2. 因《外国人就业证》（以下简称就业证）到期，用人单位未依法办理就业证延期手续，导致外国人无法继续合法就业的救济途径。

基本案情

DAN HANSEN（中文名丹汉森），丹麦籍，2013年4月1日入职某进出口公司，先后三次签订固定期限劳动合同。首份劳动合同（2013年4月1日至2014年3月31日）约定试用期3个月（2013年4月1日至6月30日），试用期工资标准为税后33 000元/月，转正后的工资标准为基本工资50 000元/月。首次签发丹汉森就业证的时间为2013年9月30日，就业证最后一次续延至2016年9月26日，其外国人居留许可证件有效期至2016年9月26日。2016

年3月1日，某进出口公司向丹汉森发出终止劳动合同通知书，通知其双方劳动关系到期终止。丹汉森回函表示要求签订无固定期限劳动合同，某进出口公司未同意。丹汉森于2016年7月25日申请劳动争议仲裁，要求撤销终止劳动合同通知书，确认双方自2016年4月1日起应签订无固定期限劳动合同，双方续签劳动合同；某进出口公司支付2013年4月1日至2013年6月30日期间试用期工资差额31 000元、违法约定试用期工资的赔偿金50 000元，以及未续签劳动合同二倍工资差额、工资损失、应休未休年休假工资等。

审理结果

案件经过仲裁、一审、二审，最终二审法院根据《外国人在中国就业管理规定》，判决双方签订的劳动合同期限届满即行终止。丹汉森提出的未续签无固定期限劳动合同二倍工资差额、工资损失等请求均未被支持。同时，二审法院撤销了一审法院支持丹汉森试用期工资差额及违法约定试用期工资的赔偿金判项，理由是2013年9月30日之前丹汉森与某进出口公司之间的关系不应认定为劳动关系，丹汉森的该请求属于非劳动关系期间内的款项。最终丹汉森要求某进出口公司支付拖欠工资以及应休未休年休假工资的请求得到了支持，本案尘埃落定。

评析意见

从本案可以看出，外国人在中国就业，其与企业之间的权利义务关系，与中国公民在中国就业还是有很大差异的。

一、外国人未依法取得在中国就业许可之前与企业不存在劳动关系

1. 外国人在我国就业实行就业许可制度

除由我国政府直接出资聘请的外籍专业技术和管理人员等几类特殊人员外，《外国人在中国就业管理规定》（劳部发〔1996〕29号）明确规定其他外国人在我国就业，用人单位均须为该外国人申请就业许可，经获准并取得《中华人民共和国外国人就业许可证书》后方可聘用。

具体来讲，一般首次在我国就业的外国人如欲因工作入境我国，在入境之前，企业就应为其申请就业许可证书，外国人需持就业许可证书等相关材料到中华人民共和国驻外使、领馆、处申请Z字签证；被聘用的外国人入境后，用人单位持就业许可证书、签订的劳动合同和外国人的有效护照为外国人办理就业证；被聘用的外国人再持就业证到公安机关办理居留证件，方可视为在我国合法就业。

2. 未依法办理就业许可手续即用工的情况大量存在

实践中，用人单位也许是出于市场经济注重效率的考量，也许是为了尽量缩短不实际建立用工关系而造成的劳资双方的不稳定状态，很少是在上述烦琐、漫长的手续办理完毕后才开始用工的。用人单位往往采取外国人利用旅游护照入境工作，再出境、再入境等方式，度过办理上述就业手续的期间。而有的用人单位需要的就是短期雇用的外国人，所以根本不会办理上述就业手续。同时，也有不少外国人在我国就业未依法办理相关手续。例如，未在所登记的地区工作（包括以出差的名义长期跨地区工作）；未从事所登记的工作；持有一家单位就业证，但为其他单位工作；或者同时为多家用人单位工作且不符合法定条件；等等。用人单位或外国人未遵守我国相关规定办理相关手续，由此也引发了很多纠纷，给双方带来不利后果。

3. 非法用工的结果

（1）外国人就业不受我国劳动法律法规保护。丹汉森2013年

4月1日入职某进出口公司,同日签订一年期劳动合同,约定了3个月试用期,并按3个月试用期发放试用期工资,这明显违反《劳动合同法》。这一情形如发生在我国公民身上,要求支付违法约定试用期期间的工资差额、违法约定试用期工资赔偿金没有任何疑问。但丹汉森持有的就业证显示首次签发日期为2013年9月30日,故二审法院以此前不存劳动关系,无法适用《劳动合同法》为由,驳回了丹汉森的该项诉讼请求。但对于此,亦有观点认为就业证的取得,是外国人与中国企业建立劳动关系的必要条件。但双方建立劳动关系,仍需遵循《劳动合同法》第七条和第十条第三款的规定,以"用工之日"为起点。即"用人单位自用工之日起即与劳动者建立劳动关系",以及"用人单位与劳动者在用工前订立劳动合同的,劳动关系自用工之日起建立"。即如一审法院观点,合法办理了外国人就业手续后,之前的"非法用工"即应被追认为合法的劳动关系。

笔者曾亲身经历过几起类似案例,如未依法办理就业手续,企业虽然和外国人签订了劳动合同,但最终劳动合同因违反强制性法律规定而被认定无效,外国人亦无法依据《劳动合同法》主张劳动者的相关权利。同样,有的企业雇用在其他企业办理就业证的外国人,时间长达数年,该外国人的就业证一直由另一企业办理延续手续,而未转入该企业,最终该企业不想继续雇用该外国人,直接解除了双方用工关系,而由于缺乏合法用工手续,该外国人无法通过我国劳动法律法规维护自己的相关权益。

(2)用人单位违法成本低。对未办理就业许可手续而使用外国劳动者的用人单位来说,用人单位就面临每非法聘用1人处以1万~10万元罚款以及没收违法所得的处罚。而如前述就业证与实际用工企业不相符的用工,也就是非法用工,劳动关系不成立,不受劳动法保护,企业最多付出10万元的罚款;而如合法办理外国人就业手续,违法解除劳动合同的成本、年休假、加班费等受劳动法律法规的规制，企业的成本只会更多，不会更少。而外国人迫于就业压力等各方面原因，亦很少至主管行政部门投诉或举报。

此类案件如诉至法院，则会认定双方存在劳务关系，外国人的工资等基本权利会得到民法的保障，但法院一般亦不会主动惩罚非法用工单位。由此，虽然我国外国人就业手续规定得较为完备细致，但由于违法成本较低，用人单位非法用工的情况屡见不鲜。

二、用人单位原因导致就业证失效后，外国人是否有权要求恢复劳动关系

主流观点认为，因外国人就业手续的有效性是其与用人单位建立劳动关系的客观基础，当就业证失效后，该基础已不复存在，外国人要求恢复劳动关系的主张无法获得支持。但该观点有如下问题。

1. 上位法优于下位法，《外国人在中国就业管理规定》不应排除《劳动合同法》的适用

首先，根据《中华人民共和国涉外民事关系法律适用法》的规定可知，劳动合同适用劳动者工作地法律；难以确定劳动者工作地的，适用用人单位主营业地法律。故如果外国人在我国就业并且工作地点也在我国，劳动争议应当适用我国的法律。

其次，按照我国更高层级的立法，外国人同样纳入《劳动法》和《劳动合同法》的调整体系中。《劳动法》第二条规定："在中华人民共和国境内的企业、个体经济组织（以下统称用人单位）和与之形成劳动关系的劳动者，适用本法。"《劳动合同法》第二条规定："中华人民共和国境内的企业、个体经济组织、民办非企业单位等组织（以下称用人单位）与劳动者建立劳动关系，订立、履行、变更、解除或者终止劳动合同，适用本法。"

而《外国人在中国就业管理规定》仅为部门规章，是否可优先适用，有待商榷。

2. 就业证的办理、变更、延期基本上由用人单位决定

《外国人在中国就业管理规定》第十七条规定，劳动合同的期限最长不得超过五年。劳动合同期限届满即行终止，但按该规定第十八条的规定履行审批手续后可以续订。而从该规定第十九条的规定，亦可以看出就业证是否可以延期，完全由用人单位决定，外国人无任何主动权，由此也使得外国人的就业期限、劳动合同签订的次数、时间长短等完全由用人单位决定。因此，笔者认为由于用人单位原因造成就业证失效的不利后果也不应由外国劳动者来承担。

综上，笔者认为减少甚至杜绝非法雇用外国人的现象，同时更好地维护用人单位和外国人的权益，首先从源头上，需要简化外国人就业的审批流程，注重时效性；其次，需要增加用人单位违法成本，如加大处罚力度，给予举报的外国人奖励等，而不仅仅是简单否认就业证办理前用工双方不存在劳动关系；最后，对于外国人就业手续的办理、延期等，应建立多方参与机制，工会、行业协会、外国人个人等均应在此过程中享有话语权，如规定劳动合同期限内，企业不依法延续就业手续，应作出合理解释，否则外国人有权自行申请延长就业证期限等。

（北京市中银律师事务所　杨保全　寇英杰）

21. 用人单位违法约定二次试用期的认定及赔偿金的适用

原告：武某
被告：北京某物业公司

争议焦点

1. 用人单位调整劳动者工作岗位，如何认定是否存在约定二次试用期行为？

2. 劳动者关于违法约定试用期赔偿金的请求应如何适用劳动争议仲裁时效规定？

基本案情

武某于2008年5月4日入职北京某物业公司，双方签订期限自2008年5月4日至2010年5月3日的劳动合同，并约定：武某试用期至2008年7月4日，岗位为客服部客服助理，试用期每月基本工资税前2 300元、绩效工资200元、通信和交通补助100元，总计2 600元；转正后每月基本工资税前2 500元、绩效工资200元、通信和交通补助100元，总计2 800元。上述合同到期后，双方又先后签订了期限为2010年5月4日至2012年5月3日及2012年5月4日至2014年5月3日的劳动合同续订书。

2012年6月18日，武某的岗位从客服部客服助理变更为品质部品质助理，月工资调整为基本工资税前2 400元、绩效工资600元、通信和交通补助200元，合计3 200元。上述内容记载于《人事异动申请表》，该表"工资说明（品质助理）"一栏写有一句话："两个月后根据考核评估另行调整。"2012年8月18日，武某的岗位变更为品质专员，月工资调整为基本工资税前2 840元、绩效工资710元、通信和交通补助400元，总计3 950元。上述内容记载于另一份《人事异动申请表》，该表"工资说明"一栏写有"（品质专员试用期）……转正后"的内容。武某称2012年6月18日至2012年8月17日两月是某物业公司"违法安排二次试用期"。北京某物业公司认可两份《人事异动申请表》的真实性，但称品质专员岗位的工资级别不同，武某初到此岗位时需先经过最低档工资级别，经过两个月观察考核期可以调整为更高工资级别，此并非《劳动合同法》中的"试用期"。

2014年，武某向劳动人事争议仲裁委员会申请仲裁。仲裁委员会未支持武某关于违法约定试用期赔偿金的请求。

后武某诉至法院。

审理结果

一审法院支持了武某要求北京某物业公司支付违法约定试用期赔偿金的请求。

北京某物业公司不服一审判决，提出上诉。

二审法院认为武某关于试用期赔偿金的请求超过仲裁时效期间，故撤销了一审法院该判决项。

评析意见

《劳动合同法》第十九条第二款规定，"同一用人单位与同一劳动者只能约定一次试用期"。如何理解并适用该规定,应正确认识试用期的属性及立法目的。

一、试用期的特点与立法目的

试用期是用人单位和劳动者建立劳动关系后为互相了解而约定的不超过 6 个月的考察期。试用期有以下几个特点:第一,自愿性,即试用期条款并非劳动合同的必备条款,而是劳动关系双方合意选择的结果;第二,从属性,即试用期并非独立于劳动合同之外,而是劳动合同期限的一个特殊阶段,订立劳动合同是约定试用期的前提条件;第三,有限性,即试用期最长不得超过 6 个月,这是《劳动合同法》的强制性规定,超出部分应属无效;第四,工资标准特殊性,即根据《劳动合同法》第二十条的规定,劳动者在试用期的工资不得低于本单位相同岗位最低档工资或者劳动合同约定工资的 80%,并不得低于用人单位所在地的最低工资标准。

《劳动法》确立了劳动合同试用期制度,《劳动合同法》进一步丰富了试用期制度的内容。从立法目的看,试用期制度体现了对劳动关系双方合法权益的保护。一方面,试用期可以帮助用人单位考察劳动者是否适合岗位,保护用人单位的合法权益。在试用期内,用人单位可以对新录用的劳动者的思想品质、工作态度、工作能力、业务水平以及身体状况等进行考察。这样给了用人单位考察劳动者是否与录用条件一致的时间,避免用人单位遭受不必要的损失。另一方面,试用期可以切实维护新录用的劳动者的合法权益,使劳动者有一段时间考察并了解用人单位所提供的工作岗位、劳动报酬、劳动条件等是否符合约定,是否符合《劳动法》的规定。在劳动合同中规定试用期,还为劳动合同的其他条款的实现提供了一定的保障。因此,试用期制度在劳动合同制度中有着重要的地位,其可以有效促进劳动者与用人单位之间建立稳定的劳动关系、优化人力资源的配置。不管是在理论研究还是实践中,试用期都不是一个单纯的时间问题,而是关系到劳动者与用人单位双方权利义务的问题，对于试用期的理解与适用，是法律对劳动关系双方当事人权利义务的再次分配与调整。

二、应严格适用"同一用人单位与同一劳动者只能约定一次试用期"的规定

实践中，对如何理解《劳动合同法》第十九条第二款的规定，一直存在两种不同观点：第一种观点认为该规定是指在一个劳动合同期内以及合同续订之时，在同一或同类岗位上，用人单位只能约定一次试用期，如果岗位发生实质性变化，则可以再次约定试用期；第二种观点认为，在一个劳动合同期内以及合同续订之时，也无论岗位是否变化，用人单位均只能约定一次试用期。

笔者认为，不管是从文义理解，还是综合考虑法律规定的严肃性与司法实践中裁判尺度的把握，第二种观点都更具合理性与可操作性。首先，从文义看，该法条就是指无论在何种情形之下，不论是岗位发生变更、劳动合同续签，还是劳动合同解除、终止后再次录用，同一用人单位与同一劳动者之间均只能约定一次试用期。其次，从实践角度看，试用期帮助用人单位考察的是劳动者的思想品质、工作态度、工作能力、业务水平以及身体状况等，如果是在劳动合同期内调整岗位，在第一次试用期中即可实现该目的，无再通过试用期进行考察的必要。且在劳动合同期内调岗的前提是双方经过协商达成一致或符合必要条件，如果用人单位自行调整劳动者岗位而不符合相关条件及程序，又以劳动者未达到岗位要求而解除劳动关系，属于违约行为。在劳动者离职后再次被录用的情况下，如果之前是劳动者主动辞职或用人单位经济性裁员，说明劳动者离职并非由于不能胜任工作，在这种情况下不应再次约定试用期；如果是因为劳动者不能胜任工作或者由于劳动者自身过错经合法程序被辞退，用人单位愿意再给予其一次工作机会，也是基于此前对该劳动者具备一定的了解，也就不必再约定试用期，如果用人单位认为还需约定试用期，说明该劳动者并非满意人选，完全可以另请高

明。后一种情况在实践中极少发生,权衡法律规定的严肃性及司法裁判尺度的统一性,笔者认为,规定例外情形没有必要,反而可能导致增加违法约定试用期的情形。

本案中,双方于2008年5月4日签订的劳动合同中约定了两个月试用期并已履行完毕。基于相关《人事异动申请表》记载的内容,且武某任品质助理的两个月基本工资为每月2 400元,低于此前其任职客服助理的基本工资每月2 500元,法院认定用人单位存在违法约定二次试用期行为。

如用人单位违法约定二次试用期,根据《劳动合同法》第八十三条的规定,与劳动者违法约定的试用期没有履行的,由相应的劳动行政部门责令改正,使其符合法律的相关规定;若违法约定的试用期已经履行的,则由用人单位以劳动者试用期满月工资为标准,按照已经履行的超过法定试用期的期间向劳动者支付赔偿金。

三、劳动者关于违法约定试用期赔偿金的请求应如何适用劳动争议仲裁时效规定

《劳动争议调解仲裁法》第二十七条第一款规定,劳动争议申请仲裁的时效期间为一年,仲裁时效期间从当事人知道或者应当知道其权利被侵害之日起计算。该条第四款规定,劳动关系存续期间因拖欠劳动报酬发生争议的,劳动者申请仲裁不受该条第一款规定的仲裁时效期间的限制;但是,劳动关系终止的,应当自劳动关系终止之日起一年内提出。本案一、二审判决对该问题的认识存在分歧,关键在于本案中武某的诉讼请求是否应适用《劳动争议调解仲裁法》第二十七条第四款的规定。我国劳动法律法规并未对上述规定中的"劳动报酬"的内涵和外延予以明晰,因此存在两种不同认识。从严解释的观点认为劳动报酬仅指劳动者正常工作期间应得的工资报酬,其出发点在于敦促劳动者及时行使权利;从宽解释的观点认为劳动报酬应包含所有对应劳动付出所得的报酬,不仅包括正常的月工资,还应包括未休年休假工资、奖金等,出发点在于从宽

解释劳动报酬更有利于对劳动者的倾斜保护。但不管是从严解释还是从宽解释，违法约定试用期赔偿金显然都不属于劳动报酬的范畴，其性质应为国家为保障劳动者权益而对用人单位采取的惩罚性措施，类似于未签订书面劳动合同二倍工资差额，故不能适用《劳动争议调解仲裁法》第二十七条第四款的规定，而应严格适用该条第一款的规定。本案中，北京某物业公司违法约定试用期的行为发生于2012年6月18日至2012年8月18日，而武某于2014年5月申请劳动争议仲裁，故其关于违法约定试用期赔偿金的请求已经超过一年仲裁时效期间，法院不予支持。

(北京市第三中级人民法院　李　坤)

22. 劳动者履职中受网络诈骗造成损失，用人单位能否请求劳动者赔偿

上诉人：杜某
被上诉人：甲公司

争议焦点

劳动者在履行职务过程中未尽到基本审慎义务，遭受网络诈骗给用人单位造成损失，用人单位能否向劳动者提出索赔？

基本案情

杜某曾于2014年7月至2015年5月期间在甲公司工作，工作岗位为财务经理。2015年4月22日11时35分左右，杜某在收到以甲公司总经理李某名义发出的QQ消息后，通知出纳人员分12笔转账，自甲公司的账户转出60万元到陌生账户。其后，甲公司总经理李某发现该笔转账情况后通知杜某，称其并未向杜某发出转账指令，杜某认为有人冒用李某名义以QQ信息形式向其发送转账指令，故于当日向公安机关报案。诉讼中，上述转出的60万元款项仍未追回。

甲公司主张杜某在职期间未经公司同意且在未核实真实交易的情况下贸然转账，造成经济损失，应当承担赔偿责任，并提交了《甲公司财务管理制度》（以下简称《财务制度》）为证。杜某对甲

公司提交的《财务制度》不予认可，并称其没有见过上述文件，甲公司并无相关财务制度。杜某主张甲公司总经理李某在日常工作中经常以QQ信息的形式指令其完成对外转账工作，故其在2015年4月22日中午收到QQ信息后才按照指令完成转账，其认可2015年4月22日对其发送转账指令的QQ账号并非之前李某使用的QQ账号，但主张因当时发来信息的QQ账号所显示的头像、昵称及个性签名均与李某实际使用的QQ账号相同，且QQ系统并不显示实际的QQ账号号码，所以其误以为是李某向其发送转账指令，事后通过网络后台查询，才知道发送转账指令的QQ账号并非李某的QQ账号。

杜某就其主张提交了2015年4月22日之前其与李某本人的QQ账号通信记录，证明李某之前经常通过QQ账号向其发出对外转账付款的指示。甲公司对杜某提交的QQ账号通信记录的真实性予以认可，但对杜某陈述的证明目的不予认可，主张李某通过QQ发出的转账付款指示所涉及的均为李某和杜某都认识的与其公司有业务往来的单位，杜某大致了解收付款的相关背景信息，上述情况与2015年4月22日向陌生账户转账的情况不同。另就杜某提交的QQ账号通信记录涉及的收付款事项，甲公司提交了配套的会计支出凭证和银行转账凭证。会计支出凭证上显示的制单时间、银行转账凭证上显示的交易时间与QQ账号通信记录上显示的指示时间相一致，但相关会计支出凭证上均未有杜某的签字，部分会计支出凭证上亦没有李某的签字，部分会计支出凭证上李某的签字时间滞后于会计支出凭证上显示的制单时间和银行转账凭证上显示的交易时间。杜某对甲公司提交的会计支出凭证和银行转账凭证的真实性予以认可，但称相关的会计支出凭证均是后补的，因为根据李某在QQ账号上所作的指示，相关事项已经办完，所以出纳人员就没有让其本人签字，部分会计凭证上也没有李某的签字或者由李某后补的签字。

本案诉讼前，甲公司曾于 2015 年 11 月 27 日向劳动人事争议仲裁委员会申请仲裁，要求杜某赔偿其经济损失。2016 年 5 月 9 日，仲裁委员会裁决杜某支付甲公司经济损失 24 万元。双方均不服，向法院起诉。

审理结果

一审法院判决杜某支付甲公司经济损失 12 万元，驳回甲公司的其他诉讼请求，驳回杜某的其他诉讼请求。

杜某不服，提起上诉。二审法院判决：驳回上诉，维持原判。

二审法院生效判决认为：杜某作为专职财务工作人员，在履行职务的过程中应当对大额转账项目尽到高于普通人的注意义务，仅凭 QQ 信息，在未进行基本信息核实的情况下直接通知出纳人员汇款，上述行为表明杜某未能尽到财务人员的基本谨慎义务及工作职责，其在履行职务的过程中存在的过错已经达到应当承担相应赔偿责任的程度。同时，甲公司未能严格执行规范的财务制度，其公司内部在较长的时期内存在利用公共网络社交软件处理有关财务工作的情况，该公司亦应就其不当管理承担相应责任。综合上述情况，一审法院在衡量劳动者及用人单位的过错程度后，考虑双方对风险及损失的分担能力，判决劳动者按比例承担损失赔偿责任，正确合理。

评析意见

本类案件的审理，主要涉及三个方面的要点。

首先，权利义务相一致原则，是用人单位求偿和劳动者承担赔偿责任的法理基础。有观点认为，调整劳动关系的法律法规中并没有明确规定用人单位可以就劳动者在工作过程中给单位造成的经济损失向劳动者索偿，更有甚者还从《中华人民共和国侵权责任法》第三十四条中"用人单位的工作人员因执行工作任务造成他人损害的，由用人单位承担侵权责任"的规定出发进行引申，认为劳动者在工作中致使他人损害都由用人单位代为承担侵权责任，那么劳动者在工作中给用人单位造成的损失，用人单位也就不能要求劳动者承担赔偿责任。笔者不同意上述观点。用人单位能否就劳动者在工作中对其造成的损失提出赔偿请求，是处理此类案件时要解决的第一个问题。民事法律关系要求各方当事人做到权利与义务相一致，简单地说，就是享有一定的权利，就要履行相应的义务，如履行义务不当，则要产生相应的法律后果，而承担赔偿责任即是法律后果的一种。对应到劳动关系中，劳动者享有获取劳动报酬、休假以及各种劳动保障的权利，同时也须对用人单位承担勤勉、忠诚、善尽工作职责的义务。法律当然保护劳动者的权利，同时也会要求劳动者履行法定义务，所以当劳动者在工作中没有尽到相应义务造成损失的时候，法律便允许用人单位请求赔偿，这便是用人单位求偿和劳动者承担赔偿责任的法理基础。

其次，过错责任原则是此类案件审判的重要依据。过错责任原则是民事法律中确定责任比例的最基础的一项规则。它的具体要求是只有当事人的行为达到了应当承担法律责任的程度的时候，才会被追究责任，而最终被确定所要承担的责任也一定要与行为中的过错程度相适应。因此，在审理用人单位向劳动者索偿的案件时，人民法院会从劳动关系的本质出发，衡量造成损失的劳动者的过错程度，如果仅仅是轻度过失（当然在绝大多数情况下轻度过失所造成的损失后果也往往程度较轻），在这种情形下，损失通常可以被理解为属于用人单位应当负担的经营风险范围，故而法院通常并不判决劳动者承担赔偿责任。但如果情况严重，劳动者的行为已经达到了重大过失或故意的程度时，法院就会判决劳动者承担相应赔偿责任。而何谓"重大过失"，以劳动关系而言，劳动者未能尽到工作岗位的基本职责造成损失的，或者只要以善意人最基本的注意义务就可以轻易察觉避免损失却没有避免的，均可以认为是达到了"重大过失"的程度，须对损失承担相应的赔偿责任。劳动者的"重大过失"和用人单位的管理不当可能共同造成了损失结果的产生，就要对比双方的过错程度，来确定承担责任的比例。也就是说劳动者只有在达到"重大过失"或者故意的情况下才有可能被追究赔偿责任，而这种赔偿亦不是简单的全额赔偿，而是根据劳动者和用人单位的过错对比，再行确定劳动者承担责任的比例。

最后，个案衡平原则是确保同类案件中的个案判决达到最佳效果的有效措施。相同类型的案件，甚至是相同类型的过错，造成的损失后果可能不同，而相同类型的损失对于不同的用人单位所造成的影响亦可能不同，所以为了让个案的判决结果能够在最大限度上确保公平，合议庭并不是机械地适用规则，而是在必要时会将过错程度结合损失后果、劳动者与用人单位对损失的承受能力等因素进行衡平考量，作出责任比例即赔偿比例的认定。

(北京市第二中级人民法院　刘　洁)

23. 管理层员工违反忠诚义务的责任认定

原告：黄某
被告：某网络科技公司

争议焦点

劳动者忠诚义务的界定。

基本案情

黄某于2011年7月26日入职某网络科技公司，任MD副部长。2015年1月7日，黄某的工作岗位调整为商品开发经理。黄某的职责为：为某网络科技公司及其关联公司遴选供应商。2015年9月8日，黄某签署了廉洁自律承诺书，承诺："在采购过程中，严格依照公司规定程序办理，最终达到质优价廉，不以任何形式从中牟取个人利益；在选择各类服务商、供应商时，严格筛选，不以权谋私，不以任何方式或借口设置障碍并攫取私利；不利用工作之便或以公司名义招摇撞骗为本人或亲友谋取利益。若违反上述承诺，本人自愿接受公司处分，包括但不限于批评教育、警告，记录个人诚信档案，解除劳动合同等。"

黄某的配偶为赵某。2013年10月23日，赵某与其父亲出资注册成立了某商贸公司。2014年年初，某商贸公司通过了黄某主管的部门的遴选，并由黄某所主管的部门将某商贸公司的资料提报给某网络科技公司商审会审核，后某商贸公司通过了某网络科技公司的审核，成为某网络科技公司的供应商。2014—2016年，某商贸公司向某网络科技公司的关联公司供货，累计供货货值逾千万元。2016年4月7日，某网络科技公司以黄某在职期间严重违反公司规章制度，严重违背社会商业准则，极大损害了公司的声誉和利益为由，与黄某解除了劳动合同。

2016年5月23日，黄某申请劳动争议仲裁，要求某网络科技公司支付年终奖、季度奖金、解除劳动合同赔偿金等。2017年2月27日，仲裁裁决驳回黄某的全部仲裁请求。黄某诉至法院。

审理结果

法院经审理认为，黄某作为负有为某网络科技公司及其关联公司遴选供应商职责的人员，其自身的经济利益与某网络科技公司的经济利益可能存在冲突时，负有当然的向某网络科技公司披露相应情况的义务，黄某的行为侵害了某网络科技公司的知情权，影响了某网络科技公司的选择权，结合某商贸公司向某网络科技公司的关联公司供货的方式、供货持续时间、货值金额等情况，可以认定黄某严重违背了诚实信用原则和职业道德，某网络科技公司与黄某解除劳动合同的做法并无不当。

法院判决驳回黄某的全部诉讼请求。

评析意见

劳动合同关系包含两项附随义务，即用人单位负有的对劳动者的保护义务，以及劳动者负有的对用人单位的忠诚义务。通常情况下，忠诚意味着劳动者要把集体利益置于个人利益之上，要以不伤害用人单位利益的方式行事。我国现有的法律中,尚未有关于劳动者忠诚义务的明确规定,仅在《公司法》《中华人民共和国企业国有资产法》中对董事、监事、高级管理人员规定了"忠实义务和勤勉义务"。学界对于何为"劳动法上的忠诚义务"众说纷纭,司法实践中如何运用劳动者忠诚义务之法理进行裁判也是难点问题。本案为如何厘清此类问题提供了一个分析思路。

一、劳动者忠诚义务的内涵界定

《劳动法》第三条第二款规定,劳动者要"遵守劳动纪律和职业道德",多数判例也以此作为劳动者忠诚义务的依据。劳动者忠诚义务包含服从义务、告知义务、保密义务、竞业限制义务、不为损害用人单位利益之言行义务、禁止从用人单位谋取商业机会义务等。

本案中,黄某的行为主要违背了告知义务。《劳动合同法》第八条规定:"用人单位有权了解劳动者与劳动合同直接相关的基本情况,劳动者应当如实说明。"劳动者未充分告知的,即属违背告知义务。告知义务包含两个方面基本内容:其一,对于与履行职务直接相关的劳动者个人基本情况,应当向用人单位及时说明;其二,劳动者在履职期间获悉的涉及用人单位的重要信息,应当及时向用人单位报告。黄某作为管理层员工,在遴选供应商时未及时向某网络科技公司披露其与供应商投资人之间的关系,违背了其签署的廉洁自律承诺书,也违背了其作为劳动者所负有的忠诚义务。

二、劳动者违反忠诚义务的责任认定

劳动关系兼具公法与私法属性,因此劳动者违反忠诚义务所应承担的责任也呈现出多元特点。

一是民事复合责任。劳动合同关系首先是一种契约关系,劳动者违反忠诚义务的违约行为对用人单位造成损失的,既可能因为违反约定而承担违约责任,也可能因侵权损失而承担相应的赔偿责任。

二是劳动法特殊责任。劳动者基于劳动合同的从属性，必须接受用人单位的指挥和管理，这种指挥和管理通常以单位内部的规章制度或集体合同规定来体现。倘若劳动者未遵守规章制度，违反忠诚义务，用人单位可以依据规章对其进行惩戒，主要包括警告、罚款、调岗、惩戒解雇、停职等形式。①

三是刑事责任。此类责任主要强调劳动者的保密义务，对于劳动者违反约定或者违反权利人有关保守商业秘密的要求，披露、使用或者允许他人使用其所掌握的商业秘密的情形，《中华人民共和国刑法》在"侵犯商业秘密罪"的条款中进行了明确规定。

本案中，黄某明知其与供应商投资人之间存在的特殊关系，可能涉及某网络科技公司重大利益，而没有及时向公司报告，且在签订廉洁自律承诺书之时，也未及时披露。其行为存在主观上的故意，客观上侵害了用人单位的知情权和选择权，违背了劳动者忠诚义务，应承担包含惩戒解雇在内的劳动法特殊责任。因此，某网络科技公司以黄某严重违反公司规章制度为由，解除劳动合同，符合《劳动合同法》第三十九条规定的过失性解除情形，故法院对黄某的主张不予支持。

（北京市大兴区人民法院　刘　璨　毛希彤）

---

① 谢增毅. 用人单位惩戒权的法理基础与法律规则 [J]. 比较法研究，2016（1）.

劳动合同的解除与终止

24. 用人单位单方调岗后劳动者未到岗，由此解除劳动合同是否违法

申请人：曹某
被申请人：某餐饮公司

争议焦点

用人单位单方调岗后劳动者未到岗，公司以旷工为由与劳动者解除劳动合同是否构成违法解除？

基本案情

曹某与某餐饮公司签有无固定期限劳动合同，约定岗位为配菜工，工资3 000元/月，未约定如何调岗。2017年6月23日，曹某在工作中手部受伤，并被认定为工伤，停工留薪期为两个月。2017年8月22日，曹某开始上班。同年8月24日，曹某到医院复查，医生建议再休息两周，休息至9月8日上班。8月24日晚，曹某以短信的方式通知部门经理继续休病假两周，部门经理未做出任何回复。2017年8月28日，某餐饮公司发出关于曹某返岗工作的通知。曹某收到通知后继续以手部受伤暂时不能工作为由在家休养。8月31日，公司人事部向曹某发出调岗通知，内容如下：曹某在无任何正当理由的情况下，拒不服从人事部的安排，影响了公司正常的生产秩序，鉴于曹某手部受伤，不能胜任原配菜岗的工作，公司决定

自即日（2017年8月31日）起将曹某调离原部门到保洁部工作，月工资降至2 500元/月，请曹某于2017年9月4日上午8：30到保洁部报到，如不按时到岗报到将做旷工处理。曹某在2017年9月1日收到通知后，电话告知原所在部门经理和人事部工作人员表示不同意调岗。此后曹某未到保洁部报到，也未回到公司原岗位工作。某餐饮公司的考勤管理制度规定：员工当月内累计旷工3日（含3日）以上，年度内累计旷工7日（含7日）以上，视为员工严重违反劳动纪律，公司可解除与该员工的劳动关系，无补偿辞退。某餐饮公司认为，曹某未依照公司考勤制度完成请假流程，没有正常上岗，无故旷工3天，严重违反公司管理制度。2017年9月7日，某餐饮公司以曹某旷工3天为由发出与其解除劳动合同的通知，并向工会报备。曹某申请劳动争议仲裁，请求：恢复原岗位、原薪酬，继续履行劳动合同。

审理结果

仲裁委员会裁决某餐饮公司恢复曹某原岗位、原薪酬，双方继续履行劳动合同。

评析意见

第一种观点认为：工作岗位属于劳动合同必备条款，调岗就属于变更劳动合同内容。《劳动合同法》第三十五条规定，用人单位和劳动者协商一致，可以变更劳动合同约定的内容。变更劳动合同，应当采取书面形式。可见，某餐饮公司认为曹某手部受伤不适合原岗位的劳动强度需要调岗，应事先与曹某协商，再经过曹某的书面同意，方可调岗。某餐饮公司未与曹某协商，单方面将曹某调到保洁部，并且降低其工资，曹某不同意调岗降薪，要求恢复原岗位、原薪酬，继续履行劳动合同，符合《劳动合同法》的相关规定，应予支持。

第二种观点认为：曹某只是以短信的形式通知部门经理医嘱写明需要延长休息两周，部门经理未做出任何回复，并且曹某未向公司提供医院开具的病假条和诊断证明等请假手续，部门经理未做出任何回复不等同于允许曹某可以延长休息两周，曹某未实际履行请假手续，只是以短信的形式与公司工作人员打招呼。曹某既没有回到原岗位工作，也没有到新岗位报到。某餐饮公司依据内部规章制度，以曹某 2017 年 9 月旷工 3 天为由辞退曹某无过错，因此应驳回曹某的仲裁请求。

笔者认为，用人单位与劳动者签订的劳动合同中明确约定工作岗位但未约定如何调岗的，在不符合《劳动合同法》第四十条所列情形时，用人单位自行调整劳动者工作岗位属于违约行为。曹某与某餐饮公司签订的劳动合同中未约定如何调岗；某餐饮公司称曹某手部受伤不能胜任配菜岗位，对曹某工作岗位进行调整的理由不充分。所谓不能胜任工作，是指不能按要求完成劳动合同中约定的任务或者同工种、同岗位人员的工作量，某餐饮公司没有任何证据证明曹某存在不能完成工作任务、工作中有过错等情况，仅凭主观印象认为曹某不胜任配菜岗位的工作。因此仲裁委员会采纳第一种观点，裁决恢复曹某原岗位、原薪酬，继续履行劳动合同。

由于调整劳动者岗位是用人单位改善劳动组织、提高劳动效率必须具备的重要的用工自主权，完全否定用人单位的这项自主权不利于增强企业竞争力、提升企业的经济效益，因此在保证劳动者合法权益不受侵犯的情况下，也要保证用人单位能够依法、合理、适度地行使用工自主权。用人单位的情况各不相同，对劳动合同应当变更情形的理解也因人而异，为避免理解上的分歧，使变更劳动合同的行为有章可循，更符合双方的意愿，减少争议，应当引导劳动关系当事人通过劳动合同或者用人单位的规章制度，对劳动合同可变更情形做出明确约定或规定。

(北京市密云区劳动人事争议仲裁院　赵　阳)

25. 高级管理人员被违法解除劳动合同，可否不再继续履行

申请人：黄某
被申请人：H公司

争议焦点

用人单位违法解除与高级管理人员的劳动合同后，劳动合同是否适合继续履行？

基本案情

黄某于2015年5月1日入职H公司，担任总经理职务，并为董事会成员，与公司签订有期限为2015年5月1日至2018年9月2日的劳动合同，约定年薪120万元。根据H公司的公司章程，黄某作为公司总经理，行使的职权包括主持公司的生产经营管理工作，组织实施公司年度经营计划和投资方案等，属公司高级管理人员。2017年3月13日，H公司召开股东会并形成了股东会决议，决议内容包括免去黄某董事职务，并选举了新一届董事会成员。2017年3月13日，新一届董事会成员召开董事会并形成了董事会决议，决议内容包括因公司发展需要，解聘黄某，聘任艾某为公司总经理。2017年3月22日，H公司向黄某发出解除劳动合同通知，与黄某解除了劳动合同。黄某申请劳动争议仲裁，主张H公司系违

法与其解除劳动合同,请求撤销 H 公司解除劳动合同的决定,继续履行双方的劳动合同。

审理结果

仲裁委员会认定 H 公司与黄某解除劳动合同的行为属违法解除,但裁决驳回黄某继续履行劳动合同的请求,并向其释明其可另行主张违法解除劳动合同赔偿金。

评析意见

依据《劳动合同法》第四十八条的规定,在用人单位违法解除劳动合同的前提下,劳动者可以要求继续履行劳动合同或者要求用人单位支付赔偿金。虽该条文规定有"劳动合同已经不能继续履行的"这类情形,但并未对此情形进行进一步说明或规范,造成在裁审实践中出现认定困难和自由裁量差异化的问题。

在 2017 年《北京市高级人民法院、北京市劳动人事争议仲裁委员会关于审理劳动争议案件法律适用问题的解答》(以下简称《解答》)中对哪些情形可以认定为"劳动合同确实无法继续履行"给出了参考。《解答》第 8 条明确,"劳动者要求继续履行劳动合同的,一般应予以支持。在仲裁中发现确实无法继续履行劳动合同的,应做好释明工作,告知劳动者将要求继续履行劳动合同的请求变更为要求用人单位支付违法解除劳动合同赔偿金等请求。如经充分释明,劳动者仍坚持要求继续履行劳动合同的,应尊重劳动者的诉权,驳回劳动者的请求,告知其可另行向用人单位主张违法解除劳动合同赔偿金等。如经释明后,劳动者的请求变更为要求用人单位支付违法解除劳动合同赔偿金等的,应当继续处理。在诉讼中发现确实无法继续履行劳动合同的,驳回劳动者的诉讼请求,告知其可另行向用人单位主张违法解除劳动合同赔偿金等"。第9条明确，"劳动合同确实无法继续履行主要有以下情形：（1）用人单位被依法宣告破产、吊销营业执照、责令关闭、撤销，或者用人单位决定提前解散的；（2）劳动者在仲裁或者诉讼过程中达到法定退休年龄的；（3）劳动合同在仲裁或者诉讼过程中到期终止且不存在《劳动合同法》第十四条规定应当订立无固定期限劳动合同情形的；（4）劳动者原岗位对用人单位的正常业务开展具有较强的不可替代性和唯一性（如总经理、财务负责人等），且劳动者原岗位已被他人替代，双方不能就新岗位达成一致意见的；（5）劳动者已入职新单位的；（6）仲裁或诉讼过程中，用人单位向劳动者送达复工通知，要求劳动者继续工作，但劳动者拒绝的；（7）其他明显不具备继续履行劳动合同条件的。劳动者原岗位已被他人替代的，用人单位仅以此为由进行抗辩，不宜认定为'劳动合同确实无法继续履行的'情形"。

本案中，仲裁委员会在认定双方是否有继续履行劳动合同的必要时，参照《解答》第9条的规定，并从以下两个方面进行考量。

第一，黄某的职务为公司总经理，负责主持公司的生产经营管理工作，属公司管理层。黄某的岗位要求双方在互信的基础上才能达到良好的工作效果，但H公司通过先后召开股东会、董事会的方式对黄某作出撤职、解除的决议，黄某亦以此申请了劳动争议仲裁，双方的行为意味着矛盾较为激烈，双方信任基础已经动摇，即使黄某通过法律途径恢复劳动关系，也很难再恢复双方的互信关系。

第二，公司总经理这一岗位全面掌握公司的运营管理情况，对公司的正常运营具有不可替代性以及唯一性。而H公司已通过董事会聘用了新任总经理，新任总经理已经到岗主持工作，即使黄某与H公司继续履行劳动合同，黄某也无法回到原岗位工作，且双方就黄某到公司其他职位（享受同等工资待遇）任职难以达成一致，双方继续履行劳动合同的条件亦不存在。

因此,基于上述考量,综合判断,最终仲裁委员会对黄某继续履行劳动合同的请求未予支持。

综上,在用人单位出现违法解除劳动合同情形时,是否能够继续履行劳动合同,应具体案情具体分析,结合双方实际情况,以实质性解决争议为出发点,以达到裁判公平与社会效果的平衡。

(北京市朝阳区劳动人事争议仲裁院　孙　京)

26. 对多次安置仍拒不到岗的工伤职工，可否解除劳动合同

申请人：陈某

被申请人：某通信公司

争议焦点

1. 职工因工致残被鉴定为五级、六级伤残的，如严重违反用人单位的规章制度，用人单位是否可以解除劳动合同？

2. 如何理解《工伤保险条例》第三十六条第一款第二项的规定？

基本案情

陈某于2012年8月6日入职某通信公司从事生产线组装工作，2017年2月21日其在工作中不慎触电，经医院诊断为左手坏死，需截掉四根手指。陈某受伤被认定为工伤，经劳动能力鉴定委员会鉴定，伤残等级为六级。2018年4月18日，某通信公司通知陈某到岗工作，陈某表示因工伤无法继续从事生产线组装工作。后公司又安排其到行政部工作，主要负责收发文件及公司通知的上传下达，工资福利待遇不变，陈某亦表示不能胜任，公司表示可以先对其进行培训，也遭到陈某的拒绝。此后，公司先后与陈某协商，为其安排前台、保洁员等工作，最终公司要求陈某每天只需到公司办

公室报到,遵守公司上下班时间,无须从事具体工作,陈某仍表示无法接受。自 2018 年 5 月 10 日起,陈某就未到公司报到,某通信公司于 2018 年 5 月 16 日向陈某邮寄了限期到岗通知书,告知其按时到公司出勤,否则将承担相应的责任。陈某收到该通知后依旧未按通知的要求到公司报到。某通信公司于 2018 年 5 月 30 日向陈某发送了解除劳动合同通知书,理由为陈某未按公司的规定到公司报到,旷工已经超过 7 天,属于严重违反公司规章制度的行为。陈某对某通信公司做出的解除劳动合同的决定不服,向劳动人事争议仲裁委员会申请仲裁,请求裁决某通信公司继续履行双方订立的劳动合同。

审理结果

仲裁委员会裁决驳回陈某的仲裁请求。

评析意见

《工伤保险条例》第三十六条规定,职工因工致残被鉴定为五级、六级伤残的,享受以下待遇:(一)从工伤保险基金按伤残等级支付一次性伤残补助金,标准为:五级伤残为 18 个月的本人工资,六级伤残为 16 个月的本人工资;(二)保留与用人单位的劳动关系,由用人单位安排适当工作。难以安排工作的,由用人单位按月发给伤残津贴,标准为:五级伤残为本人工资的 70%,六级伤残为本人工资的 60%,并由用人单位按照规定为其缴纳应缴纳的各项社会保险费。伤残津贴实际金额低于当地最低工资标准的,由用人单位补足差额。该条还规定,经工伤职工本人提出,该职工可以与用人单位解除或者终止劳动关系,由工伤保险基金支付一次性工伤医疗补助金,由用人单位支付一次性伤残就业补助金。《工伤保险

劳动合同的解除与终止

条例》第三十六条首先规定的是保留劳动关系，从文义来看，保留即为保存、不改变、暂时留着不处理的意思；从立法本意来看，劳动者因为工作原因受伤，根据受伤的程度以及对未来就业能力的影响和不确定性，给予其合法权益以保障，但同时又考虑到五级、六级伤残的特殊性给予了劳动者和用人单位选择权。被鉴定为五级、六级伤残的工伤职工有三个选择：一是保留与用人单位的劳动关系，由用人单位安排适当工作；二是保留劳动关系但难以安排工作的，由用人单位按月发给伤残津贴；三是提出与用人单位解除或者终止劳动关系，由工伤保险基金支付一次性工伤医疗补助金，由用人单位支付一次性伤残就业补助金。

工伤职工因受伤部位不同，被鉴定为五级或六级伤残不一定就会丧失劳动能力，不一定所有的工作都不能胜任，如果用人单位已采取了各种措施合理安排工伤职工岗位，维持或者提高工伤职工其工资福利待遇，而且工作岗位不具有明显的不合理性或侮辱性，那么工伤职工不服从用人单位的安排管理，且其行为已经违反了用人单位的规章制度，用人单位是否可以行使劳动合同解除权？

《劳动合同法》第三十九条明确规定了用人单位可以解除劳动合同的情形，而且结合《劳动合同法》其他关于用人单位可以解除劳动合同的条款，第三十九条的规定可以说是排除性规定，即使劳动者存在特殊的情形，例如"三期"女职工、医疗期满职工，只要劳动者存在该条规定的情形，用人单位即可以解除劳动合同并无须支付补偿。对于《工伤保险条例》第三十六条主要有以下两点需明确：一是用人单位安排工作是否需要与工伤职工协商，二是"难以安排工作"如何界定。从一般情况来看，伤残达到五级或六级的工伤职工继续从事原工作的可能性不是很大，用人单位安排适当工作势必会涉及工作岗位调整。《劳动合同法》第三十五条规定，用人单位与劳动者协商一致，可以变更劳动合同约定的内容。变更劳动合同，应当采用书面形式。但从《工伤保险条例》的立法目的来看，用人单位安排适当工作是义务，是对工伤职工的一种特殊保护措施。同时，考虑到劳动关系的性质，工伤职工也应当服从用人单位的合理安排和管理。在此情况下，用人单位安排适当工作应当遵循公平、合法、合理、平等自愿、协商一致、诚实信用的原则，双方就工作达成合意。具体来说，首先，用人单位应当基于工伤职工受伤情况，并结合单位的生产经营、工作岗位的合理需要进行安排；其次，用人单位应当维持或提高工伤职工的薪酬福利待遇；最后，新调整的岗位不具有不合理性、侮辱性。因此，既然《工伤保险条例》规定了由用人单位安排适当工作，如果用人单位按照上述原则为劳动者提供了相应的工作岗位，就应视为用人单位已履行了"安排适当工作"这一义务，那么劳动者也应当服从安排，不服从导致严重违反单位的规章制度，用人单位可依法行使劳动合同解除权。

（北京市顺义区劳动人事争议仲裁院　何　岳）

27. 离职承诺书法律效力的认定标准

上诉人：张某
被上诉人：甲证券公司

争议焦点

劳动者在离职时向用人单位提交的离职承诺书的法律效力问题。

基本案情

2016年6月23日，张某入职甲证券公司，担任股转业务总部北京业务三部负责人。双方口头约定工作期限为1年，工资标准为2万元/月，工作地点为北京市西城区。双方未签订书面劳动合同。

截至2016年10月，甲证券公司均按照约定向张某支付了工资；2016年11月、12月，甲证券公司按照1万元/月的标准向张某支付工资；自2017年1月起，甲证券公司不再向张某支付工资。对此，甲证券公司表示，张某未按照入职时的承诺组建团队经营项目为公司营利。张某对此不予认可，表示前6个月不存在考核，且甲证券公司不能以此为由降低其工资标准。

诉讼中，双方均表示曾就解除劳动关系事宜进行过协商，也对解除劳动关系不持异议，但双方对是否达成一致条件解除各执一词。张某称其曾提出放弃未报销的差旅费及其他费用，而需要甲证券公司补足基本工资的方案,而甲证券公司并未接受,所以双方未就解除劳动关系的条件达成一致意见;对此,甲证券公司表示双方经过协商,达成了双方相互不再主张任何权利、张某离职的协议。就上述表述,张某未提交有效证据加以证明,甲证券公司则出示了双方微信沟通记录。该记录显示甲证券公司曾将离职承诺书送达张某,张某于2017年7月19日在承诺书上签字后拍照,并将照片传送给甲证券公司。该承诺书载明:"张某于2017年7月申请离职,与公司在平等自愿、协商一致的基础上解除劳动关系,与公司结清了全部的工资报酬及相关费用,与公司不再有任何争议。张某将恪守以上承诺。"对此,张某表示这是在甲证券公司表示先提交承诺书才能开始离职程序的要求下签字的。

2017年7月20日,甲证券公司对张某的离职进行了逐级审批。2017年8月4日,甲证券公司通过微信及邮寄方式向张某送达了2017年7月28日作出的终止劳动关系证明书,确认双方劳动关系于2017年7月15日解除。

张某向劳动人事争议仲裁委员会申请仲裁,请求判令甲证券公司支付工资、工资差额、未签劳动合同双倍工资差额、未签无固定期限劳动合同双倍工资以及解除劳动关系经济补偿金。仲裁委员会驳回了张某的请求。张某不服向一审法院起诉,一审法院判决驳回张某诉讼请求。张某不服,提起上诉。

二审期间,张某提交了《甲证券公司员工招聘、入(离)职、岗位变动管理办法》,以证明其签署离职承诺书的原因,即需要先签署离职承诺书发起离职审批,审批通过后,才结算发放工资,承诺书为格式文本,甲证券公司并未与其达成解除劳动合同相关条件的一致意见。该办法第十九条规定:"员工离职凭离职手续办理审批表、员工离职审批表和工作交接清单(附件5)、办公物品移交清单(附件6)、离职承诺书(附件7)复印件到公司人力资源部办理劳动关系终止手续。对于不经审批擅自离职的,一切不利后果及法律责任由员工个人承担。"第二十条规定："离职手续办理流程在公司 OA 平台进行。"即申请部门通过"人员离职手续办理流程"，填写离职手续办理审批表，附离职书面申请报告、离职承诺书、工作交接清单、办公物品移交清单等离职手续证明，由各部门在各自职责范围内出具审批意见。张某称该证据系在一审判决作出后通过甲证券公司的其他员工所取得。对于不提交离职承诺书是否可以办理离职的问题，甲证券公司表示不提交承诺书不可以办理离职。

审理结果

二审法院作出民事调解书，内容为：甲证券公司于 2018 年 8 月 10 日前支付张某 80 000 元；双方就本案再无其他纠纷；一审、二审案件受理费均由张某负担。

评析意见

本案之争议焦点是劳动者在离职时向用人单位提交的离职承诺书的法律效力问题。

当前司法实践中，劳动者在离职时向用人单位出具诸如离职承诺书（或协议书）等文件以放弃自己有关权利的案例并不鲜见，在诉讼中劳动者往往主张承诺书（或协议书）非其真实意思表示，并否认其法律效力。故，对于这类承诺书的法律效力问题，可以从以下三个方面予以重点审查。第一，承诺书的来源和形成过程，即承诺书是否系由双方协商一致形成，或系用人单位提供之格式文本；第二，劳动者出具承诺书的背景，即劳动者是否依据用人单位规章制度而出具，劳动者的工资及各项费用的支付与承诺书是否有关联；第三，承诺书在劳动者离职时所起的作用，即劳动者若不向用人单位出具承诺书，劳动者是否可以办理离职手续，用人单位是否会为劳动者出具离职证明。

从上述三个方面看，本案中的离职承诺书系甲证券公司提供的格式文本，该公司的规章制度明确记载劳动者离职需提交承诺书，提交承诺书后方可进行工资结算，且该公司明确表示若张某不提交承诺书，无法为其办理离职手续；在张某提交承诺书之后，甲证券公司实际并未为张某结算工资。综上，本案中承诺书不具有证明双方已就离职的具体条件达成一致的效力。事实上，用人单位在劳动关系中具有优势地位，在解除劳动合同时，有可能出现用人单位以公司规章制度规定的流程为由，要求劳动者出具承诺书（或协议书）的情况，有的用人单位甚至以不开具离职证明为要挟，要求劳动者放弃自己的权利主张。针对上述情况，法院应结合当事人的诉求，对承诺书（或协议书）的效力进行详细审查，以有效保护劳动关系双方的合法权益。

（北京市第二中级人民法院　管元梓）

28. 用人单位能否与享受特殊待遇的劳动者约定服务期

原告：某劳务派遣公司

被告：侯某

争议焦点

1. 用人单位与享受特殊待遇的劳动者关于服务期的约定是否有效？

2. 劳动者违反了服务期的约定，是否应向用人单位支付补偿金？

基本案情

侯某于 2010 年 9 月 15 日与某劳务派遣公司签订劳动合同，约定某劳务派遣公司将其派遣至某技术公司工作，工作岗位为软件开发。侯某、某劳务派遣公司与某技术公司签订接收协议，约定：某劳务派遣公司为侯某办理户口进京，侯某在某劳务派遣公司有 3 年的管理服务期，管理服务期自派遣证签发之日起开始计算，管理服务期内侯某须在某劳务派遣公司管理客户范围内工作，因侯某的原因不履行或未履行完管理服务期的，侯某应向某劳务派遣公司支付补偿金。另外，该协议约定补偿金的数额由工资及未履行完毕的服务期计算得出。后某劳务派遣公司为侯某办理了落户手续。侯某工作至 2011 年 8 月，因个人原因主动离职。

侯某于 2011 年离职时并未将人事档案和户口迁出，某劳务派遣公司也没有要求其缴纳补偿金，且某劳务派遣公司为其出具了离职证明。但侯某于 2016 年 7 月要求将人事档案进行转移时，某劳务派遣公司要求其缴纳补偿金，侯某为了尽快办理档案转移手续就缴纳了 18 333 元的补偿金。

侯某向劳动人事争议仲裁委员会申请劳动争议仲裁，要求某劳务派遣公司返还该笔补偿金。某劳务派遣公司称其为侯某办理了北京市户口，侯某所支付的补偿金系其为提前离职行为给公司造成的损失所支付的补偿，且补偿金额合情合理，所以不同意返还该款项。后仲裁委员会出具不予受理通知书。侯某不服，提起诉讼，认为某劳务派遣公司与其约定上述补偿金的行为并无依据，所以请求法院判令某劳务派遣公司返还其所支付的补偿金 18 333 元。

审理结果

法院判决驳回侯某的诉讼请求。

评析意见

本案系劳动者与用人单位签订接收协议，约定用人单位为劳动者办理落户手续，但享受了特殊待遇的劳动者却未遵守该协议中关于服务期的约定提前离职，导致用人单位依据协议约定向劳动者收取补偿金。

劳动法意义上的服务期，主要指劳动者与用人单位约定，对劳动者具有特殊约束力的，劳动者因获得特殊待遇而应当与用人单位保持劳动关系的期限。关于服务期约定的法律依据，《劳动合同法》第二十二条规定："用人单位为劳动者提供专项培训费用，对其进行专业技术培训的，可以与该劳动者订立协议，约定服务期。"该条文虽未明确规定用人单位为劳动者提供了办理户口、住房或专属车辆等特殊待遇的，双方可以约定服务期，但在社会实践中，存在大量因用人单位为劳动者提供了办理户口等特殊待遇而约定服务期的案例，因此如何认定用人单位与享受特殊待遇的劳动者所约定的服务期的效力，具有重要的意义。在劳动关系中，劳动者提供劳动所换取的对价应为用人单位向其支付的工资、奖金等劳动报酬，但办理户口等特殊待遇已远远超出了正常劳动报酬的范围，也并非法律赋予用人单位必须承担的强制性义务，因此在双方自愿且意思表示真实的前提下，用人单位额外要求与劳动者签订服务期协议，约定服务期的，具有一定的合理性。一般而言，特殊待遇的价值大多可以转化为货币予以衡量，而劳动者未履行的剩余服务期年限也可以补偿金的形式进行折算。

本案中，劳动者与用人单位签订了接收协议，约定劳动者所获得的特殊待遇是用人单位为其办理北京市户口，约定的服务期为3年，并确定了未完成的服务期与补偿金的折算方式。该协议约定的权利与义务清晰、明确，劳动者与用人单位在该协议上签名或盖章，体现了双方的真实意思表示，协议应属合法有效。根据诚实信用原则，签订协议的双方均应如约履行协议的约定，因用人单位已经为劳动者办理了落户手续，所以劳动者应按照协议的约定履行相应的服务期；但本案劳动者却并未遵守服务期的约定，在服务期未满时即提前离职。用人单位为劳动者办理户口，需要耗费一定的人力、物力，对价即为劳动者在服务期内正常提供劳动。现用人单位因劳动者未履行完毕服务期而收取补偿金，且补偿金数额并非畸高，这一做法具有相应的合理性，法院在本案中判决驳回劳动者要求用人单位返还补偿金的请求，有利于引导社会公众遵守诚实信用原则，形成正确的价值导向。

(北京市朝阳区人民法院　白星晖)

29. 患有精神疾病员工的劳动合同解除问题

申请人：张某
被申请人：某网络公司

争议焦点

用人单位能否与患有精神疾病的员工解除劳动合同？

基本案情

张某在 2017 年 1 月入职某网络公司从事编程工作，与该公司签订了期限为 3 年的劳动合同，约定试用期 2 个月。由于张某的性格内向，平时不爱和大家交流，也不出去散心，每天就和电脑打交道，加上编程工作繁忙，几乎天天加班至深夜。如此工作一段时间后，张某变得烦躁且消瘦。2018 年 3 月，张某在家人的陪同下去医院检查，医院出具诊断证明，认为张某患有中度抑郁症。某网络公司认为张某的病情影响其工作，也会给同事带来困扰，故在 2018 年 3 月 31 日向张某出具解除劳动合同通知书，并同意支付张某经济补偿金。张某的家人对此不认可，称张某的情况需要长期治疗，公司不能解除劳动合同。故张某申请劳动争议仲裁，要求继续履行劳动合同。

审理结果

仲裁委员会裁决支持张某的仲裁请求。

 **评析意见**

在现阶段司法实践中,抑郁症多数被认定为精神疾病。碰到患有精神疾病的员工,用人单位应如何合理合法地处理与该员工的劳动关系呢?

第一,如果是在试用期内发现员工患有精神疾病,用人单位可以以员工不符合录用条件为由解除劳动合同。一是根据《劳动合同法》第三十九条的规定,劳动者在试用期被证明不符合录用条件的,用人单位可以解除劳动合同。同时《劳动部关于实行劳动合同制度若干问题的通知》(劳部发〔1996〕354号)第11条规定,用人单位对新招用的职工,在试用期内发现并经有关机构确认有精神病的,可以解除劳动合同。二是根据《劳动部办公厅关于患有精神病的合同制工人医疗期问题的复函》(劳办力字〔1992〕5号),企业招用的合同制工人在试用期内发现患有精神病不符合录用条件的,按合同规定可以终止或解除劳动合同。三是根据《劳动部办公厅对〈关于患有精神病的合同制工人解除劳动合同问题的请示〉的复函》(劳办发〔1995〕1号)的规定,"合同制工人在试用期间因患精神病不符合录用条件的,应按劳动部办公厅《关于患有精神病的合同制工人医疗期问题的复函》(劳办力字〔1992〕5号)的规定执行,即企业招用合同制工人在试用期内发现患有精神病不符合录用条件的,可以解除劳动合同"。

第二,如果劳动者已经通过试用期,在转正后发现患有精神疾病,则企业不能随意解除劳动合同,需严格按照法律规定操作。依据《劳动合同法》第四十条的规定，劳动者患病或者非因工负伤，在规定的医疗期满后不能从事原工作，也不能从事由用人单位另行安排的工作的，用人单位提前30日以书面形式通知劳动者本人或者额外支付劳动者一个月工资后，可以解除劳动合同。劳动者患有精神疾病也属于患病，也存在医疗期的问题，《企业职工患病或非因工负伤医疗期规定》（劳部发〔1994〕479号）第三条规定："企业职工因患病或非因工负伤，需要停止工作医疗时，根据本人实际参加工作年限和在本单位工作年限，给予三个月到二十四个月的医疗期：（一）实际工作年限十年以下的，在本单位工作年限五年以下的为三个月；五年以上的为六个月。（二）实际工作年限十年以上的，在本单位工作年限五年以下的为六个月；五年以上十年以下的为九个月；十年以上十五年以下的为十二个月；十五年以上二十年以下的为十八个月；二十年以上的为二十四个月。"如果劳动者不是连续休假治疗，则涉及医疗期的累计计算问题。上述规定第四条规定："医疗期三个月的按六个月内累计病休时间计算；六个月的按十二个月内累计病休时间计算；九个月的按十五个月内累计病休时间计算；十二个月的按十八个月内累计病休时间计算；十八个月的按二十四个月内累计病休时间计算；二十四个月的按三十个月内累计病休时间计算。"

《劳动部关于贯彻〈企业职工患病或非因工负伤医疗期规定〉的通知》（劳部发〔1995〕236号）规定："对某些患特殊疾病（如癌症、精神病、瘫痪等）的职工，在24个月内尚不能痊愈的，经企业和劳动主管部门批准，可以适当延长医疗期。"对于患特殊疾病职工的医疗期时间，在司法实践中存在两种认识。第一种观点认为，只要职工患有特殊疾病，无论其工作时间长短，均至少享受24个月的医疗期。24个月仍不能痊愈的，可申请延长医疗期，但是否延长需经企业和劳动主管部门批准。第二种观点认为，上述通知中"24个月内尚不能痊愈的"是对疾病的描述，而并非对医疗期时间的规定。另外，24个月不能痊愈并不一定是24个月都在病休治疗，24个月只是疾病持续的状态，因此不能理解为24个月的医疗期。在此种情况下，职工的医疗期时间仍与其工作时间长短相联系，职工虽有权申请延长医疗期，但是否延长需经企业和劳动主管部门批准。笔者同意第一种观点，因为患有重病尤其是精神类疾病，患者经受着一般人体会不到的痛苦，需要经过一系列的康复治疗及心理疏导等，所以给予24个月的医疗期有利于体现人文关怀，也有利于患者恢复。

第三，用人单位对患精神病职工医疗期满后的处理问题。医疗期满后，《劳动部办公厅关于精神病患者可否解除劳动合同的复函》（劳办发〔1994〕214号）规定："精神病患者在规定的医疗期内已治愈或病情很轻并得到稳定控制，经鉴定具有劳动能力的，用人单位应适当安排其工作，不得因病解除劳动合同。"此种情况可以将职工安排到后勤等压力小任务轻的部门，也体现了用人单位的人文关怀。

如经鉴定确实丧失劳动能力，则按照《劳动部关于实行劳动合同制度若干问题的通知》第22条的规定，劳动者患病或者非因工负伤，合同期满终止劳动合同的，用人单位应当支付不低于六个月工资的医疗补助费；对患重病或绝症的，还应适当增加医疗补助费。《劳动部办公厅关于对劳部发〔1996〕354号文件有关问题解释的通知》（劳办发〔1997〕18号）进一步规定："《通知》第22条'劳动者患病或者非因工负伤，合同期满终止劳动合同的，用人单位应当支付不低于六个月工资的医疗补助费'是指合同期满的劳动者终止劳动合同时，医疗期满或者医疗终结被劳动鉴定委员会鉴定为5~10级的，用人单位应当支付不低于六个月工资的医疗补助费。鉴定为1~4级的，应当办理退休、退职手续，享受退休、退职待遇。"综上，劳动者在劳动合同终止时能够享受医疗补助费须满足以下两个条件：（1）在劳动合同终止时处于患病或非因工负伤状态；（2）必须进行劳动能力鉴定且被鉴定为 5~10 级。《劳动部关于贯彻执行〈中华人民共和国劳动法〉若干问题的意见》（劳部发〔1995〕309 号）第 35 条规定："请长病假的职工在医疗期满后，能从事原工作的，可以继续履行劳动合同；医疗期满后仍不能从事原工作也不能从事由单位另行安排的工作的，由劳动鉴定委员会参照工伤与职业病致残程度鉴定标准进行劳动能力鉴定。被鉴定为一至四级的，应当退出劳动岗位，解除劳动关系，办理因病或非因工负伤退休退职手续，享受相应的退休退职待遇；被鉴定为五至十级的，用人单位可以解除劳动合同，并按规定支付经济补偿金和医疗补助费。"

最后，建议企业在招聘员工时除了面试，还应进行全面的体检以及心理测试，并将是否患精神疾病作为录用条件之一。

（北京市顺义区劳动人事争议仲裁院　王　超）

30. 劳动者原因导致劳动合同提前解除，是否应向用人单位支付违约金

上诉人：某出租汽车公司
被上诉人：曹某

争议焦点

出租车司机与出租汽车公司签订的承包运营合同约定了司机承担违约金的条款，如因出租车司机原因劳动合同提前解除，导致承包运营合同亦同时解除，出租车司机是否应向出租汽车公司支付违约金？

基本案情

2013年12月8日，某出租汽车公司与曹某签订劳动合同，约定合同期限自2013年12月8日至2019年12月8日，曹某岗位为出租车司机。同时，某出租汽车公司与曹某签订承包运营合同，约定该合同是劳动合同的附件，某出租汽车公司方向曹某提供北京现代出租车，营运方式为双班，合同期限自2013年12月8日至2019年12月8日；该合同还约定，曹某除合同第十九条第二款规定的情形下可以要求退车外，在合同期限未满前，因其他原因要求退车并解除合同的，视为曹某违约，应支付违约金10 000元。

2016年4月，曹某的对班司机离职。2016年5月29日，曹某

将其驾驶的出租车交还某出租汽车公司。

2016年6月2日和3日，某出租汽车公司要求曹某到公司协商新岗位。6月8日，某出租汽车公司安排曹某到公司待岗。6月13日，曹某告知某出租汽车公司，不同意更换岗位，希望某出租汽车公司继续履行双方签订的劳动合同。

2016年6月27日，某出租汽车公司因曹某签字领取的发票有问题遭到乘客投诉。2016年7月18日，北京市交通执法总队第一执法大队向某出租汽车公司出具了责令限期整改通知书。在此期间，某出租汽车公司曾多次联系曹某，内容包括告知曹某回公司办理双班运营手续、回公司核实发票情况、回公司参加法制法规培训。

2016年8月12日和14日，某出租汽车公司向曹某送达两份内容相同但落款时间分别为12日和14日的通知，内容有："某出租汽车公司驾驶员曹某：由于客观情况发生变化，单位要求协商调整你的工作岗位，一直未果，单位为你配好对班通知你到单位，你拒绝到岗，属于旷工行为。2015年11月7日，你签字领取的发票出现问题，致使单位受到北京市交通执法总队行政处罚，给单位造成严重损失。你违反了单位的运营服务奖惩制度、驾驶员营运管理制度、专业发票管理制度。基于上述情况，单位有权解除与你签订的劳动合同和承包运营合同。请收到此通知后到单位办理相关手续。"

2017年6月，某出租汽车公司申请劳动争议仲裁，请求裁决曹某向某出租汽车公司支付违反承包营运合同违约金、车辆维修费、车辆运营损失费等。2017年8月，仲裁委员会作出裁决：驳回某出租汽车公司的所有仲裁请求。某出租汽车公司不服裁决，诉至法院。

审理结果

一审法院判决：驳回某出租汽车公司的诉讼请求。某出租车公司不服判决，提起上诉。二审法院判决：驳回上诉，维持原判。

 **评析意见**

本案焦点在于劳动者是否要向用人单位支付违约金的问题。《劳动合同法》第二十二条规定，用人单位为劳动者提供专项培训费用，对其进行专业技术培训的，可以与该劳动者订立协议，约定服务期。劳动者违反服务期约定的，应当按照约定向用人单位支付违约金。违约金的数额不得超过用人单位提供的培训费用。用人单位要求劳动者支付的违约金不得超过服务期尚未履行部分所应分摊的培训费用。该法第二十三条规定，用人单位与劳动者可以在劳动合同中约定保守用人单位的商业秘密和与知识产权相关的保密事项。对负有保密义务的劳动者，用人单位可以在劳动合同或者保密协议中与劳动者约定竞业限制条款，并约定在解除或者终止劳动合同后，在竞业限制期限内按月给予劳动者经济补偿。劳动者违反竞业限制约定的，应当按照约定向用人单位支付违约金。该法第二十五条规定，除该法第二十二条和第二十三条规定的情形外，用人单位不得与劳动者约定由劳动者承担违约金。从上述法律规定可以看出，仅在劳动者违反服务期约定以及违反竞业限制约定的情况下，用人单位有权要求劳动者支付违约金，除此之外，用人单位不得与劳动者约定由劳动者承担违约金。这样的规定旨在限制用人单位利用强势地位滥用违约金条款侵害劳动者辞职等合法权益，有利于劳动力的合理、有序流动，在择业自主权上给予劳动者保护。

本案中，相较于一般用人单位与劳动者之间的劳动关系，出租汽车公司与出租车司机之间的劳动关系有其特殊性。出租车司机驾驶出租汽车公司所有的车辆进行工作，并须每月向出租汽车公司交纳一定数额的承包费，故出租汽车公司与出租车司机之间除签订劳动合同外，还签订了承包运营合同。因此，有人提出这不同于一般的劳动关系，承包运营合同有其相对独立性，从普通民事法律关系的角度考虑，双方约定因出租车司机过错导致合同解除须向出租汽车公司支付违约金并无问题。但上述观点是错误的，因承包运营合同是依附于劳动合同而存在的，出租车司机与出租汽车公司之间的基础法律关系为劳动关系，而在《劳动合同法》中明确规定除服务期及竞业限制外用人单位不得与劳动者约定由劳动者承担违约金，故承包运营合同关于出租车司机过错导致合同解除须支付违约金的约定违反《劳动合同法》的强制性规定，应属无效。本案中，一、二审法官均认为某出租汽车公司要求曹某支付违约金不符合法律规定，严格按照《劳动合同法》的相关规定判决，否定了承包运营合同中超出法律规定的违约金条款的效力，维护了劳动者的合法权益。

（北京市第二中级人民法院　宋　猛）

31. 具有特定用途的离职协议书的效力认定

上诉人：某商贸公司
被上诉人：王某

争议焦点

具有特定用途的离职协议书的效力应该如何认定？是否必然发生解除劳动合同的效力？

基本案情

王某于2003年12月4日入职某商贸公司，担任店长职务，月工资为4 200元。某商贸公司为王某缴纳了2013年2月至2016年3月期间的社会保险费。2016年5月5日，双方解除劳动关系。2016年6月29日，王某申请劳动争议仲裁，要求某商贸公司支付其2016年4月1日至2016年5月5日期间拖欠工资5 000元、2008年1月1日至2016年5月5日期间应休未休年休假工资36 781元，以及违法解除劳动合同赔偿金40 000元。2016年9月22日，仲裁委员会裁决驳回王某的仲裁请求。王某不服，向法院提起诉讼并表示若不构成违法解除，要求某商贸公司支付解除劳动关系经济补偿。

庭审中，某商贸公司称双方已经于2016年5月5日签订了离职协议书，协商一致解除了劳动合同，已支付王某 4 400 元的工资补偿，且该离职协议书上明确载明双方共同确认无拖欠工资、加班费、奖金、应休未休年休假工资、社会保险费、补偿金、赔偿金等情况，双方无任何劳动争议。王某对离职协议的真实性不认可，称除了该协议右下方的名字及手印，其他内容均不是自己所写，且该份离职协议书是 2013 年 8 月 17 日签订的，当时签订的目的是应付商场的稽查。对此，王某提交了劳动关系隶属证明，上面载明：王某于 2003 年 12 月 4 日入职，月工资标准为 4 200 元，公司已经于 2013 年 8 月 17 日与王某同时签订了一份空白劳动合同及离职协议书，仅供商场稽查使用，不作他用。某商贸公司对该证据的真实性不认可，不承认该份劳动关系隶属证明上加盖的是公司的公章，对于该份隶属证明载明的内容亦不认可，但经法院释明，其对于公章的真伪性不申请笔迹鉴定。

审理结果

一审法院判决某商贸公司支付王某拖欠工资 4 972.41 元、应休未休年休假工资 7 337.93 元、解除劳动关系经济补偿金 40 000 元。

一审判决后，某商贸公司提起上诉。二审法院判决：驳回上诉，维持原判。

评析意见

本案的争议焦点为：劳动者与用人单位签订的离职协议书是否有效？具有特定用途的离职协议书是否必然发生法律效力？在判断上述问题时，我们不能笼统地作出回答，要具体问题具体分析。

一、劳动者与用人单位签订离职协议书的效力分析

若要分析离职协议书的效力，首先需要界定劳动者与用人单位

签订离职协议书的行为性质。从法律上讲，劳动者与用人单位签订离职协议书的行为属于民事法律行为。根据现行民事法律的规定，确定法律行为是否有效，需要从以下几个方面进行分析：（1）行为人是否具有相应的行为能力；（2）意思表示是否真实；（3）内容是否违反法律和社会公共利益。若符合上述三个要件，应当认定双方签订的离职协议书是双方的真实意思表示，签订离职协议书的行为系有效的法律行为。

其次，需要分析离职协议书的性质。劳动者和用人单位以协商为基础、和解为目的而达成的离职协议书具有合同性质，对双方均具有契约上的约束力，一方不履行，另一方可以通过提起诉讼的方式维权。法院审查离职协议书的效力时，一般尊重劳动者和用人单位的意思表示，因离职协议书具有合同性质，所以在分析其法律效力时，还需要看离职协议书是否具有无效、可变更或者撤销的情形。根据《最高人民法院关于审理劳动争议案件适用法律若干问题的解释（三）》第十条的规定，劳动者与用人单位就解除或者终止劳动合同办理相关手续、支付工资报酬、加班费、经济补偿或者赔偿金等达成的协议，不违反法律、行政法规的强制性规定，且不存在欺诈、胁迫或者乘人之危情形的，应当认定有效。前述协议存在重大误解或者显失公平情形，当事人请求撤销的，人民法院予以支持。上述规定与《中华人民共和国合同法》（以下简称《合同法》）有关合同无效、可变更或者撤销的情形相吻合，因此，在分析离职协议书的效力时，应当按照《合同法》的原则、方法及程序处理。

二、具有特定用途的离职协议书的效力认定

顾名思义，具有特定用途的离职协议书是指劳动者与用人单位对离职协议书的用途有特殊的约定。一般来说，离职协议书是双方解除劳动关系时出具的文件，但特殊情况下，为了特定目的，在双方未解除劳动关系时，也可以签订离职协议书。此时的离职协议书并不具有解除劳动关系的效用，相当于劳动者与用人单位对离职协议书的用途形成了特殊的合意，双方的意思表示仅限定为约定的用途，离职协议书也仅在约定的用途发生时才发生法律效力，其他情况下并不具有法律效力。这也符合上文对法律行为的效力要件所做的分析。

此外，需要注意的是，离职协议书的效力也与其本身是否有瑕疵有关系。一般来讲，法律上的证据需要具备"三性"，即客观真实性、关联性和合法性。离职协议书也应符合上述要求，才能确保其效力。

具体到本案中，单看双方签订的离职协议书，法院需要审查双方签字的真实性、形式及内容的合法性等。但本案中，王某提交了相关证据，以证明离职协议书是一份约定特定用途的协议。从证据的效力上比较，劳动关系隶属证明加盖了某商贸公司的公章，而离职协议书除了右下角的签字及手印以外，其他内容包括离职时间均不是王某本人填写，某商贸公司亦承认上述内容系其工作人员所写。离职协议书的形式及内容均有一定的瑕疵，故法院认为劳动关系隶属证明的证明力大于离职协议书，离职协议书仅为特定用途所出具，其不具有终止双方劳动关系及解决劳动争议的作用。法院的判决符合民法意思自治的原则，亦是对合同法内在精神及价值的肯定。

(北京市通州区人民法院　张　璐)

32. 高收入群体被违法解除劳动合同后救济的特殊性

原告： 李某
被告： 阳光公司

争议焦点

1. 高收入群体在用人单位违法解除劳动合同的情况下，能否继续履行劳动合同的特殊考量因素？
2. 诉讼期间，在这类劳动者未正常提供劳动的情况下，仍按照其原工资水平支付劳动报酬是否合理性？

基本案情

风度公司与星泰公司均为独立法人，且均为阳光公司的子公司。

2007年1月29日，风度公司与李某签订期限为两年的劳动合同，约定李某担任投资发展部经理，工资标准为按公司薪酬标准执行，双方对工资的其他约定包括：风度公司有权根据政府规定和经营状况调整薪酬标准及支付时间；有权根据李某的奖惩情况，自主调整发放的具体工资数额；支付的工资不低于政府规定的最低工资标准。

2009年1月29日，风度公司与李某签订期限至2012年1月28

日的劳动合同，约定李某担任战略投资部总经理，工作地点在北京。庭审中，风度公司还提供了期限自 2012 年 1 月 28 日至 2015 年 1 月 27 日的劳动合同，约定李某的工作岗位是董事会秘书/资本市场部总经理，该份劳动合同的首页字样为"阳光公司劳动合同书"，末页加盖风度公司公章，李某并未在该劳动合同书上签字。李某称第三份劳动合同没有签的原因，是他认为双方应当签订无固定期限劳动合同，同时表示从未向风度公司提供过劳动，主张与阳光公司自始存在劳动关系。就此，李某提出一系列证据，证明其无论任免还是实际工作内容均是阳光公司决定或指派的。阳光公司对李某提供证据的真实性予以认可，但是主张双方是委派关系，不是劳动关系。

2013 年 3 月 11 日，风度公司出具薪酬待发授权书，内容为：因公司经营管理需要授权星泰公司，自即日起代为发放公司员工薪酬。李某称上述公司为关联公司，工资发放不能证明劳动关系的变更。自 2013 年 3 月起，李某的工资由星泰公司以转账形式支付。

2014 年 12 月 22 日，李某提出辞呈，内容为："因公司发展及业务战略优化调整需要，经与公司沟通，本人将负责公司电子商务领域的相关工作，现申请辞去本人所担任的阳光公司董事会秘书职务，请公司董事会予以批准。"同日，阳光公司作出关于董事会秘书辞职的决定，同意李某辞去董事会秘书一职。

2015 年 1 月 23 日，风度公司通知李某双方于 2012 年 1 月 28 日签订的劳动合同将于 2015 年 1 月 27 日到期，在劳动合同期满之后将不再续签。李某对该通知书的真实性认可，称风度公司终止劳动合同的意思表示代表了阳光公司的意思表示，但李某称其与风度公司已经签订了两次固定期限劳动合同，符合签订无固定期限劳动合同的情形，因此风度公司的行为系违法终止劳动合同。

2015 年 2 月 4 日，风度公司发出关于限期办结工作交接的催告函，通知李某在 5 日之内办理工作交接，此前风度公司于 2015 年 1

月 27 日停止为李某缴纳五险一金。

2015 年 4 月 27 日，阳光公司聘请赵某担任公司董事会秘书。阳光公司依此主张李某的岗位已经由他人代替，无法继续履行劳动合同。李某称自己是主张恢复劳动关系，并非恢复原岗位。2015 年 11 月 4 日，他向阳光公司人力资源部邮寄了希望尽快恢复正常工作的函。

李某申请劳动争议仲裁后，不服仲裁裁决，又向法院提起诉讼。

审理结果

法院经审理认为，关于劳动关系认定问题，判断劳动关系不能仅依据劳动合同的签订情况、工资发放和社保费缴纳主体判断，还要综合考虑用人单位制定的规章制度是否适用于该劳动者，劳动者受到哪个用人单位的管理，从事哪个用人单位安排的有报酬的劳动，接受哪个用人单位规章制度的约束以及提供的劳动是哪个用人单位业务的组成部分。本案中，李某提交的诸多证据足以说明其从事的是阳光公司的工作，李某是为阳光公司实际提供劳动。阳光公司主张李某系由风度公司委派至阳光公司工作，但未提交相应的证据，风度公司也未能提交证据，故法院认定李某与阳光公司自 2007 年 1 月 28 日起建立劳动关系。

李某已经与风度公司签订了两次固定期限劳动合同，符合签订无固定期限劳动合同的情形，该终止决定违法，李某主张恢复劳动关系，法院予以支持，并依法认定双方劳动合同于 2015 年 1 月 27 日到期后，李某与阳光公司存在无固定期限劳动关系。

关于李某主张 2015 年 2 月至 2017 年 11 月期间按照其正常提供劳动期间的工资标准向其补发工资的诉讼请求，考虑到李某主张的上述期间，双方发生劳动争议，且李某并未实际为阳光公司提供劳动,据此,不宜按照原工资标准补发工资,法院最终参照当地职工平均工资 3 倍进行计算。

评析意见

高收入群体尤其是高级管理人员是介于用人单位和普通劳动者之间的特殊群体,其用工既涉及公司法的特殊规定,又受到劳动法的规范约束。高级管理人员和高级技术人员属于用人单位的核心人才资源,其无论工作时间、薪酬结构、福利待遇还是聘用考核、日常管理,都有别于普通劳动者。法律规定并未将高级管理人员与普通劳动者进行区分,未在立法上给予考虑或特别规定。

近年来,高收入群体与用人单位之间因解除劳动合同而引起的纠纷日渐增多,这类案件矛盾大、标的大、审理难度大,主要表现在以下四个方面。一是离职原因往往以"不胜任工作"多见,但是高收入群体多处于用人单位的关键和高端岗位,对于岗位的匹配度、与公司的融合度要求更高,一旦发生矛盾,很难通过调岗等来提升匹配度和满意度,使"不胜任工作"的认定更为模糊。二是高收入群体被解除职务却无法解除劳动合同,陷入不愿履行却不得不履行的僵局。三是是否能够继续履行劳动合同,由于职位的特殊性对双方信任度的要求更高,继续履行劳动合同的可操作性不强。对于高级管理人员"要求继续履行劳动合同"的可行性,法律并未规定特殊的考虑因素和评判标准,用人单位仅仅以没有合适的岗位为由的答辩意见无法被法院采信,且法官依据相关规定,在劳动者坚持继续履行的情况下一般只能判决继续履行。但实际上基于此类人员的特殊性,判决继续履行劳动合同的可操作性并不强,这类案件在法院判决后也陷入双方就岗位无法达成一致,劳动合同既无法履行又无法解除的两难境地,最终只能通过双方执行和解、支付补偿的形式结束令双方"痛苦"的关系。四是高收入群体存在滥用

"要求继续履行劳动合同"的倾向。劳动者在被用人单位违法解除劳动合同之后面临两个选择,继续履行或者主张违法解除劳动合同赔偿金。高收入群体对恢复劳动关系的可行性有更为理智的判断,也明知回到用人单位会遭遇设陷阱、变相调岗、再次解除的局面,但是他们之所以没有选择主张违法解除劳动合同赔偿金,是因为在计算赔偿金时,相关法律明确规定赔偿金为补偿标准的二倍,补偿最高标准为按本地区上年度职工月平均工资的3倍支付。而法律对劳动合同继续履行的情况下工资按照原工资给付还是酌情给付或者参照标准给付并未规定,使高收入群体普遍认为如果选择恢复劳动关系,并按照其原来的工资标准得到的实际利益更高。法律对于经济补偿、赔偿金的立法初衷是调整和平衡各类收入群体的利益,是弥补损失并非收益。但是高收入群体存在滥用"要求继续履行劳动合同"的倾向,实践中也出现过不工作反而拿到更多补偿的情况,这与保持劳动关系稳定性、维护劳动者合法权益的立法初衷相背离。

  此外,用人单位作出的与高收入劳动者解除劳动合同的处理决定被劳动人事争议仲裁委员会或法院撤销后,对高收入劳动者主张支付上述处理决定作出后至仲裁或诉讼期间工资请求的处理,实践中大多以是实体违法还是程序违法以及过错程度来进行区分。但是值得思考的是,即使用人单位存在过错,但在诉讼期间劳动者未提供劳动的情况下仍按照原工资标准支付是否合理?笔者认为是不合理的。其一,无论是经济补偿还是支付工资,目的是弥补损失并非因此获得收益,即使是用人单位的过错致使劳动者无法工作,但支付工资却是以提供劳动为前提的,支付适当工资就可以达到惩戒用人单位和弥补劳动者损失的目的了。其二,有利于促使劳动者对劳动关系是否延续做出真实的意思表示,在违法解除劳动合同的赔偿金与仲裁或诉讼期间的工资损失弥补标准大致相同、程度大体相当的情况下,劳动者会对是恢复劳动关系还是解除劳动关系主张赔偿金有理性的分析和判断，此时做出的判断才能真正反映劳动者的意愿，对实际能否恢复劳动关系具有重要意义。其三，违法解除劳动合同赔偿金在计算时规定了最高标准，考虑到了收入群体的差异性，合理弥补了劳动者的损失，同时也惩戒了用人单位，那么对另外一种选择也就是主张恢复劳动关系来说，劳动者在诉讼期间的损失弥补与违法解除劳动合同的赔偿金标准相差无异较为合理。这样，不仅在对用人单位惩戒和劳动者损失弥补之间求得一个平衡点，而且具有引领意义，引导着劳动者做出真实的意思表示，从而有利于促进劳动关系的和谐。

（北京市西城区人民法院　李　曦　李　晗）

33. 用人单位就劳动者同一违纪作出两次处理的法律后果

申请人：王某

被申请人：某物业公司

争议焦点

用人单位对劳动者旷工行为未按规章制度作出处理，而作出了其他处理，之后再对劳动者此前的旷工行为按规章制度作出解除劳动合同的处理决定，是否属于违法解除劳动合同？

基本案情

王某于2016年4月1日入职某物业公司，双方签有书面劳动合同，劳动合同约定某物业公司员工手册为劳动合同附件，且有王某签字领取员工手册的确认书。员工手册中规定员工一年内累计旷工5天及以上，某物业公司可以解除劳动关系，并无须支付解除劳动合同经济补偿。2017年12月18日至12月22日王某未出勤，12月23日某物业公司向王某邮寄了返岗通知书，王某于12月24日签收。该返岗通知书写明，王某已在一年内累计旷工达5天，扣除其当月绩效工资20%，如王某未在2017年12月25日返岗，某物业公司将依据员工手册规定与王某解除劳动关系。2017年12月25日王某未出勤，当天某物业公司以王某一年内累计旷工5天严重违

153

反规章制度为由,依据员工手册相关规定,作出与王某解除劳动合同的决定。王某申请劳动争议仲裁,称其因病未出勤,且某物业公司已就其2017年12月18日至22日未出勤行为作出扣款处理,并未解除劳动合同,因此,某物业公司于2017年12月25与其解除劳动合同的行为,系违法解除劳动合同,要求某物业公司支付违法解除劳动合同赔偿金。就病休主张,王某未提交证据证明。

审理结果

仲裁委员会裁决支持王某的仲裁请求。

评析意见

本案的焦点是:用人单位在没有对劳动者违反规章制度行为作出解除劳动合同的处理,要求劳动者返岗未果的情况下,再以之前的违规行为作出解除处理,是否符合法律规定?

有观点认为,《劳动合同法》第三十九条明确规定了用人单位可以与劳动者解除劳动合同的情形,在法律法规以及用人单位的规章制度中对可以与劳动者解除劳动合同的情形有规定的情况下,用人单位作出的解除决定没有违反法律规定,不应支付违法解除劳动合同赔偿金。另有观点认为,劳动者确实存在违反用人单位规章制度的情形,但用人单位并未按照规章制度对劳动者违规行为作出解除劳动合同处理,应视为对权利的放弃,此后,用人单位再作出解除劳动合同的处理决定,应按照《劳动合同法》第八十七条的规定支付违法解除劳动合同赔偿金。

由于两种观点相悖,在仲裁调解过程中,用人单位和劳动者各执一词,用人单位拒绝支付任何补偿或赔偿。笔者认为,对用人单位就劳动者违纪行为已作出其他处理,又作出解除劳动合同处理的

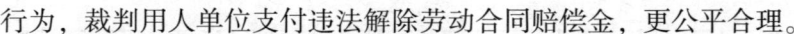

行为,裁判用人单位支付违法解除劳动合同赔偿金,更公平合理。

  本案中,王某没有证据证明病休情况,没有提供劳动,也没有向某物业公司说明情况,明显违反了某物业公司员工手册的相关规定。且员工手册已经王某签字确认,对王某即产生了约束力。因此,某物业公司若依据员工手册直接与王某解除劳动合同,并无不妥。但问题出在某物业公司一开始并未依规作出处理,而是明确告知劳动者对其扣发当月绩效工资的处理决定,且告知王某返岗期限,并未表达希望与王某解除劳动合同的意思,故对王某旷工5天行为的处理应以此终结,应视为某物业公司对权利的放弃。此后,王某再未出勤,旷工时间应重新计算。某物业公司在王某旷工1天的情况下,对其作出解除劳动合同的处理决定,应视为违法解除劳动合同。

(北京市顺义区劳动人事争议仲裁院 史浩淼)

34. 用人单位采用格式文件为劳动者办理离职手续时应向劳动者履行格式条款的提示说明义务

上诉人：某出租汽车公司
被上诉人：刘某某

争议焦点

用人单位提供的格式离职文件中载明的辞职理由能否认定为劳动者的真实意思表示？

基本案情

刘某某2013年4月26日入职某出租汽车公司担任出租车司机，双方签订为期5年的承包运营合同和劳动合同。因劳动合同解除发生争议，刘某某申请劳动争议仲裁，后又提起诉讼。

某出租汽车公司称，公司从2015年开始转型，准备将出租车调整为网约车的形式运营，公司与出租车司机协商，如果同意转为网约车可以继续工作，如果不愿意就交车解除劳动合同。刘某某不愿意转为网约车，向公司交还车辆，公司也退还了刘某某的承包金2万元，故某出租汽车公司称刘某某属于因个人原因与公司解除劳动合同，并提交了辞职通知、终止（解除）劳动合同协议书、离职会签单为证。辞职通知内容为：本人通知企业，解除本人与企业签订的劳动合同及承包运营合同。该通知上有刘某某签名。终止（解除）劳动合同协议书内容有：甲方与乙方签订劳动合同，现合同期届满（或由于个人原因），特解除劳动合同。该协议书甲方处有公司印章，乙方处有刘某某签字，日期为 2017 年 4 月 25 日。离职会签单司机本人处有刘某某签字。

某出租汽车公司称辞职通知是公司拟好之后，让刘某某签字；终止（解除）劳动合同协议书中"个人原因"几个字系公司填写，刘某某仅在乙方处签字。刘某某认可上述证据的真实性，称某出租汽车公司提出让其转为网约车，其不同意转，交车后三四天收到了公司退还的承包金，但是在签署上述材料的时候，某出租汽车公司车队队长用文件夹夹着材料，并未告知材料内容是解除劳动合同，其当时认为仅是办理交车手续。为证明某出租汽车公司在其签署上述材料时存在欺骗、隐瞒行为，刘某某提交了其与车队队长的通话录音，录音中有以下通话内容："刘某某：……当时您让我交的时候没有说解除劳动合同。我认为解除合同要去人事部门办理，因为签劳动合同时也是人事部门。杨队长：所有交车的手续都是车队按照模式办的，所有人我都是这么弄的。各部门签完该拿走的拿走了。""刘某某：……当时队长也没和我说，我当时签的东西内容没有让我看，就让签字。杨队长：小亚，我和你说不是你一个人走了，好多人都是这么签的……你干什么事情，一般情况都应该要看呢，是不是？刘某某：是，我知道。关键是我签字的时候没往那儿想。我跟您签字没想到是解除劳动合同的手续……杨队长：是你签的字吧。刘某某：这是企业改制的问题，你要说都不补偿也可以，但不能弄虚作假。杨队长：这个是这样，我不是向着企业，我也不是欺骗，所有人凡是走的都没跑，都是这样签的……""杨队长：……公司都是让我这么做的呀。告诉我让我拿过去，司机签了就完事了。"某出租汽车公司不认可录音真实性，但未申请对录音进行鉴定。

经法院释明，刘某某同意根据案情变更诉讼请求为解除劳动合同经济补偿。

审理结果

一审法院判决某出租汽车公司支付刘某某解除劳动合同经济补偿金1.6万元，驳回刘某某的其他诉讼请求。某出租汽车公司不服，提起上诉。二审法院判决：驳回上诉，维持原判。

评析意见

解除劳动合同是涉及用人单位与劳动者权利义务的重大事项。通常情况下，劳动者单方提出解除劳动合同时会向用人单位提交辞职申请，明确辞职原因。作为劳动关系中拥有管理权的一方，在劳动者率先口头提出解除劳动合同的情况下，用人单位也可以要求其提交书面辞职申请，明确辞职理由，以防止双方因解除劳动合同发生纠纷。而本案中，用人单位主张是劳动者辞职，提交的辞职文件却全部是由用人单位提供的格式文件，劳动者只是在文件上签字。文件中载明的辞职理由"个人原因"，能否认定为劳动者的真实意思表示，将直接决定用人单位在解除劳动合同时是否需要支付经济补偿金。

有观点认为，签字是民事主体做出意思表示的重要方式，劳动者应对其签字负责，其自身负有在签字前仔细阅读文件内容的义务。而本案二审法院则认为，在劳动关系中用人单位处于相对强势地位，劳动者处于相对弱势地位，用人单位作为劳动关系中拥有管理权的一方，在劳动者单方提出解除劳动合同的情况下，完全可以通过行使劳动管理权，要求其提交书面辞职申请，明确辞职理由。

如果用人单位在裁员等情况下基于效率和便利性而使用格式文件的，亦应按照《合同法》第三十九条第一款的规定，在劳动者签字前对其做出善意的提示和说明，否则不能依据格式文件条款免除其支付解除劳动合同经济补偿金的义务。本案中，刘某某提交的录音内容显示，其系在向车队队长交车时，在某出租汽车公司提供的辞职通知、终止（解除）劳动合同协议书、离职会签单上签的字，签字时某出租汽车公司未提示刘某某仔细阅读文件内容，甚至有意放任其忽视阅读文件内容，故二审法院认为终止（解除）劳动合同协议书中所载非刘某某书写的"个人原因"不足以证明双方劳动合同解除的真正原因。

对于劳动合同解除的原因，因双方当事人均未就各自的主张提交充分证据，故二审法院结合双方陈述的争议起因、网约车对传统出租车行业冲击的市场背景，并依据生活经验，倾向认为更符合《劳动合同法》第四十条第三项规定的情形，即劳动合同订立时所依据的客观情况发生重大变化，致使劳动合同无法履行，经用人单位和劳动者协商，未能就变更劳动合同内容达成协议。故二审法院作出了维持一审判决的最终裁判结果，既解决了争议，又避免在证据不足的情况下认定一种事实而引发对裁判理由的质疑。

（北京市第二中级人民法院　张玉贤）

35. 以旷工为由解除劳动合同的合法性应全面考虑

上诉人：黄某

被上诉人：某家居公司

争议焦点

1. 黄某是否构成旷工？
2. 某家居公司以黄某旷工为由解除劳动合同是否合法？

基本案情

黄某原担任某家居公司美食总监岗位，与公司签订期限自2017年4月10日至2022年4月9日的劳动合同，并约定试用期6个月，试用期为2017年4月10日至2017年10月9日。

黄某主张因某家居公司不满其工作业绩，于2017年8月15日将其辞退。黄某提交了劳动合同、试用期员工辞退通知书、电脑截屏等证据。该劳动合同部分内容载明："甲方：某家居公司，乙方：黄某。乙方有下列情形之一的，甲方可以提前解除本合同，不需支付乙方任何补偿金：……2.违反《考勤管理办法》达到辞退条件的……"试用期员工辞退通知书部分内容载明："黄某：我公司于2017年4月10日向你提供了美食总监岗位，试用期间我公司发现你不能胜任本职工作，未能完成入职时签订的KPI考核指标且差距较大。根据《中华人民共和国劳动合同法》第三十九条第一项的规定，劳动者在试用期间被证明不符合录用条件的，用人单位可以解除劳动合同。且根据你在2017年7月的出勤情况，有多次无故旷工情况发生。按照公司相关规定及《中华人民共和国劳动合同法》规定，用人单位有权无条件解除劳动合同……某家居公司2017年8月15日"。

某家居公司主张黄某在2017年7月存在旷工以及不能胜任本职工作的情况，基于上述理由与黄某解除劳动合同。某家居公司提交了2017年4月12日至2017年7月31日黄某考勤记录、系统截屏、薪酬与绩效考核确认书、《考勤管理办法》、劳动合同、2017年7月黄某工资表加以佐证。上述2017年7月考勤记录未显示黄某2017年7月3日至7月4日、7月18日考勤情况，7月5日、7月7日、7月10日、7月12日至7月14日、7月17日、7月21日、7月24日至7月28日未显示黄某下班考勤记录。某家居公司《考勤管理办法》载明："公司员工上下班实行指纹打卡，未打卡者按旷工处理……员工一年累计2次迟到及早退的，不得参与公司各种奖项的评选，年终奖减半；年内累计迟到及早退达3次者或旷工1次者，公司予以辞退并解除劳动关系。"上述2017年7月工资表显示黄某缺勤扣款30 735.66元。黄某对某家居公司提交的上述证据，主张未见过《考勤管理办法》，亦主张2017年7月部分未显示出勤情况或出勤半天的原因为单位安排其出外勤办理业务，对2017年7月工资表中缺勤扣款不予认可。某家居公司则主张并未安排黄某2017年7月出外勤办理业务。

2017年8月17日，黄某向劳动人事争议仲裁委员会申请仲裁，请求某家居公司支付解除劳动合同的经济补偿等。仲裁委员会裁决驳回黄某各项仲裁请求。黄某不服该仲裁裁决，向法院起诉。

审理结果

一审法院判决某家居公司支付黄某未休年休假工资 11 045.51 元，未支持黄某主张某家居公司支付其解除劳动合同经济补偿的诉讼请求。

黄某提起上诉。

二审法院认为，双方对黄某在职期间的出勤记录以及 2017 年 5 月、6 月的考勤异常审批均无异议，应予采信。依据黄某 5 月、6 月的出勤记录与考勤异常审批，其在 5 月、6 月中每月均存在超过 10 天的考勤异常情形，某家居公司也以审批方式在月末予以认可，说明因开展业务需要每月 10 次以上的异常考勤情形属于黄某的正常工作状态。在黄某 2017 年 7 月的考勤记录与之前的出勤情况并无明显差异的情况下，某家居公司以黄某多次无故旷工为由解除劳动合同，属违法解除，应支付违法解除劳动合同赔偿金。二审法院对此予以改判。二审法院判决支持了黄某要求某家居公司支付违法解除劳动合同赔偿金的诉讼请求。

 **评析意见**

本案的争议焦点是黄某是否构成旷工，某家居公司以黄某旷工为由解除劳动合同是否合法，即涉及以旷工为由解除劳动合同的合法性判断问题。

本案中，一、二审法院均注意到某家居公司与黄某对 2017 年 7 月考勤记录的真实性不持异议，但得出了相反的结论。一审法院从表面上的"旷工"入手，依据黄某认可真实性的劳动合同内容而采信了《考勤管理办法》，从而将 2017 年 7 月十余天未显示考勤情况的举证责任分配给了黄某，而黄某作为劳动者难以就缺勤这一否定性事实充分举证，导致一审法院认为黄某符合《考勤管理办法》所规定的旷工情形，进而认定某家居公司以旷工为由解除与黄某的劳动合同合法。二审法院则从"未显示考勤情况"这一事实入手，通过对比2017年7月之前的2017年5月、6月考勤情况，力求还原真相。通过分析这3个月的考勤情况，发现黄某每月均存在十余天的考勤异常情形，5月、6月均是在月末提交当月的异常考勤申请，且某家居公司均予以批准。在2017年7月的考勤记录与此之前的出勤情况并无明显差异的情况下，某家居公司仅以其未同意当月的异常考勤申请即主张黄某构成了多次无故旷工，该理由难以令人信服。

劳动合同的解除是用人单位和劳动者劳动合同履行中的重大事项，用人单位单方解除与劳动者之间的劳动合同，应当具备充分理由，且符合法律规定。本案中，某家居公司主张黄某在2017年7月存在多次无故旷工行为，并据此解除了双方之间的劳动合同，某家居公司应当提供充分证据予以证明，否则应当承担不利后果。而通过上述分析，某家居公司所主张的黄某存在旷工行为，未能提交充分证据予以证明，因而未能就其以旷工为由解除与黄某的劳动合同的合法性作出合理解释，故二审法院认定该解除行为违法，并判令某家居公司支付黄某违法解除劳动合同赔偿金，合法、合理。

通过本案，应当对以旷工为由解除劳动合同的合法性问题予以重视。即使考勤记录存在多日考勤异常，也不能必然认定为旷工，应结合劳动者出勤规律及用人单位审批规律综合认定；反之，即便劳动规章制度未规定旷工多日的法律后果，劳动者亦应遵守该项社会公众认可并接受的劳动纪律，不能仅以制定或送达程序存在瑕疵为抗辩理由。总之，对旷工的认定应当全面考虑，可结合以下两方面因素综合判断。一是劳动者的岗位特点及出勤规律。劳动者的岗位是否能够做到每天按时出勤，如医药、保险等行业的销售人员，家具、家电安装工人，售后维修人员，需经常出差的人员等，不具备每天按时出勤的条件；发生劳动争议之前，劳动者每月的出勤情况是否基本一致，是每月都有大致相当的天数缺勤，还是劳动关系的最后一段时间出勤情况突然变差，由此对旷工的认定可能得出不同的结论。二是劳动规章制度的制定或送达程序应当完备，但是对于较为严重的旷工行为，即便用人单位的劳动规章制度未明确规定旷工多日的法律后果，或者该规章制度的制定和送达程序有一定瑕疵，按照用人单位的工作时间要求到岗工作作为社会公众所认可的基本劳动纪律，也应当被劳动者所遵守，劳动者严重违反的，用人单位据此解除劳动合同并无不妥，不宜认定为违法解除。

(北京市第二中级人民法院　金　铭)

36. 高级管理人员未履行利益冲突申报义务，用人单位解除劳动合同被认定合法

上诉人：乐某
被上诉人：A 公司

争议焦点

1. 二级供应商（直接供应商的供应商）在何种情况下应当被视作公司的合作伙伴或作为供应商看待，进而准确核定公司员工利益冲突认定范围？

2. 员工的利益冲突申报义务是否应以员工岗位对利益关系存在影响作为前提？是否必须考量员工利益冲突的获益情况、企业在该利益冲突情形下所受损失等要素？

3. 用人单位和员工在劳动合同中约定了规章制度的公示路径，且员工承认会时不时上相关网站进行浏览，能否视为用人单位已履行规章制度公示义务？

基本案情

A 公司认为，乐某母亲所控股的 B 公司持续多年通过 A 公司的多家一级供应商，为 A 公司提供只能由 A 公司使用、具有高度专

属性的铭牌产品，乐某的行为构成A公司规章制度中严令禁止的利益冲突未申报情形，属于严重违纪，遂单方解除了与乐某的劳动合同。乐某认为A公司的解除行为违法，要求A公司恢复双方劳动关系并赔偿其自解除日起所产生的工资损失，遂申请劳动争议仲裁，后起诉，并就一审结果上诉。

A公司提供了相关证据以证明：A公司利益冲突相关规章制度的内容和效力，B公司与A公司之间、乐某与B公司之间存在利益关系，以及乐某一直未履行规章制度规定的利益冲突申报义务，且进一步存在营私舞弊的行为，构成严重违纪。A公司还提供了解除劳动合同前通知工会的文件、工会的答复意见、解除通知送达员工的底单等材料，证明解除行为符合相关程序要求。

其中，A公司规章制度明确规定，"在职员工未如实申报，但经公司查实却存在利益关系的，公司将视为欺骗行为，予以解除劳动关系的处理，不支付任何经济补偿金"，"利益冲突是指在某些特殊情况下，因存在某种利益关系，员工个人利益和公司利益可能产生冲突、抵触，进而有可能损害公司的合法利益。关于利益冲突的类型，包括员工的直系亲属在公司的供应商、代理商或其他业务合作伙伴处工作（含长期劳务等）的情况"。

乐某提供了相关证据以证明：文件中出现指定供应商的情况极少，其所在部门以及本人对于B公司与A公司之间建立利益关系并无影响力，B公司并未直接与A公司进行交易，以及A公司内部就供应商存在严格的管理要求与流程，B公司并不符合A公司供应商管理的相关要求，不能构成A公司的供应商。

此外，乐某还主张：第一，A公司在劳动合同中约定员工有义务上网站浏览规章制度，属于对用人单位规章制度公示义务的违法规避，是无效约定，因此A公司的规章制度未履行民主公示程序，不具备法律效力，不能作为单方解除劳动合同的相关依据；第二，就铭牌产品的相关交易，B公司系与A公司的一级供应商发生交易往来，并未与 A 公司产生直接的法律、财务上的利益关系，B 公司亦不接受 A 公司的供应商管理，不能构成 A 公司的供应商，因此 B 公司与 A 公司不具备利益关系，其与 A 公司亦不存在利益冲突；第三，其所在的部门并不与供应商接洽，不具备指定或选择供应商的权力，其亦无权对 A 公司的交易情况施加影响，因此不应负有利益冲突申报义务。

审理结果

仲裁委员会裁决：A 公司支付乐某 2016 年 12 月 6 日至 12 日期间的工资 20 989.18 元，驳回乐某其他仲裁请求。

一审法院判决：驳回乐某全部诉讼请求。二审法院判决：驳回上诉，维持原判。

评析意见

本案争议的焦点主要在于用人单位规章制度的效力、员工利益冲突申报义务概念的内涵与合理外延、B 公司（员工亲属控股公司）与 A 公司（用人单位）之间利益关系的认定三方面。

一、用人单位规章制度的效力问题

《劳动合同法》明确规定，用人单位规章制度应履行民主程序和公示程序，方才具备应有的法律效力。本案中，A 公司相关规章制度制定于《劳动合同法》实施之前（2008 年 1 月 1 日前），按要求无须履行民主程序，但就用人单位与员工在规章制度中约定员工有义务上网站浏览规章制度内容，能否视为用人单位已履行公示义务，存在一定争议。

对此，笔者认为，首先，用人单位有义务就其规章制度进行公示，员工亦应该上网进行浏览，如用人单位具备稳定、系统的公示方式与途径，且以在劳动合同中约定员工浏览途径的方式履行公示义务，并不违反法律的规定。

其次，本案中用人单位规章制度公示义务的履行并非只是机械地在劳动合同中进行约定，而是由三部分内容组成：第一部分为双方所约定的公示方式与途径，即双方在劳动合同中约定员工有义务上公司网站浏览规章制度以及浏览途径；第二部分为用人单位的实际公示情况，主要指用人单位确实在网站上公示了规章制度，且较易获取；第三部分为员工认可的公示效果，主要指员工在访谈记录中以及在庭审过程中承认其时不时会上公司网站浏览规章制度，以及了解公司关于利益冲突相关要求。

因此，在这三部分内容均完备的情况下，应认可用人单位履行了规章制度的公示程序，相关规章制度具备法律效力。

二、员工利益冲突申报义务概念的内涵与合理外延

现在越来越多的公司开始注重内部合规管理相关要求，加强对员工利益冲突情况的监管与处理。在此背景下，越来越多的公司开始在内部规章制度中提出对员工利益冲突申报的相关要求。

利益冲突申报义务，是指员工应就其本人或其近亲属持有公司内部权益、持有与公司存在合作关系或竞争关系主体权益、从事与公司合作或竞争业务的情况向公司进行申报，否则公司有权对员工进行相应处理。结合本案情况，在公司业务范围很大的情况下，是否以员工所在岗位对外部主体与公司之间利益关系存在影响为员工利益冲突申报义务的前提？员工违反利益冲突申报义务能否直接导致劳动合同被单方解除这一后果，或是否应以员工在利益冲突中直接获益或者公司遭受损失作为单方解除的前提条件？对于上述问题，均存在争议。

笔者认为，在当代企业管理制度中，利益冲突申报义务起到的是类似于警报系统的作用，利益冲突不同于员工营私舞弊或双重劳动关系等已发生后果的情形，利益冲突制度具备独立的价值与地

位。首先，利益冲突申报义务要求员工申报的情形，往往是极易对企业利益产生眼前及长远损害的潜在情况，相关损害不一定已发生，但一旦发生必定对企业的生存和发展均产生重大影响；其次，申报义务的履行方式简单便捷，对员工并不产生损害，亦不构成过分苛刻的要求；最后，员工申报后，企业将及时进行相关调查，有利于对诚信员工的保护，并树立良好的企业文化和风气。

由此，在对利益冲突申报义务的概念进行准确认识与辨析的基础上，可以得出如下判断：员工岗位对利益关系是否存在影响并不应该成为员工利益冲突申报义务的前提，因对员工岗位影响情况的分析与判断应由企业而非员工自己做出，默许员工岗位无关即无须履行利益冲突申报义务将影响义务的实际履行与追责。

员工未履行利益冲突申报义务，表面上看仅是未进行简单的申报，过错不大，但实际上反映了员工对自身损害企业利益之可能性的无视与纵容的主观态度，潜藏着对企业利益的实质性损害，极易导致企业管理文化与风气的败坏，严重程度远大于旷工、不服从工作安排、给公司财物造成损害等通常意义上的严重违纪行为。因此在企业规章制度已作出明确规定的情况下，本案员工行为完全可以匹配企业以严重违纪为由单方解除劳动合同的后果。

同时，考虑到利益冲突制度的独立地位，利益冲突应明确区别于营私舞弊或给企业造成重大损害等情形，员工在利益冲突中直接获益或者公司遭受损失不应作为员工违反利益冲突申报义务时公司单方解除劳动合同的前提条件。

三、B公司与A公司之间利益关系的认定

本案中，B公司与A公司之间的利益关系存在两方面的情况。一方面，B公司向A公司的一级供应商提供只能由A公司使用的、专属性较强的铭牌产品，但并没有直接与A公司发生法律上、财务上的交易往来；另一方面，B公司与A公司存在直接的服务往来与产品开发的磋商，有相关发票与合同作为证据。本案争议的关键即在于，在前一方面的情形中，B公司能否构成A公司的供应商。

供应商并非法律概念，不存在法律上的认定标准。笔者认为，在判断B公司与A公司之间是否存在供应商关系时，第一条依据是双方是否存在法律上、财务上的直接交易往来。但该依据属于衡量供应商关系的重要因素，并非唯一或决定性因素，在该依据不存在的基础上，应进一步衡量A公司的产品规格文件中的具体内容，如指定要求B公司产品、B公司通过A公司的一级供应商实际上提供了铭牌产品、铭牌产品具有高度专属性与再加工工艺程度低的性质等要素。而乐某主张公司具有供应商管理相关要求、系统与流程，并未就此进行举证，无法作为本案的参考因素。基于以上综合判断，应认定B公司为A公司供应铭牌产品，构成A公司的供应商。

（江三角律师事务所北京分所　刘宇翔）

37. 未订立书面劳动合同二倍工资及经济补偿金的计算基数

上诉人：某陶瓷公司
被上诉人：王某

争议焦点

如何确定未订立书面劳动合同二倍工资以及违法解除或终止劳动合同赔偿金计算基数？

基本案情

2011年2月8日，王某到某陶瓷公司煤气站工作，2011年4月27日离职，其间双方没有订立书面劳动合同。王某就双方劳动争议申请仲裁，后向法院起诉。

法院依法调取了某陶瓷公司煤气站2月（1.25—2.25）、3月（2.26—3.31）、4月（4.1—4.27）出勤工资表。2月工资表显示，王某月工资标准为1 750元，出勤17天，没有生活补助费，实发工资991元，领款人处有王某签字；3月工资表显示，王某月工资标准为1 750元，出勤34天，生活补助费200元，实发工资2 183元，领款人处有数字"2183"和"√"标记；4月工资表显示，王某月工资标准为1 750元，出勤30天，没有生活补助费，实发工资1 750元，领款人处没有签字或者标记。王某认为上述证据证明了其没有领取 2011 年 4 月工资 1 750 元和生活补助费 135 元。某陶瓷公司提出工资是支付给王某加工承揽调试设备的报酬，但没有提供相关证据。庭审中，某陶瓷公司还提出王某违反劳动纪律、人为破坏设备，但未提供证据。

审理结果

一审法院判决某陶瓷公司支付王某二倍工资、赔偿金等共计 6 618.08 元。某陶瓷公司提出上诉。二审法院改判某陶瓷公司支付王某二倍工资、赔偿金等共计 6 416.11 元。

评析意见

由于某陶瓷公司没有证据证明双方系加工承揽关系，可以确定 2011 年 2 月 8 日至 4 月 27 日，其与王某系劳动关系。根据《劳动合同法实施条例》第七条的规定，某陶瓷公司应当依照《劳动合同法》第八十二条的规定向王某每月支付二倍工资，期间为自用工之日起满一个月的次日（2011 年 3 月 9 日）至劳动关系解除日（2011 年 4 月 27 日），共计 50 天。由于生活补助费并不是每月的实发工资，不应计算在工资范围之内。王某已领取的 2011 年 3 月 9 日至 31 日的工资数额为（2 183−200）元÷34 天×23 天 = 1 341.44 元，某陶瓷公司应支付该期间的二倍工资差额为 1 341.44 元。4 月出勤工资表证明王某没有领取 2011 年 4 月的工资 1 750 元，故某陶瓷公司应支付 2011 年 4 月的二倍工资 3 500 元。

某陶瓷公司没有提供证据证明王某违反劳动纪律、人为破坏设备，其以此为由解除劳动合同是不符合法律规定的，根据《劳动合同法》第四十七条、第四十八条和第八十七条的规定，其应支付王某半个月工资的二倍作为赔偿金。由于生活补助费并不是每月的实发工资，不应计算在工资范围之内，王某在解除劳动合同前的月平均工资为［991元+（2 183−200）元+1 750元］÷3＝1 574.67元，故经济赔偿金为1 574.67元。

  关于二倍工资，笔者倾向于认为是对用人单位违法用工采取的一种惩罚性赔偿措施，而非向劳动者支付劳动报酬。虽然《劳动合同法》第八十二条规定了二倍工资，但是并未明确具体计算基数。也有观点认为计算基数应为劳动者正常出勤的月工资，但是现实中存在许多劳动者月工资并非固定不变的情况（或者是口头约定的工资，而劳动者和用人单位对口头约定工资又起争议），一旦劳动争议发生并进入仲裁、诉讼程序，必然出现二倍工资如何进行计算、以什么为基数的问题。在没有签订书面劳动合同的情况下，劳动者对工资收入举证困难，即使有领取工资的凭证，但对其工资组成也很难说清，加之一些企业对工资"巧立名目"，项目繁多，很难区分出劳动者的月基本工资，笔者认为应以劳动者实际领取的工资数额为基数计算二倍工资，但是如果能够证明已领取工资中包含加班工资、各种补贴、绩效工资、奖金的，应该将上述款项排除在外。

  关于经济补偿金计算基数问题，笔者认为经济补偿金不同于二倍工资，其计算基数也应有所区别。《劳动合同法实施条例》第二十七条规定："劳动合同法第四十七条规定的经济补偿的月工资按照劳动者应得工资计算，包括计时工资或者计件工资以及奖金、津贴和补贴等货币性收入。劳动者在劳动合同解除或者终止前12个月的平均工资低于当地最低工资标准的，按照当地最低工资标准计算。劳动者工作不满12个月的，按照实际工作的月数计算平均工资。"可以看出，计算经济补偿金的月工资基数是以应得工资计算的，应当包括所有货币性质的收益，除计时工资、计件工资、加班加点工资、奖金、津贴和补贴、特殊情况下支付的工资，还包括单位代扣代缴的社保、住房公积金等最终进入个人账户的应得工资。

  对于二倍工资和经济补偿金的计算基数，目前并没有形成统一

劳动人事争议典型案例评析

的结论,笔者建议用人单位用工应当依法及时与劳动者订立书面劳动合同,明确双方权利义务,全面及时履行书面劳动合同。

(河北省邯郸市永年区人民法院 刘 涛)

38. 与被追究刑事责任的劳动者解除劳动合同应注意的问题

原告：国电某供电分公司

被告：苗某

争议焦点

1. 用人单位与受到刑事处罚的劳动者解除劳动合同的时间是否有限制？

2. 劳动者刑罚执行完毕后，用人单位是否能以其所受处罚为由解除劳动合同？

基本案情

苗某于1988年12月到国电某供电分公司工作，岗位为运维检修工。2007年12月25日，苗某同国电某供电分公司签订了无固定期限劳动合同。2015年3月13日，苗某因犯交通肇事罪被判处有期徒刑一年，缓期一年执行，矫正期限自2015年4月19日至2016年4月18日。在苗某矫正期限内，双方正常履行劳动合同，苗某依然在国电某供电分公司工作。矫正期满后，国电某供电分公司以苗某被追究刑事责任为由，向苗某送达了解除劳动合同通知书和公司对苗某的处理决定，并停止了苗某的工作。苗某不服，申请劳动争议仲裁，仲裁委员会撤销了国电某供电分公司对苗某作出的解除劳动合同通知书和处理决定,裁定双方继续履行劳动合同。国电某供电分公司不服仲裁裁决,向法院提起诉讼。

审理结果

法院判决:撤销国电某供电分公司对苗某作出的解除劳动合同通知书和处理决定,双方继续履行劳动合同。

评析意见

根据《劳动合同法》第三十九条的规定,劳动者被依法追究刑事责任的,用人单位可以解除劳动合同。但本案的难点在于,用人单位解除劳动合同是否有期限限制。苗某在矫正期间正常在国电某供电分公司处工作,在矫正期满后,公司以苗某被追究刑事责任为由解除与苗某的劳动合同。法院认为,在法律规定的解除条件成就后,享有解除权的当事人可以与对方解除劳动合同,也可以要求对方继续履行劳动合同,但其必须在一定期限内行使解除权。对劳动者而言,不能因一次错误就永远陷入等待被解雇的困境中,时时承受被解雇的风险。超过一定合理期限而用人单位仍未作出解除决定的,劳动者是可以认定用人单位不会再与自己解除劳动合同的。

劳动者已经受过刑事处罚并且刑满释放,用人单位是否能以劳动者被追究刑事责任为由解除劳动合同?本案中苗某对自己的过失犯罪已经付出了代价,国电某供电分公司作为用人单位,在苗某缓刑考验期一年内,基于一定的考量而未立即解除劳动合同,本身就是对劳动者的一种宽宥;并且在苗某缓刑考验期内,国电某供电分公司作为苗某的供职单位,每月都在社区矫正人员遵纪守法反馈表上出具"服刑人员苗某遵纪守法,改造良好"的意见,表示了对苗某工作的认可。在缓刑考验期满后,苗某已经恢复了正常的生活和工作状态，国电某供电分公司再与苗某解除劳动合同，应当视为超出了合理期限，其作出的决定有悖立法本意。综上，法院未支持国电某供电分公司的诉讼请求。

（河北省邯郸市武安市人民法院　张　盼）

39. 劳动者先后被安排至多个关联企业，工作年限如何计算

申请人：宁某

被申请人：E 国际贸易有限公司

争议焦点

在劳动者被安排至不同的关联企业工作并分别订立劳动合同的情况下，计算经济补偿时工作年限如何计算？

基本案情

宁某 1998 年 3 月 1 日入职 A 船务（天津）代理有限公司（以下简称 A 公司），工作至 2008 年 8 月 31 日，后转入 A 公司新成立的空运部门，该部门后来分立为 B 空运物流有限公司（以下简称 B 公司）。因 B 公司经营不善，宁某于 2009 年 4 月 1 日被调回 A 公司，工作至 2011 年 2 月 25 日，同年 2 月 26 日转入新注册的 C 国际物流集团有限公司开发区分公司（以下简称 C 公司），工作至 2013 年 12 月 19 日。2013 年 12 月 20 日，宁某转入新注册的 D 国际货运代理有限公司（以下简称 D 公司），工作至 2015 年 11 月 30 日，最终于 12 月 1 日转入 E 国际贸易有限公司工作。2017 年 5 月 4 日，E 国际贸易有限公司向宁某发出辞退通知书，以宁某不服从公司正常的工作安排及相关培训为由单方解除劳动合同。宁某不服，申请劳

动争议仲裁，要求 E 国际贸易有限公司支付违法解除劳动合同赔偿金。

本案中宁某先后任职的几家公司的关系是：C 公司、D 公司、E 国际贸易有限公司法定代表人均为董某，B 公司系 A 公司空运部分立成立，以上单位地址及宁某工作地点均为天津市和平区南京路××号，同时，董某亦为 A 公司董事。

审理结果

仲裁委员会支持了宁某的主张，认定 E 国际贸易有限公司系违法解除劳动合同，应向宁某支付赔偿金，宁某工作年限自 1998 年入职起连续计算。

评析意见

本案涉及《最高人民法院关于审理劳动争议案件适用法律若干问题的解释（四）》第五条的规定，即"劳动者非因本人原因从原用人单位被安排到新用人单位工作，原用人单位未支付经济补偿，劳动者依照劳动合同法第三十八条规定与新用人单位解除劳动合同，或者新用人单位向劳动者提出解除、终止劳动合同，在计算支付经济补偿或赔偿金的工作年限时，劳动者请求把在原用人单位的工作年限合并计算为新用人单位工作年限的，人民法院应予支持"。本案中的劳动者，符合该条中"劳动者仍在原工作场所、工作岗位工作，劳动合同主体由原用人单位变更为新用人单位"的条件，宁某的工作地点、工作性质均没有变动过，只是先后与几个不同的企业订立了劳动合同。同时，宁某还符合该条中"用人单位及其关联企业与劳动者轮流订立劳动合同"这一情况。

如何认定关联企业呢？从主体资格上来看，这些企业均为独立的法人，相互之间不存在隶属或从属关系，均独立承担权利和义务。这些企业的关联性体现在股权分配、业务经营关系、资金走向等方面。这些联系包括：企业相互间直接或者间接持有其中一方的股份总和达到25%或以上的；直接或间接同为第三者所拥有或控制股份达到25%或以上的；企业与另一企业（独立金融机构除外）之间借贷资金占企业实收资本50%或以上，或企业借贷资金总额的10%是由另一企业（独立金融机构除外）担保的；企业的董事或经理等高级管理人员一半以上或有一名常务董事是由另一企业所委派的；企业的生产经营活动必须由另一企业提供特许权利（包括工业产权、专有技术等）才能正常进行的；企业生产经营购进原材料、零配件等（包括价格及交易条件等）是由另一企业所控制或供应的；企业生产的产品或商品的销售（包括价格及交易条件等）是由另一企业所控制；对企业生产经营、交易具有实际控制的其他利益上相关联的关系，包括家庭、亲属关系。

属于以上几种情况或其中之一的，企业间实际是有紧密联系的，有着共同的利益关系或由共同的管理层管理，被安排至这些企业工作的劳动者，实际其工作经历、工作内容和性质是连续的。将劳动者安排至关联企业工作的行为是企业出于生产经营的需要对劳动者进行分配的行为，而不是劳动者自发的行为。在此种情形下，如果否定劳动者的连续工作年限，势必给企业留出规避支付解除或终止劳动合同经济补偿义务的空间。

当然，在本案中，宁某同时符合工作地点没有变化和关联企业两个条件，其工作经历始终连续。在实践中，如两段劳动关系间因其他原因出现间断，并非无缝连接，在此种情况下工作年限的认定还需要具体情况具体分析。

（天津市和平区劳动人事争议仲裁院　王　郁）

40. 哺乳期女职工劳动保护、劳动条件的认定

申请人：潘某
被申请人：深圳某服饰公司

争议焦点

哺乳期内女职工因用人单位未安排 1 小时哺乳时间申请离职，是否属于《劳动合同法》第三十八条第一项规定的解除劳动合同的情形？

基本案情

潘某于 2014 年 6 月入职深圳某服饰公司任商场导购一职，2016 年 6 月 27 日潘某生育一子，产假结束后（2016 年 10 月 24 日）潘某回岗工作。深圳某服饰公司在潘某哺乳期内未安排其每日 1 小时的哺乳时间，潘某曾就此事与深圳某服饰公司协商，但被拒绝。随后潘某依据《劳动合同法》第三十八条以及第四十六条规定提出解除劳动合同，并要求深圳某服饰公司支付经济补偿。另，潘某认为单位未能给予哺乳假，应视为加班并按照三倍工资支付。2017 年 6 月 16 日，潘某申请劳动争议仲裁，要求深圳某服饰公司支付解除劳动合同经济补偿和哺乳期内每日 1 小时哺乳假加班费。

深圳某服饰公司认为，潘某应该给公司必要的岗位调整安排时

间，若公司仍不安排哺乳时间，潘某才可采取法律法规规定的救济方式维权，且潘某对于单位未安排哺乳时间这一事实，可以通过投诉、举报的方式进行权利救济。同时，深圳某服饰公司认为潘某提出的每天1小时的哺乳时间属于加班的主张没有法律依据。

审理结果

仲裁委员会裁决确认双方解除劳动合同，驳回潘某要求支付经济补偿及加班费的请求。

评析意见

一、哺乳期女职工每日1小时哺乳时间是否属于用人单位必须提供的法定劳动条件

一种观点认为，劳动条件是指劳动者维持和再生产出劳动能力的物质条件，即生活资料或劳动者借以实现其劳动的物质条件，即生产资料。另一种观点认为，劳动条件除了上述主观条件和客观条件外，还包括生产过程中有关劳动者安全、卫生和劳动程度等的必需的物质条件等。

分析上述两个观点，如果按照第一种观点，本案中潘某主张的哺乳时间便不属于劳动条件范畴。但按第二种观点，哺乳期女职工未享受法定哺乳时间，自身权益受到了损害，属于用人单位未依法向劳动者提供劳动保护或者条件。

《女职工劳动保护特别规定》的立法目的在于加强对女职工的劳动保护，改善女职工劳动安全卫生条件，强制性要求用人单位不得因女职工怀孕、生育、哺乳降低工资、予以辞退、与其解除劳动或者聘用合同。就此笔者认为哺乳时间属于女职工应享有的合法权益，用人单位不得以任何理由侵害，如果用人单位违反了《女职工劳动保护特别规定》，女职工应在单位违法行为存续期间通过投诉、举报或仲裁途径获得权利救济。本案中，潘某在其哺乳期内未享受1小时的哺乳时间，但其未能就曾要求用人单位改正违法行为提供真实有效的证据，而是在哺乳期届满时申请劳动争议仲裁、要求支付经济补偿后，向用人单位邮寄送达解除劳动合同通知书。而且，潘某因未享受哺乳时间认定用人单位未提供劳动条件的法律依据不明确。综上，仲裁委员会认定潘某提出解除劳动合同事实成立，但据此要求用人单位支付解除劳动合同经济补偿的请求没有法律依据，予以驳回。笔者认为这一处理是适当的。

潘某收到裁决后向法院起诉，现本案仍在审理中。

二、哺乳时间可否折算成加班时间

正如前文所述，针对"三期"内女职工身体的特殊情况，用人单位应在"三期"内，本着对健康予以最大保护的原则，给予女职工特殊保护。女职工自己也应对身体健康予以合理注意，而不是在超负荷完成工作后，以加班为由索要加班费。并且根据《劳动部对〈工资支付暂行规定〉有关问题的补充规定》（劳部发〔1995〕226号），凡是安排劳动者在法定工作日延长工作时间或安排在休息日工作而又不能补休的，应支付加班工资。哺乳时间是行政法规规定的法定工作时间内根据需要安排的特殊时间，并非延长工作时间，不满足潘某所主张的加班工资的法定条件。且依据《全国年节及纪念日放假办法》，法定节假日共计11天，所以潘某主张每日1小时哺乳时间折算为法定节假日的请求没有法律依据。

（天津市和平区劳动人事争议仲裁院　张　超）

41. 用人单位以营业期限届满不再继续经营为由终止无固定期限劳动合同是否合法

申请人：刘某
被申请人：A公司

争议焦点

劳动者与用人单位订立了无固定期限劳动合同，现用人单位的营业期限届满，决定不再继续经营，用人单位以此为由终止劳动合同是否合法？

基本案情

刘某于2010年7月1日入职A公司，担任投资部经理，工资每月10 000元。2010年7月5日，刘某与A公司订立了两年期限的劳动合同。因刘某表现优异，工作成绩突出，在上述合同到期时，A公司又与其续订了一份无固定期限劳动合同。A公司的营业期限为2006年8月5日至2016年8月4日，自2016年3月起，A公司经营遇到了严重困难，实际处于停止运营状态，刘某与A公司均未提出解除劳动合同。2016年8月4日，A公司营业期限届满，未办理延期手续。2016年9月5日，A公司以营业期限届满不再继

续经营为由，向刘某提出终止劳动合同，并告知刘某按照其工作年限支付经济补偿。刘某认为 A 公司的行为属于违法终止劳动合同，应支付违法终止劳动合同赔偿金。双方多次进行协商，未能达成和解，刘某遂向劳动人事争议仲裁委员会申请仲裁。

A 公司称由于受到天津港"8·12"瑞海公司危险品仓库特别重大火灾爆炸事故影响，自 2015 年年底开始，公司业务订单骤减，2016 年 3 月，公司的经营陷入严重困难，实际上已处于停摆状态，已正式告知刘某待岗。A 公司表示，本想通过缩减业务规模、减少开支挺过经济困难期，但是市场毫无起色，公司管理层被迫决定在公司营业期限届满后不再继续经营，故决定终止与刘某签订的无固定期限劳动合同，这一决定纯属无奈，不是违法终止。

审理结果

仲裁委员会裁决驳回刘某的仲裁请求。

评析意见

本案涉及对《劳动合同法》第四十四条的具体理解，《劳动合同法》第四十四条规定了劳动合同终止的几种情形：（1）劳动合同期满的；（2）劳动者开始依法享受基本养老保险待遇的；（3）劳动者死亡，或者被人民法院宣告死亡或者宣告失踪的；（4）用人单位被依法宣告破产的；（5）用人单位被吊销营业执照、责令关闭、撤销或者用人单位决定提前解散的；（6）法律、行政法规规定的其他情形。同时，《劳动合同法实施条例》第十三条规定："用人单位与劳动者不得在劳动合同法第四十四条规定的劳动合同终止情形之外约定其他的劳动合同终止条件。"本案中，A 公司是以公司营业期限届满不再继续经营为由终止与刘某的劳动合同的，该终止理由并不属于法定终止情形之一，故依照字面解释上述法律条文，A公司的行为理应属于违法终止劳动合同。但是在本案中，A公司由于生产经营遇到了严重困难，且无重大过错，由其承担违法终止劳动合同的法律后果明显有失公平。笔者认为，虽然法律法规未明确规定用人单位可以营业期限届满不再继续经营为由终止劳动合同，但是结合其他相关法律规定及仲裁实务，可以将用人单位营业期限届满不再继续经营视为合法终止劳动合同的情形，理由如下。

一是根据我国《公司法》等相关法律的规定，公司章程规定的营业期限届满的，除非通过股东依法修改公司章程而公司存续外，公司应依法解散；公司依法应当解散的，公司存续，但不得开展与清算无关的经营活动。因此，公司经营期限届满后不再继续经营，这是法律所允许的，这也会直接导致用人单位与劳动者订立的劳动合同无法继续履行，劳动合同订立的目的已经不能实现，那么由用人单位终止劳动合同不失为一种折中的方案，该方案也体现了劳动合同法公平、诚实信用的立法原则。

二是我们在研究法律适用问题后会发现，《劳动合同法》第四十四条第五项规定的"用人单位被吊销营业执照、责令关闭、撤销"这几种终止劳动合同的法定情形，都隐含着相同事实，那就是用人单位发生了违法行为。既然用人单位发生了违法行为，都能依据上述规定合法地终止与劳动者的劳动合同，那么用人单位营业期限届满不再继续经营，在用人单位无过错的情况下，终止与劳动者的劳动合同又有何不妥？

三是2014年3月1日起施行的《劳务派遣暂行规定》第十六条规定：劳务派遣单位被依法宣告破产、吊销营业执照、责令关闭、撤销、决定提前解散或者经营期限届满不再继续经营的，劳动合同终止。同时根据《劳务派遣暂行规定》第十七条，劳务派遣单位因上述规定的情形，与被派遣的劳动者解除或者终止劳动合同的，应当依法向被派遣劳动者支付经济补偿。通过《劳务派遣暂行规定》的上述内容，我们可以得知劳务派遣单位经营期限届满不再继续经营的，与被派遣劳动者终止劳动合同是法定终止，并且应当依法向被派遣劳动者支付经济补偿。《劳务派遣暂行规定》是在《劳动合同法》施行之后颁布实施的，是对《劳动合同法》的补充，故《劳务派遣暂行规定》的内容具有很强的参照性。虽然《劳动合同法》未将"用人单位经营期限届满不再继续经营"作为劳动合同终止的法定情形之一，但是排除此情况并不属于立法者的本意。随着经济社会的发展，劳动关系日益复杂化，后颁布实施的《劳务派遣暂行规定》对此进行了完善，更趋公平合理，故笔者认为用人单位以经营期限届满不再继续经营为由终止劳动合同是合法的。

四是《最高人民法院关于审理劳动争议案件适用法律若干问题的解释（四）》第十三条规定："劳动合同法施行后，因用人单位经营期限届满不再继续经营导致劳动合同不能继续履行，劳动者请求用人单位支付经济补偿的，人民法院应予支持。"在本案中，劳动人事争议仲裁委员会通过仲裁审理，即便认定A公司以营业期限届满不再继续经营为由终止与刘某的劳动合同属于合法终止，驳回了刘某对赔偿金的请求，也不会置刘某的合法权益于不顾，并不会免除A公司支付经济补偿的义务。如A公司拒绝支付经济补偿，刘某可依据上述最高人民法院的司法解释来维护自己的合法权益。同时，从上述司法解释内容来看，最高人民法院也倾向于不把用人单位经营期限届满不再继续经营导致劳动合同终止列入违法终止范畴。故笔者认为，将用人单位营业期限届满不再继续经营作为合法终止劳动合同的情形，是公平合理的。

（天津市滨海新区劳动人事争议仲裁院　柳　松）

劳动报酬与工时休假

42. 未签劳动合同二倍工资罚则适用的例外

申请人：卜某
被申请人：某企业管理公司

争议焦点

用人单位与劳动者签订了劳动合同，但是劳动合同存在瑕疵，劳动者主张未签劳动合同二倍工资差额，是否应得到支持？

基本案情

卜某于2017年10月16日入职某企业管理公司，双方签订了一份劳动合同，但是劳动合同的期限为2017年10月16日至2017年4月15日，且该份劳动合同的名称为非全日制用工劳动合同。双方均认可卜某为全日制用工。卜某申请劳动争议仲裁，主张其自2017年10月16日至2018年1月31日与某企业管理公司存在劳动关系，但是上述期间双方没有签订劳动合同，因此要求某企业管理公司支付未签订书面劳动合同二倍工资差额。某企业管理公司主张合同期限系卜某本人填写，该期限明显不符合日常逻辑，是卜某个人原因造成的笔误，即使该份劳动合同存在瑕疵，但是也属于签订了劳动合同的情况，因此不应当支付未签订劳动合同二倍工资差额。此外，该劳动合同包含了劳动合同应当具备的必要条款，双方对该劳动合同签署的真实意愿不持异议。

审理结果

仲裁委员会裁决驳回卜某的仲裁请求。

评析意见

《劳动合同法》第八十二条规定，用人单位自用工之日起超过一个月不满一年未与劳动者订立书面劳动合同的，应当向劳动者每月支付二倍的工资。《劳动合同法》第八十二条的立法本意是要求用人单位规范用工，避免没有劳动合同而导致劳动者无法维权的情形，该条主要是为了保护劳动者的权益。但是现实中由于个案存在特殊性，应当结合每个案件的具体情况审理和查明事实，如果一味偏袒劳动者，同样背离了劳动合同法的立法初衷。王泽鉴先生说过："劳资双方在其利益冲突中，却有一项共同利益，即应有合理之规律及程序来调和冲突之利益。"平衡及兼顾劳动关系双方的利益才能保证真正的公平，因此，对该法条的理解不能过于僵化，注重对劳动者权益保护的偏向，也不能忽视对用人单位合法利益的考虑。因此，笔者认为应以个案平衡原则为立足点，重新审视二倍工资罚则的适用条件，在特定情形下免除用人单位的二倍工资支付责任。

首先应当明确的是，劳动合同法规定，非全日制用工双方当事人可以订立口头协议，只有全日制用工的劳动者才享有二倍工资的请求权。一般而言，未签劳动合同比较常见的原因是用人单位的过错或者劳动者故意。劳动者故意在本案中并不涉及，暂且不谈。从现行的法律来看，只要造成了未签劳动合同的结果，均应适用二倍工资罚则，也就是说用人单位承担的是一种无过错责任，即无论用人单位是否存在过错，只要出现未签订劳动合同的结果，就应当支付劳动者二倍工资。未签劳动合同的二倍工资罚则惩罚的应当是用人单位不与劳动者订立书面劳动合同的故意，如果用人单位不存在这种主观故意，只是在签订合同时存在瑕疵导致合同部分条款无效，而部分条款无效不影响其他条款的效力，且合同包含了劳动合同的必要条款，则不应当认定用人单位不与劳动者签订劳动合同而适用二倍工资罚则。在本案中，某企业管理公司并不存在不与卜某签订劳动合同的主观故意，而是所签订的劳动合同存在瑕疵，综上所述，仲裁委员会没有支持卜某未签劳动合同二倍工资差额的请求。

　　除本案以外，在实践中也有可能出现不应当适用未签订劳动合同二倍工资罚则的其他情况。一种可能的情况是劳动者故意不与用人单位签订劳动合同，例如以各种理由推脱，或者找人代签劳动合同代领工资等，待超过一个月之后再向用人单位主张未签劳动合同二倍工资差额，在此情况下，用人单位如果能举证证明是劳动者故意不与其签订劳动合同，则用人单位可以免责。可能出现的另一种情况是劳动者岗位比较特殊，比如人事岗位的劳动者因未签劳动合同要求二倍工资差额亦不应得到支持。从事人事工作的劳动者因其岗位具有特殊性，代表用人单位签订劳动合同是其工作内容和工作职责，其在知晓该工作职责的前提下不签订劳动合同，其要求未签劳动合同二倍工资差额的请求不应得到支持。

　　无论是从立法目的还是从司法实践来看，二倍工资罚则的根本目的是保护处于弱势地位的劳动者，督促用人单位与劳动者订立书面劳动合同以有效保障劳动者的合法权益。但是对于逾期未签劳动合同或者劳动合同存在瑕疵一概适用二倍工资罚则，偏离了立法的本意，有违公平原则，应当根据个案具体情况，区别对待，平衡劳动关系双方的利益。

（北京市顺义区劳动人事争议仲裁院　杨可欣）

43. 员工中途离职，单位是否应支付年终奖金

申请人： 封某
被申请人： 某公司

争议焦点

在双方签有协议的情况下，员工中途离职，单位是否应支付年终奖金？

基本案情

封某于 2015 年 11 月 9 日入职，与单位签订有为期 3 年的劳动合同，其停止工作时间为 2017 年 8 月 2 日，当日双方解除劳动合同。2017 年 2 月 6 日，双方签订了一份劳动合同补充协议，约定封某薪酬调整为年薪 30 万元，其中固定工资 24 万元（每月支付 2 万元）、年终奖金 6 万元，年终奖金按照年底考核结果进行发放，中途离职年终奖金不予发放，该协议生效时间为 2017 年 1 月 1 日。封某申请劳动争议仲裁，要求某公司支付 2017 年 1 月 1 日至 2017 年 8 月 2 日期间的年终奖金。

审理结果

封某与某公司达成调解协议,封某撤回仲裁申请。

 **评析意见**

关于本案的争议焦点,存在两种观点。

一种观点认为:应当支付年终奖金。离职员工与在职员工一样为公司提供劳动并做出贡献,年终奖金应属其劳动报酬的一部分,是工资的一种。《劳动法》第五十条规定,工资应当以货币形式按月支付给劳动者本人,不得克扣或者无故拖欠劳动者的工资。无论员工何时或者以何种原因离职,均须遵循公平原则,根据该离职员工本年度工作时间折算发放年终奖金。

另一种观点认为:不应当支付年终奖金。首先,双方事先在协议中已约定员工中途离职,年终奖金不予发放。双方协商一致,且该约定不违反国家法律法规的强制性规定,亦不损害国家、集体或第三人的合法权益,约定应属合法有效,劳动者在知晓中途离职年终奖金不予发放的情况下提出离职,其享受年终奖金的权利应属自愿放弃。其次,从年终奖金的设立目的考量,年终奖金一般是公司激励员工、稳定员工的一种福利待遇,一般选择在年末进行发放,现实当中,员工是否离职、何时离职也确实受到年终奖金的影响。对中途离职的员工不予发放年终奖金,才符合年终奖金的设立目的。再次,年终奖金的发放可视为公司自主经营权的范畴。《劳动法》第四十七条规定,用人单位根据本单位的生产经营特点和经济效益,依法自主确定本单位的工资分配方式和工资水平。在实际用工过程中,企业可以根据本年度的综合经营状况、发展状况以及劳动者个人年度工作表现决定是否发放年终奖金等奖励,这是企业行使用工自主权的一种表现。当员工中途离职不符合发放标准时，公司取消年终奖金也是合法合理的。最后，年终奖金是否发放还应当结合员工离职的原因。当用人单位有《劳动合同法》第三十八条所列情形之一的，员工提出解除劳动合同时，虽然单位存在过错，但其已无法对员工一年的工作进行考核，故发放条件欠缺。当员工有《劳动合同法》第三十九条所列情形之一的，用人单位解除劳动合同时，员工既然存在一定的过错，那么单位取消年终奖金的发放并无过错。总之，当用人单位不能对员工全年的工作进行考核时，就不具备年终奖金的发放条件，因此，不应当发放年终奖金。

　　笔者认为，随着用工激励机制的不断丰富，年终奖金已不再是单一形式，结合社会实践，可以根据年终奖金的性质来决定是否进行发放。目前，年终奖金主要有以下几种形式。

　　一是薪酬性质的年终奖金。这类奖金常以十三薪、年底双薪，或者在年薪制的合同中约定年底发放全年工资的一定比例等形式存在，该类年终奖金应当视为工资的一种类型，即使劳动者中途离职，也应当按照其已工作时间折算后进行发放，不得克扣或者无故拖欠。

　　二是以考核结果为发放前提的年终奖金。该类年终奖金一般体现在单位的规章制度或者劳动合同中，其是否发放取决于单位业绩或者员工表现，属于绩效类的工资，应该发放。用人单位不应在劳动合同或者规章制度中规定中途离职员工不能享受年终奖金，否则属于排除劳动者的合法权益，违反强制性规定，应属无效。如果用人单位在规章制度或者劳动合同中规定以员工的工作表现作为考核标准，那中途离职的员工也应当进入考核范围内，具体考核标准应当由用人单位提供，根据考核结果来决定是否发放年终奖金以及发放金额。

　　三是福利性质的年终奖金。此类年终奖金是否发放属于单位自主经营权范畴，一般由单位决定，具有随机性、临时性等特点，并且在发放上没有固定的形式，一般根据单位效益情况结合员工全年工作表现决定是否发放及发放金额，以年终红包等形式予以发放。该类年终奖金是用人单位自主决定的，是否对中途离职的员工进行发放，应当尊重用人单位的用工自主权。

  本案中，双方在劳动合同补充协议中写明中途离职年终奖金不予发放是否合理合法？笔者认为，首先应当根据双方签订的协议来明确公司支付封某的年终奖金属于何种性质。根据双方签订的劳动合同补充协议，协议中虽未明确约定年终奖金属于何种性质，但约定了年终奖金的金额为6万元，并且与年固定薪资24万元共同构成了封某的年薪30万元，其年终奖金应属工资的一部分，并且薪酬性质的年终奖金常以在年薪制的合同中约定年底发放全年工资的一定比例或一定数额等形式存在，因此，该年终奖金应当属于薪酬性质的年终奖金。在双方就年薪标准有明确约定的情况下，年终奖金应属工资的组成部分，某公司在未对封某当年度工作进行考核的情况下，仅以协议约定"中途离职年终奖金不予发放"为由进行抗辩，是得不到支持的，某公司应按月折算后支付封某年终奖金。

（北京市海淀区劳动人事争议仲裁院 张道莹）

44. 部门集体奖金能否通过仲裁或诉讼获得分配

申请人： 冯某某
被申请人： 某投资集团有限公司

争议焦点

部门集体奖金能否通过仲裁或诉讼获得分配？

基本案情

冯某某于2012年进入某投资集团有限公司工作，担任副总裁。冯某某于2015年4月10日以书面形式向公司提出解除劳动合同，解除理由是公司未足额支付劳动报酬、未依法缴纳社会保险费。

冯某某提供了其与某投资集团有限公司总裁张某某所签订的《经营管理目标责任书（2014年度）》（以下简称目标责任书），其中第四条第2点的内容为："绩效年薪：按照投资管理部利润总额的1%作为基数，根据《管理人员年薪管理办法》，甲方（某投资集团有限公司）对乙方（冯某某）进行年度考核后，于2015年6月份之前兑现绩效年薪，即：绩效年薪=利润总额×1%×个人年度考核系数。2014年，若投资管理部利润总额低于1 200万，则取消乙方当年绩效年薪；若利润总额超过1 800万，则超出部分的50%用于奖励乙方以及经营团队，具体分配方案由乙方单独提出。"冯某某认为公司投资管理部 2014 年 2 月 13 日至 12 月 31 日利润总额为 2 500 万，其个人年度考核系数为 1，故公司应向其支付其 2014 年绩效年薪差额以及全部利润奖励。

某投资集团有限公司表示，冯某某所称的目标责任书中约定双方签字盖章后生效，但冯某某所提供的目标责任书仅有双方签字，并没有任何一方盖章。

冯某某向劳动人事争议仲裁委员会申请仲裁，请求裁决某投资集团有限公司向其支付 2014 年绩效年薪差额 20 余万元、2014 年利润奖励 360 余万元、解除劳动合同经济补偿金 19 万余元。

仲裁委员会最终支持了冯某某的 2014 年绩效年薪差额请求，但未支持冯某某其他仲裁请求。冯某某与某投资集团有限公司均不服仲裁裁决，均向法院提起诉讼。

法院在第二次开庭审理中，向某投资集团有限公司表示，法院决定追加冯某某团队成员乔某、孟某某为共同原告。

 审理结果

经双方商议达成庭外和解，各自撤诉。

 **评析意见**

第一，冯某某主张绩效年薪及利润奖励所依据的目标责任书是否对公司具有约束力？

本案中的目标责任书约定："本责任书经双方签字盖章后生效。"某投资集团有限公司表示，因为冯某某未提出具体的利润细化构成及奖励分配方案，故公司并未最终盖章确认。在公司未盖章的情况下，该目标责任书不能对公司产生约束力。因此，冯某某依据对公司并无约束力的目标责任书，请求向其支付绩效年薪差额及利润奖励缺乏依据。

笔者认为，该目标责任书虽未有公司盖章，但有公司法定代表人、董事长代表公司签字，董事长签字应视为职务行为，应视为冯某某与公司之间达成了一致的意思表示，目标责任书应对公司有约束力。

第二，目标责任书约定利润奖励对象为投资管理部经营团队，冯某某个人是否有权主张？

按照目标责任书约定，利润奖励对象为包括冯某某在内的整个经营团队。在奖励未作分配的情况下，冯某某请求利润奖励全部归为己有，缺乏依据。

第三，公司是否应发放绩效年薪和利润奖励？

本案中，认定某投资集团有限公司是否应发放绩效年薪和利润奖励的依据在于，公司是否具有经营利润。冯某某依据《投资管理部2014年经营预算经营情况表》（简称经营情况表）主张公司2014年利润总额3 000余万元，执行总额2 500余万元，并以此计算其应得的绩效年薪和利润奖励。某投资集团有限公司则表示，公司并未营利，该经营情况表虽然加盖有财务专用章，但鉴于冯某某作为公司副总裁兼财务负责人，且该表审批人显示为冯某某，实际上是其本人确认的金额，公司对其真实性不予认可。公司委托第三方机构审计，结果表明，公司在2014年度并未有经营利润。

笔者认为，由于冯某某作为财务负责人的特殊身份，应谨慎看待冯某某提供的认定公司具有经营利润的相关证据。从一定意义上讲，第三方作出的审计报告应更具有中立性、客观性。案件审理中，必要时法院可委托第三方机构对公司进行审计，以确定公司当年度是否有利润。

第四，公司是否应支付解除劳动合同经济补偿？

本案中，关于某投资集团有限公司是否应向冯某某支付解除劳动合同经济补偿，取决于冯某某所主张的公司未及时足额发放劳动报酬、未依法缴纳社会保险费的事实是否成立。如上述事实均不成立，公司无须向其支付解除劳动合同经济补偿。

首先，如冯某某所主张应发的绩效年薪、利润奖励并不存在，则公司不存在未足额发放劳动报酬的情形。此外，冯某某以存在《劳动合同法》第三十八条第（二）项规定的"未及时足额支付劳动报酬的"情形为由，提出解除劳动合同，该情形中的"劳动报酬"应作狭义解释，且是否应发放绩效年薪和利润奖励存在争议，故以此条主张解除劳动合同经济补偿不应被支持。

况且，结合本案，按照目标责任书的约定，绩效年薪、利润奖励兑现时间为2015年6月前，而冯某某于2015年4月10日即以未发此项报酬提出辞职，显然不属于法律规定的"未及时足额发放劳动报酬"的情形。

其次，冯某某主张因公司未为其办理社会保险而提出解除劳动合同，并以此主张经济补偿，在公司已为其办理社会保险的情况下，此项主张缺乏依据，不应被支持。

第五，本案中，法院是否应主动追加乔某、孟某某为共同原告？

《民事诉讼法》第十三条第二款规定："当事人有权在法律规定的范围内处分自己的民事权利和诉讼权利。"据此，没有当事人的起诉，就没有法院的审理，这是民事诉讼不告不理原则的基本内涵。诉或不诉、诉谁不诉谁，都是当事人的合法权利。在本案中，法院追加案外人为共同原告，实际是将没有起诉意愿或未实际行使诉权的他人强行纳入案件的审理范围，主动代乔某、孟某某二人提起了民事诉讼，违反了不告不理的民事诉讼基本原则[1]。

此外，法院认定乔某、孟某某系为冯某某主张的"奖金"的共

---

[1] 在我国现行法律规范中，除《最高人民法院关于适用〈中华人民共和国民事诉讼法〉的解释》第七十条等规定的遗产继承纠纷案件外，并未允许法院在其他类型的案件中追加共同原告。

有人，不仅缺乏依据，还超越了本案审理范围。

同时，根据《劳动争议调解仲裁法》的规定，发生劳动争议，当事人向劳动争议仲裁委员会申请仲裁，对仲裁裁决不服的，可以向人民法院提起诉讼。本案的诉讼程序也是因为冯某某不服仲裁裁决而提起的。在乔某、孟某某未经过仲裁程序的情况下，法院径行追加二人为原告，应为不妥。

（北京金诚同达律师事务所　梁　枫）

45. 公司股东个人账户支付的"工资"能否计入经济补偿金计算基数

申请人：王某
被申请人：北京某食品文化公司

争议焦点

1. 2018年4月至6月期间，王某为谁提供劳动？
2. 解除劳动合同经济补偿金的计算基数如何认定？

基本案情

王某于2016年11月29日入职北京某食品文化公司，岗位为销售经理，双方签订期限自2016年11月29日至2018年11月28日的劳动合同。因用人单位拖欠2018年4月至6月期间工资，王某提出于2018年7月1日解除劳动关系，并申请劳动争议仲裁，主张北京某食品文化公司支付其2018年4月至6月期间工资及解除劳动合同经济补偿。本案涉及案外第三人庞某，经调查核实，庞某系北京某食品文化公司的股东（持有51%的股份）、执行董事、实际控制人。

北京某食品文化公司认可未支付王某2018年4月至6月期间工资，关于工资数额，其主张2018年4月至6月期间公司进行清算，印章封存，停止实际经营，公司股东间存在矛盾，王某上述期间是为公司股东庞某个人提供劳动,故2018年4月至6月期间公司仅向王某支付生活费(北京市最低工资的70%)即可。王某称其上述期间正常出勤,系为公司提供劳动,其工资应当正常发放。北京某食品文化公司提交的《关于解散、清算某食品文化公司的议案》显示,对解散公司并组织清算组,庞某不同意审议内容,另外三位股东对审议内容表示同意。关于2018年4月至6月期间王某的出勤情况,北京某食品文化公司未提交考勤表,亦未举出已向王某告知公司停止经营、不再安排王某工作的证据。

王某主张其月工资12 000元,北京某食品文化公司称对王某的月工资标准不清楚,亦未提交工资表。双方虽签订了劳动合同,但月工资标准约定不明。王某提交的银行卡交易明细清单显示:2017年1月至2018年2月期间,北京某食品文化公司对公账户每月向王某支付"工资"4 156.22元,另有庞某的账户每月向王某网银转账10 000元;2018年3月至4月期间,北京某食品文化公司对公账户每月向王某支付"工资"10 176.52元。王某认为对公账户及庞某向其发放的钱款均系工资,北京某食品文化公司称仅对公账户发放的"工资"系工资,庞某的"网银转账"并非工资,但未能对上述"网银转账"做出合理解释。

 审理结果

仲裁委员会认定2018年4月至6月期间王某与某食品文化公司存在劳动关系,认可庞某的网银转账系工资,计入经济补偿金计算基数,裁决某食品文化公司支付王某2018年4月至6月期间工资及解除劳动合同经济补偿金共计30 529.56元。

 **评析意见**

本案中,双方当事人对劳动关系的存续及解除一致认可。2018年4月至6月期间,王某是为北京某食品文化公司提供劳动,还是为公司股东庞某个人提供劳动?北京某食品文化公司提交的证据显示,临时股东会对公司解散并组织清算组未达成一致意见,其中持有公司51%股份的股东庞某对该议案投反对票。北京某食品文化公司亦未提交临时股东会决议文件,无法证明公司履行清算程序、处于停止实际经营状态。同时,在劳动合同有效期内,北京某食品文化公司未举出已向王某告知公司停止经营、不再安排王某工作的证据。而庞某系公司股东、执行董事、实际控制人,王某接受庞某的管理提供劳动系对劳动合同的履行,对劳动者基于劳动合同的信赖利益,法律应予保护。因北京某食品文化公司未提交考勤表,应承担对其不利的法律后果,应视为王某正常出勤,公司应按王某正常提供劳动向王某支付工资。

解除劳动合同经济补偿金的计算基数,为劳动者在劳动合同解除前12个月平均工资。用人单位应制定本单位的工资支付制度,规定工资支付的项目、标准和形式,但法律未对工资支付形式做强制性规定。现实中,一些用人单位为了逃避法律责任、转移法律风险,分多个账户、多个项目或者多种支付方式向劳动者发放工资,劳动者只能被动接受,在双方产生劳动争议时,加重了劳动者在确认劳动关系、认定工资标准等方面的举证责任。笔者认为,审理此类案件,仅以账户名称是否为单位对公账户作为判断标准过于草率。对于支付数额具有稳定性、支付时间呈现规律性的个人账户转账,应核实支付者的身份、职务,若支付者为法定代表人、主要负责人或公司财务人员,应由用人单位进行合理解释并承担举证责任。本案中,北京某食品文化公司未能就庞某网银转账行为作出合理解释，亦未提交相关证据佐证，鉴于庞某的转账金额具有稳定性、转账时间具有规律性，可以认定庞某的网银转账系劳动报酬，并计入经济补偿金的计算基数。

需要注意的是，双方对劳动关系有异议时，劳动者与个人账户持有者之间是否有其他民事关系有待进一步查明。用人单位应建立完善的工资支付制度，规范工资支付程序，制定财务报销制度，明确约定劳动合同必备条款，只有遵规守法、诚信经营才能真正降低法律风险；劳动者应当注意证据保存，留存用人单位向其出具的工资支付清单、收入证明等材料，提高依法维权意识。

（北京市房山区劳动人事争议仲裁委员会　丁　颖）

46. 用人单位未及时转移档案应赔偿劳动者损失

上诉人：王某
被上诉人：甲驾校公司

争议焦点

用人单位未及时为劳动者办理档案转移手续给劳动者造成损失的，是否应当赔偿？

基本案情

王某于2011年5月20日入职甲驾校公司，担任机动车驾驶培训教练员，2016年9月30日离职。2016年11月28日，王某申请劳动争议仲裁，要求甲驾校公司为其办理教练员证档案关系转移相关手续，并赔偿未办理教练员证档案关系转移相关手续造成的损失10万元。仲裁委员会作出不予受理通知书。王某不服，诉至法院。

王某提交教练员证转档申请表照片打印件、录像光盘，证明甲驾校公司没有协助其办理教练员证档案关系转移手续。王某称其如果要入职其他驾校担任教练，必须到车管所办理转档手续，转档需要原单位即甲驾校公司在申请人签字一栏盖章签字。该申请表原件已交给甲驾校公司人事处，但甲驾校公司一直没有办理。甲驾校公司认可申请表原件在其公司，不清楚没有为王某办理转档手续的原因，称已同意为王某转档盖章，同时 2016 年 2 月发布的相关规定已取消机动车驾驶培训教练员从业资格证认定，因此王某要求其公司协助办理教练员证转档手续没有依据。

后法院查明，机动车驾驶培训教练员从业资格证认定相关工作流程正在进行交接，已取得教练员证的教练员变更工作单位驾校，原单位驾校仍需为个人办理转档盖章手续。没有办理转档手续，教练员不能到新驾校上岗从事教练员工作。

王某补充提交了其与乙汽车驾驶学校签订的劳动合同意向书，证明其有新工作机会，但是因为甲驾校公司的原因没有入职。

审理结果

一审法院判决甲驾校公司协助王某办理教练员证转档等相关手续，驳回王某的其他诉讼请求。

二审法院判决维持了一审法院对甲驾校公司协助王某办理转档手续的判决项，并判决甲驾校公司支付王某 2016 年 10 月 15 日至 2017 年 3 月 15 日期间未办理教练员证转档手续导致的劳动报酬损失 15 000 元，驳回王某的其他诉讼请求。

评析意见

本案的争议焦点是劳动合同解除或终止后，用人单位未及时为劳动者办理档案转移等相关手续给劳动者造成损失的，是否应当赔偿。

《劳动合同法》对劳动合同解除或终止后用人单位负有办理档案转移手续的义务有明确规定。《劳动合同法》第五十条第一款规定，用人单位应当在解除或者终止劳动合同时出具解除或者终止劳动合同的证明，并在十五日内为劳动者办理档案和社会保险关系转移手续。虽然法律未明确劳动合同解除或终止后,用人单位未为劳动者办理档案转移手续给劳动者造成损失的,用人单位应否赔偿,但可参照适用《劳动合同法》第八十九条的规定,即"用人单位违反本法规定未向劳动者出具解除或者终止劳动合同的书面证明,由劳动行政部门责令改正;给劳动者造成损害的,应当承担赔偿责任"。办理档案转移手续和出具解除或终止劳动合同的书面证明同属解除或终止劳动合同之后用人单位负有的法定义务,用人单位违反法律规定,给劳动者造成相应损失的,应当承担赔偿责任。王某提交证人证言、劳动合同意向书,结合法院调查,能够证明因甲驾校公司未及时办理教练员证的转档手续,导致王某丧失到其他驾校工作的机会,并导致劳动报酬的损失,甲驾校公司应对损失承担赔偿责任。

用人单位未及时办理转档手续应赔偿劳动者相应损失,亦契合普通民法损害赔偿责任的司法理念。《合同法》第九十二条规定:"合同的权利义务终止后,当事人应当遵循诚实信用原则,根据交易习惯履行通知、协助、保密等义务。"依照合同法理论,具体到劳动争议案件,劳动合同解除或终止后,依诚实信用原则双方负有附随义务,用人单位负有为劳动者开具离职证明、办理档案转移手续等后合同义务,用人单位违反后合同义务给劳动者造成损失的,应当承担损害赔偿责任。《合同法》第一百一十三条第一款规定:"当事人一方不履行合同义务或者履行合同义务不符合约定,给对方造成损失的,损失赔偿额应当相当于因违约所造成的损失,包括合同履行后可以获得的利益,但不得超过违反合同一方订立合同时预见到或者应当预见到的因违反合同可能造成的损失。"可以看出,我国违约损害赔偿既包括实际损失赔偿,也包括可得利益的损失赔偿。本案中,由于王某已与其他驾校签订劳动合同意向书,能够证明其劳动报酬可得利益的损失,考虑到王某未实际付出劳动,且甲驾校公司在一审阶段已经同意为其办理档案转移手续,故二审法院酌定甲驾校公司赔偿未及时为王某办理档案转移手续期间劳动报酬的相应损失。

(北京市第二中级人民法院 史 伟)

47. 劳动合同解除时销售提成如何支付

上诉人：某公司
被上诉人：韩某

争议焦点

用人单位要求将销售款到账作为支付销售提成的前提条件，若劳动关系解除时销售款尚未全部到账，劳动者是否有权要求用人单位支付提成？

基本案情

韩某原系某公司员工，月工资构成为基本工资3 000元、全勤奖200元及销售提成，2015年11月2日，双方协商解除劳动合同，并签订劳动关系解除协议书，甲方为某公司，乙方为韩某，该协议载明："甲方同时承诺，乙方在职期间所签订的大连香洲项目，待尾款到账后仍能享受在职期间所约定的提成权利。（注：回款到合同额的95%，支付佣金的50%，扣除居间等所有费用，约人民币6万元整，以实际结算为准）。"

某公司主张双方约定韩某在职期间所完成的大连香洲项目，需当客户回款达到合同额的95%时，公司才支付该项目的提成，但目前公司收到客户的回款尚未达到合同额的95%，故公司不同意支付6万元的提成。韩某主张项目回款已达到95%，并提交了相关证据。某公司对证据真实性予以认可，但主张其并未收到项目的余款。

韩某申请劳动争议仲裁，仲裁委员会裁决某公司支付韩某项目提成款 6 万元。某公司不服，向法院起诉。

 审理结果

一审法院判决某公司支付韩某提成 6 万元，驳回了某公司的诉讼请求。

某公司提起上诉。二审法院判决：驳回上诉，维持原判。

 **评析意见**

本案主要涉及在劳动争议中，用人单位与劳动者约定以销售款到账作为支付销售提成的前提条件，劳动者在劳动关系解除后主张劳动关系解除时销售款未回收部分的提成，法院应如何处理的问题。对于这个问题，目前有两种观点。一种观点认为劳动者与用人单位约定提成支付条件时，应当预料到劳动关系在条件成就前的解除风险，不能因劳动关系解除而改变双方所约定的提成支付条件，所以若劳动关系解除后销售款未回收到账，劳动者主张此部分提成，法院不应予以支持。

另一种观点认为，劳动者在劳动关系解除后无法掌握销售款的实际到账情况，要求其提交用人单位已回收销售款的证据往往较为困难，为避免劳动者在双方劳动关系解除后因举证不能而遭受损失，在劳动关系解除后用人单位以约定销售款到账作为支付提成条件的主张不应得到支持。

笔者认同第二种观点。首先，劳动者作为用人单位的销售人员，其获得提成的前提是促成用人单位与客户签订销售合同，为用人单位提升业绩,并使用人单位获得收益。回款系销售后的附随工作,劳动者在职时,用人单位将回款作为支付提成的条件是符合行业惯例的,但在劳动者已经离职的情况下,其并非主观不愿,而是客观上不能再为用人单位提供相应的追款工作。双方所签之劳动关系解除协议书虽对提成的发放条件进行了约定,但当劳动者离职时,即使提成所涉及的销售款尚未全额到账,用人单位亦能在可预见的未来获得收益,因此,当劳动者已为用人单位促成了合同的签订,其虽离职,也有权要求用人单位支付相应的提成。

其次,销售款的到账情况由用人单位掌握管理,已离职的劳动者是不可能获得销售款是否全额到账的信息的。本案中,韩某提交了相关证据,某公司虽称其未收到余款,但其就一年多以前即应到账的销售款为何至争议发生时未到账及相应的追款情况,均未作出任何合理解释并提交相应证据,而仅以"合同回款未达到95%"这一简单表述来拒绝为韩某发放提成,显属不当,所以法院判决某公司向韩某支付提成。

(北京市朝阳区人民法院 白星晖)

48. 金融行业项目奖金发放条件、发放标准的确定

上诉人：某证券公司
被上诉人：郑某

争议焦点

××首次公开发行股票项目绩效奖金是否具备发放条件？该绩效奖金的计算方式如何确定？

基本案情

郑某于 2007 年 7 月入职某证券公司。郑某在职期间参与了××首次公开发行股票项目，该项目股票已于 2015 年 6 月 9 日经中国证券监督管理委员会核准发行。郑某主张依据某证券公司绩效考核办法，该项目净收入超过 1 亿元，承做该项目的奖励金额总额应为 800 万元，依据项目组的项目贡献度评估表，其本人的贡献度为 11.2%，故应按照该项目承做奖励金额总额乘以贡献度计算其绩效奖金，但某证券公司一直未支付其该项目绩效奖金。于是，郑某申请劳动争议仲裁，要求某证券公司支付××首次公开发行股票项目的绩效奖金。庭审中，某证券公司认可郑某在该项目中的贡献度为 11.2%及该项目已经有款项到账，但主张该项目尚未完成绩效考核的实施程序，尚不具备发放条件；还主张项目奖金须以项目净收入

为基数进行计算,须扣除相关费用。

审理结果

仲裁委员会裁决某证券公司支付郑某××首次公开发行股票项目绩效奖金,支持了郑某的仲裁请求。

某证券公司对裁决不服,向法院起诉。一审法院判决同仲裁裁决结果一致。某证券公司提起上诉,二审法院判决驳回上诉,维持原判。

评析意见

一、本案的审理思路

本案双方争议焦点为以下两个方面。

1. ××首次公开发行股票项目绩效奖金的发放条件

用人单位根据本单位的生产经营特点和经济效益,依法自主确定本单位的工资分配方式和工资水平。绩效奖金是用人单位基于本单位经济效益、劳动者的个人表现及业绩等综合因素自主发放的具有奖励性质的货币,用人单位有权自主确定奖金发放与否、发放条件及发放标准,并依法制定相应的支付制度。因此,就绩效奖金的发放条件、标准等,用人单位应承担举证责任。本案中,某证券公司虽主张××首次公开发行股票项目绩效考核目前尚未实施,但认可已于2017年8月29日收到该项目的收入,而依据该公司绩效分配管理办法的规定,公司原则上应在2017年9月进行包括项目承做奖励在内的绩效考核并发放奖金。但某证券公司并未提交证据证明该项目绩效考核程序因例外状况尚未实施,应视为某证券公司已完成该项目的绩效考核程序。故仲裁委员会对某证券公司主张该项目绩效奖金尚不具备发放条件的抗辩意见未予采信。

2. 郑某应获得的绩效奖金的计算方式

郑某主张依据某证券公司的绩效分配管理办法中关于承做奖励金额标准的规定，按照项目关闭财务结算单中显示的项目到账收入金额计算绩效奖金。某证券公司则主张按项目实际到账金额及项目净收入来计算承做奖励金额。

某证券公司对××首次公开发行股票项目绩效奖金的发放条件、标准等负有举证责任，而其仅提交了付款凭证的复印件，并未提交原始会计账目、银行出具的同期账户交易记录等证据加以佐证；且即便该项证据是真实的，也无法排除付款方就该项目曾于其他时间向其支付项目费用的合理怀疑；其亦未就该项目净收入的计算方式提交相应证据。故某证券公司应就此承担举证不能的不利后果。在此情形下，仲裁委员会对郑某主张的按照其提交的项目关闭财务结算单中项目到账收入计算绩效奖金的说法予以采信，裁决某证券公司应按照 800 万元×11.2%的计算标准支付郑某该项目绩效奖金。

二、关于同类案件的思考

随着经济的蓬勃发展，金融行业对实体经济的支撑作用越发凸显，与此同时，涉及金融行业的劳动争议案件数量也逐年增加。由于金融行业收入高、流动性大，加之薪酬激励机制相对灵活，涉及金融行业的劳动争议案件成为劳动争议案件审理的难点，其中涉及项目奖金的案件更是难点中的难点。

项目奖金，在实践中又有项目提成、项目绩效工资、项目业绩提成奖等不同的名称。项目奖金通常是项目收入扣除各项费用后，在项目组成员之间按照个人贡献度按比例进行分配。根据此类案件审理经验，笔者认为在审理此类案件时，应重点从有无发放依据、发放条件是否成就及发放标准、计算方式等几个方面进行审查。

1. 关于发放依据

项目奖金的发放属于用人单位自主管理范畴，用人单位有权自主决定项目奖金发放的条件、数额、时间等具体事宜，仲裁和司法不应介入过深。审理此类案件时,主要审查劳动者与用人单位之间有无关于项目奖金发放的约定、用人单位有无关于项目奖金发放的规章制度。如果劳动者不能举证证明有上述约定或者规定,则应就此承担举证不能的不利后果,即主张项目奖金的请求被驳回。

2. 关于发放条件是否成就

金融企业准入门槛相对较高,企业管理相对规范,规章制度比较完善,通常直接在规章制度中规定了项目奖金发放的条件。例如,证券公司通常规定,没有持续督导期的项目,在项目完成或者项目成功上市或者收到第三方支付的项目收入后一定时间内向劳动者支付项目奖金;对于有持续督导期的项目,通常约定在满足上述条件后支付一定比例项目奖金,剩余款项须等项目持续督导期满后,如果项目未出现相关风险再支付。如果用人单位上述规章制度经过民主程序制定,并且向劳动者进行了送达或告知,则该规章制度对劳动者具有约束力。案件审理中,用人单位应按照规章制度中规定的时间节点支付劳动者项目奖金。如果用人单位有项目奖金,但没有关于项目奖金发放条件方面的相关规定,用人单位对发放条件也应承担举证责任,如果不能证明,则应由其承担不利后果,即视为已满足发放条件。

另外,劳动争议案件中劳动者处于相对弱势的地位,其在离职甚至准备离职阶段,就已经无法掌握该项目的相关情况了。如果劳动者主张同一项目组的某个成员已经发放了该项目奖金,并且提交了相应的裁判文书,则可以作为相应证据。即使不能提交相应的裁判文书,在审理此类案件时,承办人员也可以追问用人单位,是否向同项目组成员发放了该笔项目奖金,以期从细节追问中获得更多信息,更好地查明案件事实。

3. 关于发放标准、计算方式

因项目奖金属于企业自主决定的事项,审理此类案件时,应充分尊重企业的自主权,不应做过多的干预。发放标准、计算方式也应主要审查劳动者与用人单位之间的约定或者用人单位规章制度中的规定,依据约定或者规定来计算劳动者应获得多少项目奖金。目前,金融行业项目奖金分配中采用较多的方式为个人贡献度法,是指根据项目中的人员参与情况,按照贡献比例进行评价,确定个人贡献度,然后按照项目收入扣除相应费用及必要的成本得出整个项目的奖金总额。每个项目参与人应得的项目奖金数额为整个项目的奖金总额乘以个人贡献度。但在案件审理中,仍存在很多可能的争议点,比如项目收入按照毛收入还是净收入计算,项目收入的计提标准是什么,哪些费用应该扣除,个人贡献度的评价值是否认可,是否需要扣除风险保证金等。在审理此类案件时,如果依据现有证据无法作出判断,则可以从举证责任分配的角度来确定。用人单位对劳动者项目奖金的计算方式及计算所需相关数据负有举证责任,如用人单位不能提供,则应就此承担举证不能的不利后果;如果劳动者不认可用人单位提交的数据及相应证据,则应提交相关证据予以反驳,如不能提供,劳动者须承担相应举证不能的不利后果。

(北京市西城区劳动人事争议仲裁院 陈秋梅)

49. 用人单位违法处理决定给劳动者造成的工资损失如何确定

上诉人：王某
被上诉人：A 公司（用人单位）
被上诉人：B 公司（用工单位）

争议焦点

生效裁判文书撤销了劳务派遣用工单位退回劳动者或用人单位解除劳动合同的违法处理决定，判令继续履行劳动合同，劳动者仲裁、诉讼期间工资损失如何确定？

基本案情

王某与劳务派遣公司 A 公司订立了劳动合同，被派遣至 B 公司工作。2015 年 6 月 25 日，B 公司发出退回通知，称因客观情况发生重大变化，劳动合同无法继续履行，故将王某退回 A 公司。同年 7 月 1 日，A 公司向王某发出待岗通知。此后，各方发生劳动争议，王某未再提供劳动，两公司亦未支付工资。之后，生效判决认定 B 公司不能证明客观情况发生重大变化等其主张的退回原因，B 公司将王某退回的行为及 A 公司要求王某待岗的行为均无依据，故撤销了上述退回通知和待岗通知，判决三方继续履行劳动合同。

王某又诉至法院，要求 A 公司和 B 公司连带支付其上述处理决定作出后至诉讼期间的工资损失，标准为按照争议发生前 12 个月其收入的总和（包括基本工资、"十三薪"①、奖金）计算月平均工资。A 公司、B 公司称，上述期间王某未提供劳动，无须向其支付工资，即使支付，仅同意按照北京市最低工资标准支付。

审理结果

一审法院认为，由生效判决可知，王某在上述处理决定作出后至本案诉讼期间，未获得工资收入的损害结果是由两公司作出的违法行为造成的，故两公司应就此承担连带赔偿责任。一审法院以王某基本工资为标准，计算其工资损失，判决 B 公司支付王某 2015 年 8 月 5 日至 2016 年 12 月 23 日期间的工资损失 445 438.68 元，A 公司对此承担连带责任。

判决后，王某不服，提起上诉，认为一审法院计算工资损失的标准有误，适用法律错误。

二审法院认为，王某的工资损失，应当以其正常提供劳动的情况下的收入为标准计算，改判参照王某最近一个正常工作年度的收入（包含基本工资、"十三薪"、奖金），计算两公司应承担的损失赔偿金额，判决 B 公司支付王某 2015 年 8 月 5 日至 2016 年 12 月 23 日期间工资损失 591 154 元，A 公司对此承担连带责任。

评析意见

本案为劳务派遣关系，涉及劳动者、用人单位和用工单位三方主体，而更为常见的情形是劳动者与用人单位两方主体的劳动关系。就本文探讨的问题而言，两种情形的区别是：其一，劳务派遣

---

① 即"第十三个月工资"，也称为"年底双薪"。

关系中，由于用工单位与劳动者无劳动合同关系，故存在用工单位将劳动者退回用人单位的情况，而两方主体的劳动关系不存在退回，通常是用人单位直接对劳动者作出解除劳动合同或开除的决定；其二，劳务派遣关系中涉及两方单位，若存在工资损失赔偿，两单位对此承担连带责任，而两方主体的劳动关系中仅为用人单位方承担赔偿责任。由于上述两种情形均存在单位作出了违法处理决定，造成劳动者不能正常工作，劳动者主张争议期间工资损失的问题，故均在笔者讨论的范围内。

那么，生效裁判文书撤销了单位的违法处理决定，并判令各方继续履行劳动合同，劳动者仲裁、诉讼期间的工资损失能否向单位主张赔偿？若可以获得赔偿，标准如何确定？"劳动者正常劳动时的工资标准"又该如何理解？以下对上述问题逐一分析。

一、劳动者能否向单位主张工资损失赔偿

虽然劳动者在单位违法决定作出后未能实际提供劳动，但未提供劳动的原因是单位造成的，劳动者不应为此承担不利的法律后果，其有权向单位主张争议期间的工资损失。《劳动法》第九十八条规定："用人单位违反本法规定的条件解除劳动合同或者故意拖延不订立劳动合同的，由劳动行政部门责令改正；对劳动者造成损害的，应当承担赔偿责任。"另外，劳动部制定的《违反〈劳动法〉有关劳动合同规定的赔偿办法》（劳部发〔1995〕223号）第二条规定："用人单位有下列情形之一，对劳动者造成损害的，应赔偿劳动者损失：……（四）用人单位违反规定或劳动合同的约定解除劳动合同的。"

由此可见，单位违法解除劳动合同给劳动者造成损害的，应承担赔偿责任。劳动者不要求继续履行劳动合同或者劳动合同已经不能继续履行的，劳动者可向单位主张违法解除劳动合同赔偿金。本文探讨的是在各方继续履行劳动合同的情形下，劳动者可向单位主张争议期间的工资损失。单位违法作出退回决定、待岗决定，虽然不属于解除劳动合同,但同样导致了劳动者不能正常工作,由此造成的劳动者收入的减少是劳动者的损失,劳动者同样可向单位主张赔偿。

二、赔偿的标准如何确定

对此问题,法律无明确规定,司法实践中主要有三种观点。

观点一,按当地最低工资标准计算。此观点认为,由于劳动者未实际提供劳动,不应获得报酬,但考虑到单位的处理决定亦存在违法或违约的情形,故可按照当地最低工资标准计算劳动者的工资损失。观点二,按当地职工月平均工资的3倍计算。此观点认为,对于高收入劳动者,在其未提供实际劳动期间全额支付工资有失公允,故参照《劳动合同法》第四十七条对经济补偿的规定,对于劳动者月工资高于当地职工月平均工资3倍的,按照当地职工月平均工资的3倍计算工资损失。观点三,按劳动者正常工作时的工资标准计算。此观点认为,在劳动者无过错,单位违法将其退回或与其解除劳动合同的情况下,是单位的原因造成劳动者未能正常提供劳动,故单位应按照劳动者正常工作时的工资标准赔偿其工资损失。

对此,《北京市高级人民法院、北京市劳动争议仲裁委员会关于劳动争议案件法律适用问题研讨会会议纪要》第24条指出,用人单位作出的与劳动者解除劳动合同的处理决定被劳动仲裁委或人民法院依法撤销后,劳动者主张用人单位给付上述处理决定作出后至仲裁或诉讼期间的工资,应按以下原则把握:(1)用人单位作出的处理决定仅因程序方面存在瑕疵而被依法撤销的,用人单位应按最低工资标准向劳动者支付上述期间的工资;(2)用人单位作出的处理决定因在实体方面存在问题而被依法撤销的,用人单位应按劳动者正常劳动时的工资标准向劳动者支付上述期间的工资。

笔者赞同上述会议纪要的观点,即区分单位的违法处理决定属于程序瑕疵还是实体问题,进而适用不同的赔偿标准。存在程序瑕疵的情形,例如《劳动合同法》第四十三条规定:"用人单位单方解除劳动合同,应当事先将理由通知工会。用人单位违反法律、行政法规规定或者劳动合同约定的,工会有权要求用人单位纠正。用人单位应当研究工会的意见,并将处理结果书面通知工会。"若单位未及时将解除劳动合同的理由和处理结果通知工会,可能导致其处理决定因存在程序瑕疵而被撤销。存在实体问题的情形,如根据《劳动合同法》第四十条第三项,劳动合同订立时所依据的客观情况发生重大变化,致使劳动合同无法履行,经用人单位与劳动者协商,未能就变更劳动合同内容达成协议的,可以解除劳动合同。但本案中,单位方未能举证证明客观情况了发生重大变化,其将王某退回的行为无事实及法律依据,故属于处理决定因存在实体问题而被撤销。实践中,单位处理决定的理由若不符合《劳动合同法》规定的可以单方退回劳动者或解除劳动合同的情形,即属于存在实体问题。由于与法不符的情形表现各异,此处不再一一列举。

从上述两种情形的区分中亦可直观地看出,对于程序瑕疵,单位的主观恶性小,过错较轻微;而对于实体问题,单位的主观恶性大,过错较严重。故不宜一刀切地适用相同的赔偿标准。

三、"劳动者正常劳动时的工资标准"如何理解

本案中,王某的工资由基本工资、"十三薪"和奖金三部分构成。一审法院认为,因王某未实际提供劳动,无法确定其能否得到"十三薪"及奖金,故仅以王某月基本工资为标准计算其工资损失。笔者赞同二审法院的处理结果,即"劳动者正常劳动时的工资标准"应参照其上一正常工作年度的全部工资收入计算,不仅包含基本工资,也应包含"十三薪"、奖金等收入,对此主要有以下几点考量。

首先,损失赔偿遵循填平原则。赔偿以弥补权利人的损失为目的,填平原则即要求全面赔偿,使权利人在经济上的损失消失。本案中,若单位方没有错误地作出退回和待岗决定,王某本可以正常工作,获得工资收入,正是由于上述决定的作出,造成王某不能正

常提供劳动。故两公司应全面赔偿王某正常工作情况下可得的所有收入，填平其因此遭受的损失。

其次，"十三薪"和奖金是否应计入的问题。诚然，若发生劳动争议期间王某能够正常工作，其能否得到"十三薪"、奖金，能够得到多少奖金，都是不确定的。王某可能没有业绩，奖金为零，也可能业绩优异，获得较高的奖金收入；可能工作满一个完整年度获得"十三薪"，也可能中途离职。但由于两公司的违法处理决定，王某未能正常提供劳动，上述期间已经经过，若王某正常工作会发生什么情况已不得而知。故在此情况下，应参照其上一正常工作年度工资收入计算工资损失，将"十三薪"和奖金剔除计算并无依据。

最后，退一步讲，若王某是基本工资为零的无底薪员工，工资构成仅有奖金一项，且奖金收入能够达到当地的最低工资标准，那么若工资损失的计算标准仅为基本工资，是否意味着王某在劳动争议期间无工资损失？显然，这是不正确的。此类案件与通常认知不一致的地方在于，对于高收入劳动者，我们难以接受其在未提供劳动的情况下获得每年数十万元的高额工资损失赔偿，但法律的适用标准和裁判尺度应具有一致性和统一性，若劳动者的工资损失是由单位的实体违法处理决定造成的，无论其收入高低，均应获得按其正常劳动时的工资标准（可参照其上一正常工作年度）计算的赔偿。

（北京市第三中级人民法院　解学锋　矫冰玉）

50. 是年薪还是股权激励

申请人：宋某
被申请人：某公司北分公司

争议焦点

1. 劳动合同中约定用于购买股份的 20 万元是否为工资性质？
2. 年薪中约定用于股权激励的 20 万元是否达到支付条件？

基本案情

宋某于 2016 年 4 月 1 日入职某公司北分公司，任职技术总工，工作至 2017 年 3 月 10 日。2017 年 3 月 20 日，宋某向公司提出解除劳动合同，表示 3 月底离职。某公司北分公司已向宋某支付工资 18 万元，宋某要求某公司北分公司支付 2016 年 4 月至 2017 年 3 月 31 日期间工资差额，双方就宋某的工资构成及发放条件存有争议。宋某就此申请劳动争议仲裁。

仲裁庭查明，双方签订了期限为 5 年的劳动合同书，甲方为某公司北分公司，乙方为宋某。双方关于工资待遇约定如下："（1）乙方的工资为年薪 50 万元（税后），甲方每月向乙方支付 25 000 元，每年剩余税后人民币 20 万元用于购买公司股份（注：满 5 年时，若公司尚未上市，公司应将每年剩余税后人民币 20 万元，即 5 年累计剩余的税后年薪人民币 100 万元，一次性退给乙方）。（2）

若乙方在合同期间因任何原因提前终止劳动合同（以下简称'自行离职'）的，将不再享受甲方承诺的任何阶段性或年底应得的奖金（包括提成、津贴、补贴）及各种其他福利。"

签订劳动合同当日，宋某作为乙方，还与甲方某公司总公司、丙方股东刘某签订了股权激励协议。该协议约定："本协议以甲乙双方之间的劳动关系为存在基础，甲方经过股东大会以及董事会的决议，根据乙方的学识、技术、资历等客观情况，决定对乙方进行股权激励，以实现乙方与甲方长期共赢的发展目标。甲乙双方的劳动合同作为本股权激励协议的附加条件。……本股权激励协议之股权来源于现有股东的股权，现丙方将所持的占甲方总股本的部分股份转让与乙方，作为对乙方的长期股权激励。乙方将有权自入职满周年之日起连续 5 年每年以薪酬中的部分（每年人民币 20 万元）购入甲方实股……如果 5 年内自动离职或者公司破产的话视为放弃所购股权。"

宋某主张根据劳动合同的约定，其年薪总额为税后 50 万元，其中 30 万元以每月 25 000 元标准按月支付，剩余 20 万元用来购买公司股份，但根据股权激励协议的约定，工作满 1 年后才能购股，其 2017 年 3 月离职时工作不满 1 年，尚未购股，故要求某公司北分公司根据其在职时间按比例支付该 20 万元的部分。某公司北分公司主张该 20 万元涉及股权激励，是宋某与股东刘某的争议，该请求应与公司另外的股东另案处理，且协议中约定如果 5 年内宋某自动离职或者公司破产的话视为放弃所购股权。宋某抗辩称，尚未到约定的购股时间，不存在放弃股权的问题。

审理结果

仲裁委员会裁决某公司北分公司支付宋某 2016 年 4 月 1 日至 2017 年 3 月 31 日期间按月支付的年薪差额 70 000 元、剩余年薪

166 666.67元,驳回宋某超出上述期间及金额部分的仲裁请求。

 **评析意见**

关于双方存有争议的20万元,劳动合同中将该20万元作为年薪50万元的一部分,因此应属于宋某工资的一部分。同时劳动合同中又进一步约定:"每年剩余税后人民币20万元用于购买公司股份(注:满5年时,若公司尚未上市,公司应将每年剩余税后人民币20万元,即5年累计剩余的税后年薪人民币100万元,一次性退给乙方)。"根据该条约定,宋某年薪中的20万元须用于购买公司股份,而非直接向其发放,且退还须满5年,同时公司尚未上市。现宋某未购买公司股份,也未达到购买股份满5年公司仍未上市的条件。

由前述约定看,宋某依据劳动合同的约定,无权要求某公司北分公司按比例支付该20万元。但现在查明,宋某与某公司总公司及其股东刘某还签订了股权激励协议,其中对年薪中剩余的20万元也进行了约定,并明确"本协议以甲乙双方之间的劳动关系为存在基础","甲乙双方的劳动合同作为本股权激励协议的附加条件"。由此可见,股权激励协议为劳动合同的补充,虽然签订主体与劳动合同不同,但仍以劳动关系作为基础,故该股权激励协议履行中发生的争议不当然排除在劳动争议处理范围之外,还应审查其具体内容。同时股权激励协议对劳动合同中约定不明确的年薪中剩余20万元的分配方式、条件等进一步细化,使双方权利义务更明确,因此股权激励协议应为本案的主要依据。

现股权激励协议对该20万元的定义为"股权激励",初衷为"根据乙方的学识、技术、资历等客观情况,决定对乙方进行股权激励,以实现乙方与甲方长期共赢的发展目标",也明确了股权来源为现股东刘某所持总股本的部分股份。那么某公司北分公司所持该 20 万元为宋某与股东刘某的争议，应与公司另外的股东另案处理，及 5 年内自动离职视为放弃所购股权的抗辩能否成立？笔者认为，股权激励协议中的确约定连续 5 年每年以年薪中的 20 万元购入甲方实股、如果 5 年内自动离职或者公司破产的话视为放弃所购股权，但前提是宋某须实际购股。而本案中宋某并未购股，即该 20 万元并未转化为股权，因此不适用关于放弃所购股权的约定；同时，协议约定购股的起始时间为入职满 1 年之日，因此宋某年薪中的 20 万元未转化为股权，且并非其违约或存在其他过错所致，而系基于某公司总公司约定的限定条件。因此，笔者认为，该 20 万元尚不具有股权激励的性质，仍属于宋某年薪也即工资的一部分，双方因此发生的争议属于劳动人事争议仲裁处理范围。

那么，劳动合同中"若乙方在合同期间因任何原因提前终止劳动合同（以下简称'自行离职'）的，将不再享受甲方承诺的任何阶段性或年底应得的奖金（包括提成、津贴、补贴）及各种其他福利"的约定是否需要考虑？笔者认为，劳动合同中约定"乙方的工资为年薪 50 万元（税后）"，即该 20 万元系包含在年薪中的，未体现具有阶段性的特征，同时双方在股权激励协议中单独对该 20 万元另行约定，说明将其与年底奖金进行了区分，该 20 万元非"阶段性或年底应得的奖金（包括提成、津贴、补贴）及各种其他福利"的范围，不受该条约定的约束。因此，某公司北分公司应向宋某支付 2016 年 4 月 1 日至 2017 年 3 月 31 日期间按月支付的年薪差额及剩余年薪。

（北京市海淀区劳动人事争议仲裁院　宋雅静）

51. 劳动者停工留薪期未停工，用人单位是否另付工资

申请人：刘某

被申请人：某餐饮娱乐公司

争议焦点

劳动者停工留薪期仍工作，用人单位是否应支付双倍工资？

基本案情

刘某是进城务工人员，一直在某餐饮娱乐公司工作，双方没有签订劳动合同，工资以现金的形式发放。入职的时候，公司发给刘某一套工作服，收取了其工作服押金300元，并出具了带有公章的押金条。2013年10月，刘某在工作时，带班领导要求其去修理一下电机，因技术不太娴熟，刘某在修理电机时左手受伤。公司为其垫付了受伤当天的医药费，但迟迟不予报销治疗费。刘某遂向人力资源社会保障行政部门提出工伤认定申请。某餐饮娱乐公司否认与刘某存在劳动关系，刘某申请劳动争议仲裁，要求确认劳动关系。经过一裁两审的程序，确认了双方存在劳动关系。但是由于诉讼时间及工伤认定时间较长，刘某在此期间没有生活来源，迫于生活压力，刘某受伤休息了几周之后，不得已又重新回到某餐饮娱乐公司上班，继续从事修理工作。2014年10月，刘某收到了工伤认定决

定书。2014年10月30日，经劳动能力鉴定委员会确定，刘某停工留薪期为4个月。

刘某后得知根据《工伤保险条例》的规定，在停工留薪期内，工伤职工的原工资福利待遇不变，由所在单位按月支付。于是，他就向某餐饮娱乐公司提出，要求补发停工留薪期间的工资福利待遇。但某餐饮娱乐公司认为，既然刘某已经上班，而且公司也已经支付了相应的劳动报酬，就不应当另行支付停工留薪期间的工资福利待遇。双方再次发生劳动争议，刘某申请劳动争议仲裁。

审理结果

仲裁委员会认为，刘某既然已经工作，也就意味着其身体健康及劳动能力已经恢复，因此依法不能再要求某餐饮娱乐公司另行支付其停工留薪期的工资福利待遇，故裁决驳回了刘某的仲裁请求。

评析意见

本案的争议焦点是刘某没有在停工留薪期休养，而是继续工作，那么还能不能另享受停工留薪期的工资福利待遇呢？

停工留薪期是《工伤保险条例》中的一个概念。《工伤保险条例》第三十三条规定，职工因工作遭受事故伤害或者患职业病需要暂停工作接受工伤医疗的，在停工留薪期内，原工资福利待遇不变，由所在单位按月支付。

此案中，我们会觉得刘某的境遇是一种无奈的选择，如果不能够施以救济，恐怕某餐饮娱乐公司就轻易逃避了原本应当承担的工伤保险责任。建议农民工如果发生工伤，应当首先向用人单位提出工伤认定申请，如果用人单位阻挠并不支付任何费用，就应该及时向当地劳动保障监察部门投诉，以求获得帮助。显然，法律并没有明确规定工伤职工在停工留薪期仍工作的待遇支付问题。本案中，刘某作为劳动关系的弱势一方，为了生存不得不继续工作以获得劳动报酬。但是这却与停工留薪期制度的立法精神相违背，停工留薪期是为了保障工伤职工在治疗期间的工资待遇不变而设置的特殊保护期。而停工留薪期的期限是视工伤职工伤情变化的情况而定的，如果发生了工伤，而工伤职工的伤情并不严重，可以通过短暂休养、调理恢复，那么停工留薪期就可以随着工伤职工劳动能力的恢复而终结。本案中，刘某应当享受停工留薪期待遇，却因不懂法律规定而照常上班，仅获正常工资，事后又要求按停工留薪待遇加付一倍工资，对此法律法规并无明确规定。因此，刘某的请求因为于法无据而得不到支持。

（天津市和平区劳动人事争议仲裁院　王　宇）

社会保险与福利待遇

52. 工伤医疗费报销后，自费部分谁来承担

申请人：王某
被申请人：北京某装配公司

争议焦点

超过工伤保险基金支付范围的医疗费是否应由用人单位承担？

基本案情

王某系北京某装配公司的职工，北京某装配公司依照法律规定为王某缴纳了社会保险费。2015年4月16日，王某被公司派往北京某电器公司装车，在装车等待运输时，北京某电器公司职工吴某驾驶厢式货车直接撞向王某，导致王某受伤。治疗期间，王某共计花费医疗费17万元。2016年3月13日，王某所受伤害被北京市某区人力资源和社会保障局认定为工伤。工伤保险基金支付王某工伤医疗费14.3万元，超过工伤保险基金支付范围的有2.7万元。北京某装配公司认为，公司已依法为王某参加了工伤保险，那么工伤治疗的费用都应由工伤保险基金支付，超过工伤保险基金支付范围的费用公司无须向王某支付。王某向劳动人事争议仲裁委员会申请仲裁，要求北京某装配公司承担其超出工伤医疗费报销范围的费用2.7万元。

审理结果

在仲裁委员会的主持下，双方达成调解协议。调解内容为就超出工伤保险基金支付范围的费用，北京某装配公司与王某各承担50%。

 **评析意见**

第一种观点认为，既然用人单位已按法律规定给职工缴纳了工伤保险费，社会保险经办部门按国家法律规定报销了医疗费，用人单位已尽到法定义务，不应承担未报销的医疗费。根据《中华人民共和国社会保险法》（以下简称《社会保险法》）和《工伤保险条例》有关规定，工伤治疗费用要符合工伤保险诊疗项目目录、工伤保险药品目录、工伤保险住院服务标准，即通常所说的"三大目录"。符合"三大目录"的费用才属于法律保障的范围，用人单位参保的由基金支付，未参保的由用人单位支付。一般来说，在制定"三大目录"时，已充分考虑到工伤职工的医疗需求，基本都能让工伤职工得到保障。社会保险有一个很重要的理念和原则，即保基本。因此，对于参加工伤保险的单位，职工发生工伤后，医疗费从工伤保险基金中支付，对于超出工伤保险基金支付范围的费用，由职工个人承担。

第二种观点认为，职工发生的是工伤，《工伤保险条例》的立法目的是保障工伤职工获得医疗救治和经济补偿，且只是分散而非免除用人单位的工伤风险，故符合报销范围的工伤医疗费从基金中支付，不符合报销范围的，仍应由用人单位支付。

第三种观点认为，工伤是基于工作原因产生的，超出基金支付范围的工伤医疗费让职工承担极不公平，尤其是在数额特别巨大时。应综合考虑职工与用人单位经济能力，若该部分医疗费的支出实属合理、必要，可以依公平原则，酌定由双方分担。

立法的缺失导致实践中的分歧和争议。工伤医疗费一般由工伤保险基金支付，如用人单位未按规定缴纳工伤保险费，则由用人单位支付；用人单位不支付的，从工伤保险基金中先行支付，再由用人单位偿还。如由于第三人的原因造成工伤，第三人不支付工伤医疗费或者无法确定第三人的，由工伤保险基金先行支付；工伤保险基金先行支付后，有权向第三人追偿。从法律具体规定看，《工伤保险条例》没有明确超出工伤保险基金支付范围的费用由谁承担。

从立法目的看，《工伤保险条例》第一条规定："为了保障因工作遭受事故伤害或者患职业病的职工获得医疗救治和经济补偿，促进工伤预防和职业康复，分散用人单位的工伤风险，制定本条例。"也就是说，制定该条例的首要目的是保障职工获得救治。该条例规定工伤保险只是分散用人单位的风险，而不是免除风险，即法律并没有规定用人单位只要缴纳工伤保险，就不需要承担工伤赔偿责任。

从法理分析，工伤保险实行的是无责任补偿原则、补偿直接经济损失的原则，无论伤者在事故中有没有责任，发生工伤后都应依法得到补偿。如果让职工承担一部分工伤医疗费，那么是否说明工伤适用过错责任？这是否与工伤保险的基本原则相悖？并且，没有任何法律条文规定，工伤赔偿是以是否属于工伤保险报销范围作为是否承担责任的依据的。因此，笔者赞成上述第二种观点。

（北京市密云区劳动人事争议仲裁院　赵小杰）

53. 增补受伤部位不享受工伤复发相应待遇

上诉人：宫某
被上诉人：甲铁路局某车务段

争议焦点

增补受伤部位是否属于工伤复发？劳动者治疗增补受伤部位期间能否享受工伤复发待遇？

基本案情

宫某为甲铁路局某车务段职工，其于1997年12月2日在工作中受伤。北京市东城区劳动和社会保障局于1999年8月10日作出认定工伤决定书，认定宫某1997年12月2日所受事故伤害为工伤。1999年5月25日，经北京市劳动能力鉴定委员会鉴定，宫某达到职工工伤与职业病致残程度十级。2000年8月8日，一审法院判决甲铁路局某车务段支付宫某1997年12月至1999年12月的工伤津贴、住院伙食补助费等。甲铁路局某车务段已履行该判决内容。

2008年12月30日、2013年4月8日、2016年11月30日，北京市海淀区劳动能力鉴定委员会出具三次宫某劳动能力鉴定、确认结论通知书，鉴定结论均为八级伤残。2015年9月6日至2016

年2月29日，宫某住院治疗。2016年3月24日，宫某提出增补"腰椎管狭窄是腰椎滑脱所导致"为受伤部位的申请，北京市海淀区人力资源和社会保障局于2016年5月16日出具增补受伤部位决定书，决定增补宫某的受伤部位名称为：腰椎管狭窄是腰椎滑脱所导致。

宫某主张其于2015年9月6日至9月15日住院治疗腰椎管狭窄等，之后休息到2016年2月29日，因其存在增补受伤部位，依据《工伤保险条例》第三十条、第三十三条等规定，应当重新享受6个月停工留薪期，要求甲铁路局某车务段支付2015年9月6日至2016年2月29日期间工资差额、住院伙食补助费、交通费和护理费。甲铁路局某车务段主张宫某已经享受了停工留薪期待遇，此次是增补受伤部位，不属于新的工伤，也不是旧伤复发，不应当重新享受停工留薪期待遇，其已足额支付宫某2015年9月6日至2016年2月29日工资，不存在差额，宫某要求支付的住院伙食补助费、交通费和护理费应当向工伤保险基金主张。

就该争议宫某向劳动人事争议仲裁委员会申请仲裁，要求甲铁路局某车务段支付其2015年9月6日至2016年2月29日期间工资差额、住院伙食补助费、交通费及护理费等。仲裁裁决驳回了宫某的各项仲裁请求。宫某不服裁决，向法院起诉。

审理结果

一审法院驳回了宫某的全部诉讼请求。宫某不服，提起上诉。二审法院判决：驳回上诉，维持原判。

评析意见

本案的争议焦点是增补受伤部位是否属于工伤复发，劳动者治疗增补受伤部位期间能否享受工伤复发的待遇。

我国《工伤保险条例》对工伤职工有相应的法律保护。《工伤保险条例》第三十八条规定："工伤职工工伤复发，确认需要治疗的，享受本条例第三十条、第三十二条和第三十三条规定的工伤待遇。"《工伤保险条例》第三十条规定："职工因工作遭受事故伤害或者患职业病进行治疗，享受工伤医疗待遇。"第三十二条规定："工伤职工因日常生活或者就业需要，经劳动能力鉴定委员会确认，可以安装假肢、矫形器、假眼、假牙和配置轮椅等辅助器具，所需费用按照国家规定的标准从工伤保险基金支付。"第三十三条规定："职工因工作遭受事故伤害或者患职业病需要暂停工作接受工伤医疗的，在停工留薪期内，原工资福利待遇不变，由所在单位按月支付。……工伤职工评定伤残等级后，停发原待遇，按照本章的有关规定享受伤残待遇……"从上述法律规定可以看出，工伤职工工伤复发的，在治疗期间，享有工伤医疗、辅助器具的配置和停工留薪期等待遇。工伤职工工伤复发能获得相应的医疗救治和经济赔偿，充分地保障了工伤职工的合法权益。

本案中，宫某 1997 年在工作中受伤，后被认定工伤为"腰椎滑脱"，并享受了包括停工留薪期在内的工伤待遇。增补受伤部位决定书载明增补宫某的受伤部位名称为：腰椎管狭窄是腰椎滑脱所导致。腰椎管狭窄属于增补的受伤部位，本案的关键在于增补的受伤部位是否属于《工伤保险条例》第三十八条规定的"工伤职工工伤复发"情形。有人认为，腰椎管狭窄系原工伤腰椎滑脱所导致，增补受伤部位是由于原工伤导致的，属于工伤复发的情形。笔者认为这种说法是错误的。按照文义解释，《工伤保险条例》第三十八条中的"工伤复发"是指原认定的工伤再次复发，因此，增补的受伤部位属于原工伤的延续，既不属于新工伤，也不属于"工伤复发"，工伤职工不能享受《工伤保险条例》第三十八条规定的相应待遇。增补受伤部位属于工伤职工停工留薪期满后需要继续治疗的情形，应该参照《北京市工伤职工停工留薪期管理办法》第十条的规定处理，即"工伤职工停工留薪期满，应当进行劳动能力鉴定，停发停工留薪期待遇。需要继续治疗的，必须有工伤医疗机构的休假证明，其工伤医疗费用予以报销，但不享受停工留薪期待遇。由用人单位发给生活津贴，标准不得低于病假工资"。甲铁路局某车务段向宫某支付的2015年9月6日至2016年2月29日期间工资待遇不低于法定标准，合乎法律规定。

（北京市第二中级人民法院　郝晓飞）

54. 用人单位无须赔付劳动者超出工伤保险基金支付范围的医疗费用

原告：李某
被告：北京某超市通州分店

争议焦点

超出工伤保险基金支付范围的医疗费用，用人单位是否承担赔偿责任？

基本案情

2008年11月26日，李某入职北京某超市通州分店，岗位为理货员。2013年6月21日，李某在工作中受伤，经劳动能力鉴定李某已达到职工工伤与职业病伤残等级八级。李某因工伤治疗期间，共计花费22 826.94元，工伤保险基金核算后有6 153.66元超出支付范围，工伤保险基金未支付。2015年6月30日，李某申请劳动争议仲裁，要求北京某超市通州分店支付医疗费6 153.66元、护理费3 300元。同年11月3日，仲裁委员会裁决北京某超市通州分店支付李某2013年6月21日至7月13日期间护理费3 300元，驳回李某的其他仲裁请求。李某不服该仲裁裁决，向法院提起诉讼。

审理结果

法院认为,劳动者与用人单位的合法权益均受法律保护,北京某超市通州分店已依法缴纳了社会保险费,且李某因接受工伤治疗而发生的工伤医疗费已经工伤保险基金核定报销,对于超出工伤保险基金报销范围的工伤医疗费,北京某超市通州分店也无须承担赔付义务。同时,工伤保险基金拒付的医疗费用数额不大,在李某能够负担的范围内,且李某经劳动能力鉴定为八级伤残,经过治疗恢复后对其劳动能力影响不大,故李某要求用人单位对工伤保险基金拒付部分的医疗费用承担补偿责任,缺乏事实与法律依据。关于护理费,双方对仲裁裁决结果予以认可。综上,法院判决北京某超市通州分店支付李某2013年6月21日至7月13日期间护理费3 300元,驳回李某的其他诉讼请求。

 **评析意见**

关于超出工伤保险基金支付范围的治疗费用是由用人单位承担还是劳动者承担,在司法实践中主要有两种意见。第一种意见认为,劳动者工作期间,用人单位已依照规定为其缴纳了社会保险费,已经尽到了义务,按照法律规定,工伤保险基金已在合理范围内进行了赔付,故用人单位不应当就工伤保险基金拒付的治疗费用承担补偿责任。第二种意见认为,劳动者受工伤,用人单位承担的是无过错责任,且在生产经营中,用人单位是受益的主体,故劳动者因工受伤,在劳动者个人没有故意的情况下不应当承担治疗费用。

除以上两种意见之外,有学者主张在合理医疗诊治范围内的治疗费均应由用人单位承担,对于是不是过度治疗,即使是专业的医务人员也难以进行明确的界定,在劳动争议审判中更是难以判定这是否属于过度治疗导致的工伤保险基金拒付,故本文对此不予讨论。

劳动者和用人单位的合法权益均应受到法律的保护,用人单位已尽了义务,且工伤保险诊疗项目目录、工伤保险药品目录和工伤保险住院服务标准已在合理范围内覆盖了劳动者的医疗费用,故笔者倾向于第一种意见,即用人单位无须赔付劳动者超出工伤保险基金支付范围的医疗费用。

首先,工伤保险诊疗项目目录、工伤保险药品目录、工伤保险住院服务标准应当涵盖了治愈工伤的基本需要,对于超出上述基本需求的治疗费用,很可能属于超规格的用药和诊疗,故用人单位无须补偿该费用。且报销范围会根据实际治疗需求定期变更逐步完善,足以覆盖绝大多数因工伤产生的治疗费用,在保证工伤保险基金正常运行的情况下最大限度地保障工伤职工的权益。

其次,用人单位已依照规定为劳动者缴纳了工伤保险,并配合工伤职工办理了工伤相关的报销手续,已履行了自己的义务,不应要求用人单位承担全部补偿责任。在司法实践中,工伤保险基金拒付的医疗费用仅占医疗费的小部分,并不会给劳动者带来过大的经济压力,且工伤保险基金除报销医疗费外也对工伤职工进行了其他方面的补偿,单纯以用人单位应当承担无过错责任为由要求其承担全部的医疗费有悖于公平原则。

最后,仍需要具体问题具体分析。若用人单位未足额为劳动者缴纳工伤保险费、未连续缴纳、不配合工伤职工办理工伤认定和报销手续等,导致劳动者无法享有相关待遇,用人单位应就此承担补偿责任。

在实践中,一些地方出台了相关规定,对超出工伤保险基金支付范围的医疗费用谁承担进行了明确。《吉林省实施〈工伤保险条例〉办法》第三十三条规定:"职工治疗工伤发生的医疗费用,不属于工伤保险基金支付范围的,由用人单位和工伤职工各承担50%。"浙江省高级人民法院民事审判第一庭、浙江省劳动人事争议仲裁院制定的《关于审理劳动争议案件若干问题的解答(二)》中的意见为:用人单位已依法为劳动者缴纳了工伤保险,劳动者工伤医疗费超出社保基金报销目录范围的费用,原则上不应由用人单位承担,但超出目录范围的费用经用人单位同意或者认可的除外。其他省市法院一般倾向于由用人单位支付工伤保险基金拒付的医疗费。因缺乏明确的法律规定,工伤保险基金拒付医疗费应由谁承担的问题还需要进一步探讨,同时也期待立法的进一步完善。

(北京市通州区人民法院　郭子群)

55. 用人单位未足额缴纳生育保险费，女职工生育津贴和产检费用由谁负担

申请人：张某
被申请人：北京某公司

争议焦点

1. 在用人单位未依法足额缴纳生育保险费的情况下，女职工的生育津贴、产检费用由谁负担？
2. 产前工资如何计算？

基本案情

张某于 2013 年 1 月 25 日入职北京某公司，任导购员，月工资 3 500 元，工资核算周期是每月发放上月工资。自 2015 年 12 月起，北京某公司为张某缴纳了生育保险费。2016 年 1 月 10 日张某开始休假，2016 年 2 月 22 日张某生子。2016 年 5 月，北京某公司停缴张某的社会保险费。自 2016 年 2 月起，北京某公司未支付张某工资。张某就生育津贴、产前检查费用申请劳动争议仲裁，要求北京某公司支付其 2016 年 1 月 10 日至 2016 年 5 月 17 日生育津贴 25 000 元、2015 年 5 月 10 日至 2016 年 2 月 22 日产前检查费用

5 000 元。仲裁委员会向北京某公司邮寄送达了申请书、立案通知书和出庭通知书,但北京某公司无正当理由未到庭。

 审理结果

仲裁裁决北京某公司支付张某 2016 年 2 月 7 日至 2016 年 5 月 17 日生育津贴 11 764.48 元、2015 年 7 月至 2015 年 11 月产前检查费用 850 元。

 **评析意见**

依据相关法律规定,用人单位依法缴纳生育保险费,则职工享受的生育保险待遇由生育保险基金计发;若用人单位未依法缴纳生育保险费,则职工享受的生育保险待遇由用人单位计发。职工的生育保险待遇包括生育医疗费用和生育津贴。生育医疗费用包括生育的医疗费用、计划生育的医疗费用,产前检查费用属于生育的医疗费用范畴,即属于生育保险待遇范畴。结合本案,笔者就用人单位未依法足额缴纳生育保险费情况下生育津贴和产前检查费用的支付问题进行浅析。

一、生育津贴如何支付

《女职工劳动保护特别规定》第八条规定,女职工产假期间的生育津贴,对已经参加生育保险的,按照用人单位上年度职工月平均工资的标准由生育保险基金支付;对未参加生育保险的,按照女职工产假前工资的标准由用人单位支付。《北京市人力资源和社会保障局关于进一步完善企业职工生育保险有关问题的通知》(京人社办发〔2009〕54 号)规定,参保职工分娩前生育保险连续缴费满 9 个月的,其发生的生育、计划生育手术医疗费用和生育津贴由生育保险基金支付;分娩之日前连续缴费不足 9 个月的,其发生的生育、计划生育手术医疗费用由生育保险基金支付,生育津贴由用人单位支付;参保职工分娩前连续缴费不足9个月,分娩之月后连续缴费满12个月的,职工的生育津贴由生育保险基金予以补支。《北京市人力资源和社会保障局关于调整本市职工生育保险政策有关问题的通知》(京人社医发〔2011〕334号)规定,参加本市生育保险的职工,因生育或计划生育享受产假的,产假期间可享受生育津贴。生育津贴按照职工所在用人单位月缴费平均工资除以30天再乘以产假天数计发。

依据以上法律规定,北京市女职工的生育津贴发放分为两种情况。第一,用人单位参加生育保险。该种情况又分为三种情形:第一种情形是用人单位足额足时缴纳生育保险费,则生育津贴按照职工所在用人单位月缴费平均工资除以30天再乘以产假天数由生育基金计发;第二种情形是参保职工分娩之前缴纳生育保险不足9个月,则生育津贴由用人单位支付;第三种情形是参保职工分娩之前缴纳生育保险费不足9个月,分娩之后缴费满12个月,则生育津贴由生育保险基金补支。第二,用人单位未参加生育保险。在这种情况下,女职工生育津贴按照女职工产假前工资标准由用人单位支付。本案中,北京某公司自2015年12月起为张某缴纳生育保险费,张某于2016年2月22日生子,北京某公司于2016年5月停缴张某社会保险费,这属于参保职工分娩前缴纳生育保险费不足9个月且分娩之后未连续缴足12个月的情形,张某享受的生育津贴应当由用人单位支付,按女职工产假前工资除以30天再乘以产假天数计发。

依据《女职工劳动保护特别规定》及北京市相关规定,北京市女职工享受生育津贴的时间是128天,其中产假98天,生育奖励假30天,如果产前休假的,产假自产前15天开始计算。本案中,张某2016年1月休假,2月22日分娩,则其享受生育津贴的时间是2016年2月7日至2016年5月17日。

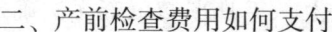

二、产前检查费用如何支付

依据北京市关于企业职工生育保险医疗费支付项目及标准的有关规定,产前检查费按以下限额标准支付:妊娠1至12周末的产前检查费:520元;妊娠1至27周末的产前检查费:850元;妊娠13至27周末的产前检查费:330元;妊娠第13周至分娩前的产前检查费:880元;妊娠第28周至分娩前的产前检查费:550元;妊娠至分娩前的产前检查费:1 400元。

本案中,北京某公司为张某缴纳生育保险费的时间是2015年12月至2016年5月,张某主张2015年12月至2016年2月的产前检查费用,不属劳动争议仲裁受理范围,不予处理。张某提交了2015年7月至2016年2月北京市医疗门诊收费票据,其主张2015年7月至2015年11月产前检查费用,仲裁委员会依据规定予以支持。

三、产前工资如何计算

未缴纳生育保险费或者是参保职工分娩前缴费未满9个月的,生育津贴由用人单位支付,用人单位按照女职工的产前工资支付生育津贴。那么,产前工资该如何计算呢?这里有三种观点。第一种观点认为既然是产前工资,顾名思义就是休产假之前的工资。以本案为例,张某2016年2月22日生子,产假自2016年2月7日开始计算,则产前工资为2016年2月7日之前的1个月工资。第二种观点认为产前工资应该是本人产前12个月的平均工资。以本案为例,张某于2016年2月22日生子,则产前工资应当是2016年2月22日之前12个月的平均工资。持这种观点的人认为,产前12个月的平均工资更具合理性,能够更好地保障职工本人的生活。第三种观点认为,参照《北京市企业职工生育保险规定》第七条之规定,职工缴费基数按照本人上一年月平均工资计算;低于上一年本市职工月平均工资60%的,按照上一年本市职工月平均工资的60%计算;高于上一年本市职工月平均工资3倍以上的,按照上一年本市职工月平均工资的 3 倍计算；本人上一年月平均工资无法确定的，按照上一年本市职工月平均工资计算。持这种观点的人认为，生育津贴是以生育保险费的缴纳为基础的，理应优先适用生育保险的相关规定，虽然该条规定针对的是确定女职工缴费基数，但是针对未缴纳生育保险费的情形，用人单位在支付女职工生育津贴时可以依据该条规定计算生育津贴数额。

  结合本案，笔者更倾向于第二种观点，理由有三。首先，本案属于缺席裁决，用人单位未出庭，张某提供了银行卡交易明细单，仲裁委员会很容易依据该证据得到张某产前 12 个月的平均工资。其次，生育津贴是对女职工基本生活的保障，具有补贴性质。在实践中，女职工经常在产前休病假，倘若产前工资以产前一个月工资计算，则工资数额较低，无法体现生育津贴的补贴性宗旨。而产前工资以产前 12 个月平均工资计算，更能体现生育津贴的补贴性宗旨，也更符合情理。最后，产前工资针对的是劳动者个人，无须考虑用人单位的缴费基数问题，根据个人产前工资计算个人生育津贴，更符合法律关于用人单位未缴纳生育保险时由用人单位支付劳动者生育津贴规定的立法本意。

（北京市密云区劳动人事争议仲裁院　高　慧）

56. 达到退休年龄时将基本养老保险关系转回户籍地，是否能在北京办理退休手续

原告：白某
被告一：北京市朝阳区社会保险基金管理中心
被告二：北京市朝阳区人力资源和社会保障局

争议焦点

北京市朝阳区社会保障基金管理中心作出的将白某的基本养老关系转回户籍地的具体行政行为是否合法？

基本案情

白某，吉林省蛟河市人，1950年12月4日出生，1973年1月1日参加工作。1974—1981年在蛟河县天北八一石矿劳动，该单位为乡镇企业。1986年白某来京，1989年在京办厂，2001年1月在北京建立基本养老保险账户。2010年12月4日，白某达到法定退休年龄。白某原为黑龙江蛟河市农村户籍，1994年转为城镇户口。

2011年1月21日，白某单位会计前往北京市朝阳区社会保障基金管理中心（以下简称朝阳区社保中心）为白某办理退休手续。工作人员告知，因白某在京缴费年限只有10年，不满15年，不符

合在北京办理退休手续的条件;又是非京籍,无法补缴至15年,建议将社保关系转回蛟河市,在蛟河市办理退休手续,领取养老金。2011年3月18日,蛟河市社保中心向朝阳区社保中心发送《基本养老保险关系转移接续联系函》。2011年5月,朝阳区社保中心办理了白某基本养老保险基金划转手续。

2011年11月,白某通过信访的方式要求将基本养老保险关系转回北京,在北京办理退休手续,得到的回复是无法办理。2011年12月8日,白某向北京市朝阳区人力资源和社会保障局(以下简称朝阳区人社局)提起行政复议,请求:撤销朝阳区社保中心作出的转移养老保险关系的具体行政行为;将其养老保险关系转入北京,依法享受退休待遇。2012年3月9日,朝阳区人社局作出维持原行政行为的决定。2012年3月18日,白某向北京市朝阳区人民法院(以下简称朝阳区法院)提起行政诉讼。庭前谈话中,法官向白某释明,因其在京参保时间不足15年,故无法办理退休手续,应先回蛟河市办理视同缴费认证,再申请将养老保险关系转回北京,这样加起来,缴费年限就满15年,满足在京办理退休手续的条件。法官建议白某先撤诉,办理完视同缴费认证后再起诉。2012年6月27日,法院裁定准许白某撤诉。

2014年8月,朝阳区人社局向蛟河市人力资源和社会保障局(以下简称蛟河市人社局)发函,要求核查认定白某人事档案及视同缴费年限。2014年12月28日,蛟河市人社局函复朝阳区人社局,认定白某养老保险有效视同缴费年限共7年5个月。2015年8月,朝阳区人社局再次向蛟河市人社局发函,要求核实情况,蛟河市人社局未再回复。

2016年5月9日,白某再次向朝阳区社保中心提出申请,要求将基本养老保险关系转回北京,按月领取养老金。6月30日,朝阳区社保中心作出《关于白某申请办理养老保险外省转入的答复》,称白某的情况不符合转入条件,无法办理。2016年7月4日,白某再次向朝阳区法院起诉,请求:撤销朝阳区社保中心《关于白某申请办理养老保险外省转入的答复》;依法责成朝阳区社保中心将其被转出的基本养老保险关系转回原参保地。法院认为:现有证据无法证明转出行为属违法行为,白某主张缺乏事实依据;白某在提出申请时已达退休年龄,客观上无法满足上述条件。故驳回白某所有诉讼请求。2017年2月6日,白某上诉至北京市第三中级人民法院,其上诉请求被驳回。2017年3月29日,白某向北京市高级人民法院申请再审,未得到支持。随后,白某向北京市人民检察院第三分院申请监督,同样未得到支持。

 审理结果

2018年1月5日,白某第三次向朝阳区法院起诉,同时将朝阳区社保中心和朝阳区人社局列为被告。他提出三项诉讼请求:确认朝阳区社保中心作出的将其基本养老保险关系转回户籍地的具体行政行为违法;判令将其的养老保险关系转移回原参保地,在北京办理退休手续;撤销朝阳区人社局于2012年3月9日作出的《行政复议决定书》。一审法院经审查认为:针对第一项请求,白某于2012年起诉后撤诉,现未提出再行诉讼的正当理由;第二项请求已经本院和北京市第三中级人民法院审理后予以驳回;第三项请求有赖于"复议双被告"制度的建立,被诉行政行为作出时该制度尚未施行。综上,白某的起诉构成重复起诉,不符合法定起诉条件,应予驳回。2018年6月,白某上诉,二审法院维持了一审法院的裁定,并认为第一项诉讼请求超过了行政诉讼最长5年的诉讼时效,因此应予驳回。

 **评析意见**

白某办理退休手续时，朝阳区社保中心称无法为他办理退休手续及建议他将基本养老保险关系转回户籍地，依据的是《北京市基金养老保险规定》（北京市人民政府令第183号，以下简称183号令）第二十二条："被保险人符合下列条件的，自劳动保障行政部门核准后的次月起，按月领取基本养老金：（一）达到国家规定的退休条件并办理相关手续的；（二）按规定缴纳基本养老保险费累计缴费年限满15年的"；以及第二十五条："2006年1月1日以后达到退休年龄但个人累计缴费年限不满15年的被保险人，不发给基础养老金；个人账户储存额一次性支付给本人，同时发给一次性养老补偿金，终止基本养老保险关系"。也就是说，如果当时白某不将基本养老关系转回户籍地的话，在北京很可能面临的是发给一次性养老补偿金的结果。因此，对白某来说，2011年初将基本养老保险关系转回蛟河市，并在蛟河市办理退休手续、领取养老金，无疑是一种最优的选择。

2011年5月，朝阳区社保中心办理了基本养老保险基金划转手续，但白某并未在蛟河市办理退休手续。2011年7月1日，《实施〈中华人民共和国社会保险法〉若干规定》实施。其中第二条规定，参加职工基本养老保险的个人达到法定退休年龄时，累计缴费不足15年的，可以延长缴费至满15年。社会保险法实施前参保、延长缴费5年后仍不足15年的，可以一次性缴费至满15年。这意味着，白某可以在北京补缴基本养老保险费至15年，在北京办理退休手续，享受更高的养老金待遇和更好的医疗保障。2011年11月，白某开始通过信访要求将基本养老保险关系转移回北京，于是有了后面长达8年的复议和诉讼。

本案中，特别值得讨论的有以下两个问题。

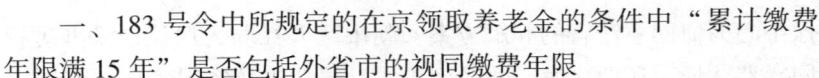

一、183号令中所规定的在京领取养老金的条件中"累计缴费年限满15年"是否包括外省市的视同缴费年限

这一点在183号令中并没有明确规定。《人力资源社会保障部关于城镇企业职工基本养老保险关系转移接续若干问题的通知》(人社部规〔2016〕5号）中，才对视同缴费年限的计算问题作了明确规定：一地（以省、自治区、直辖市为单位）的累计缴费年限包括在本地的实际缴费年限和计算在本地的视同缴费年限。

这说明之前这一问题在行政法规层面一直是模糊的，在地方性法规中也没有明确规定，那么在操作层面，朝阳区社保中心又是如何执行的呢？如果累计缴费年限包含在外省市的视同缴费年限，那么朝阳区社保中心办理退休手续的经办人员是否有提示义务（如主动询问是否有在外埠的视同缴费年限）；如果累计缴费年限不包含在外省市的视同缴费年限，那么2014年8月朝阳区人社局又为何给蛟河市人社局发函，要求进行视同缴费年限核查与认证呢？

二、行政机关（或司法机关）给行政相对人信赖利益造成的损失，是否应该给予赔偿或补偿

白某在北京办理基本养老保险相关手续时，一直存在两个问题：第一，外埠的视同缴费认证是否能累计到在北京的累计缴费年限；第二，已过退休年龄的白某还能否把基本养老保险关系转移回北京。

从几次应诉中朝阳区人社局和社保中心的答辩状来看，对第二个问题基本持否定态度。既然不可能将基本养老保险关系转移回北京，那视同缴费认证也就没有讨论的意义了。但是，从白某第一次起诉、撤诉到第二次起诉期间，无论是行政机关还是司法机关，传递给他的信息就是：办理了视同缴费认证，就可以在北京办理退休手续。

白某的基本养老保险基金2011年5月就划转了，如果不存在将基本养老关系转移回北京的可能性，白某第一次起诉时朝阳区社

保中心为何同意法官的和解方案？朝阳区人社局为何让白某办理视同缴费认证，还两次发函给蛟河市人社局要求核实呢？从2012年6月至2014年12月，两年半的时间里白某一直奔走于北京和蛟河之间，办理视同缴费的认证。到2016年6月30日，朝阳区社保中心的答复依然是"办不了"。白某无奈之下，只好又去起诉。第二次起诉从一审一直走到了审判监督程序，穷尽了所有的法律救济手段。

白某基于对法官建议、朝阳区人社局相关行为的信赖，8年来一直没有在蛟河市办理退休手续，养老金的损失达十余万元，在这期间生病又花了数万元，所有的费用都是由自己承担的。更不用说，8年的时间他奔走于北京与蛟河、人社局与社保中心、北京的各个法院和信访单位，对他的生活和精神造成了巨大的影响。

笔者接手这个案件时，案件已经进入了第三次起诉的二审阶段，法官直接从程序上以"重复起诉"为由驳回了，律师在其中无法起到太大的作用。但是，综合全案的情况，笔者提出了以下几点意见。

第一，朝阳区社保中心将白某的基本养老保险关系转移回户籍地的行为没有重大且明显的违法，不构成可撤销的行政行为。因为在转出行为上，朝阳区社保中心作出的是一个依申请的具体行政行为，是在接到蛟河市社保中心经白某本人或单位确认的《基本养老保险关系转移接续联系函》后，才予以转出的。即使工作人员未尽提示义务，也只是程序瑕疵，不构成可撤销的行政行为。

第二，朝阳区人社局和社保中心应对白某在蛟河市的视同缴费年限予以认可，协助白某在北京办理退休手续，或对白某此8年间的信赖利益损失进行赔偿。

行政法信赖保护原则是指有权机关应保护行政相对人因信任行政主体的合法性、正当性、权威性，而无过错参与其实施的授益性、合意性、指导性等行政行为所期望得到的合法或合理利益。因朝阳区人社局向蛟河市人社局要求进行视同缴费年限认证,使白某放弃了在蛟河市办理退休手续,因此给白某造成的养老金及其间医疗费用的损失,朝阳区人社局应给予合理赔偿或补偿。

同时,此案例也提示行政相对人和司法活动参与者,要注意留存每个环节的证据。白某在第一次起诉时,如果要求法庭做笔录,或者在和朝阳区社保中心达成了书面的和解协议之后再撤诉,可能就不会出现之后的问题,至少在再次起诉或主张赔偿金方面能够提出更加有利的证据。

(北京市京都律师事务所 贾宝军 杨木青)

57. 破解非因工完全丧失劳动能力职工待遇困境

上诉人（被上诉人）：某银行
上诉人（被上诉人）：马磊（化名）

争议焦点

1. 某银行终止劳动合同是否合法？
2. 如何保障因病完全丧失劳动能力职工的待遇？

基本案情

马磊于1993年7月到某银行工作，实习期1年，聘期为2年。马磊于1994年11月1日转正定级，被定为助理经济师。1994年7月12日，马磊被诊断为精神分裂症。1995年12月12日至1996年1月23日，马磊住院治疗，其后一直处于病假期间。1998年4月20日，马磊父亲代马磊与某银行签订劳动合同一份，约定：合同期限自1998年4月1日起至1999年3月31日止，工资按银行工资分配办法发放，合同期限届满即终止。某银行为马磊缴纳社会保险费至1999年4月，停止缴纳原因为"终止合同"。1999年5月，马磊收到银行出具的终止劳动合同通知书。通知书载明：双方签订的固定期限劳动合同于1999年3月31日期满，经研究不再续订，工资付至1999年4月底，于1999年5月5日前发放。2013年12月27

日,马磊申请劳动争议仲裁,要求某银行恢复其原国有企业正式职工(无期限固定职工劳动关系)身份,办理退休手续。此案先后经过了仲裁、一审、二审程序。

审理结果

法院经审理认为,马磊原为某银行的固定工,于1994年7月12日被诊断为精神分裂症,屡次住院治疗,在1998年4月20日某银行实行劳动合同制时,由其父亲代其与某银行签订劳动合同,说明某银行知晓马磊患病情况。某银行在无依据证实马磊病情是否得到控制,其未进行劳动能力鉴定的情况下,以劳动合同期满为由终止劳动合同,违反《劳动部关于实行劳动合同制度若干问题的通知》第10条、《企业职工患病或非因工负伤医疗期规定》第七条以及劳动部《关于贯彻执行〈中华人民共和国劳动法〉若干问题的意见》第34条的规定,该行为应属无效。因马磊尚未达到退休年龄,无法办理退休手续,但马磊身患精神病,如经劳动能力鉴定,具备因病退职条件的,可办理退职手续。

法院最终判决某银行1999年4月1向马磊发出的终止劳动合同通知书无效,双方自1999年4月1日至今存在劳动关系;某银行协助马磊办理因病退职手续。

评析意见

一、劳动能力鉴定是否为医疗期满解除或终止劳动合同的前置程序

1. 医疗期满劳动能力鉴定的目的

劳动能力鉴定系对劳动者的劳动功能障碍程度和生活自理障碍程度的技术性等级鉴定。《企业职工患病或非因工负伤医疗期规定》

(劳部发〔1994〕479号)(以下简称479号文件)第七条规定,企业职工非因工致残和经医生或医疗机构认定患有难以治疗的疾病,医疗期满,应当由劳动鉴定委员会参照工伤与职业病致残程度鉴定标准进行劳动能力的鉴定。被鉴定为一至四级的,应当退出劳动岗位,解除劳动关系,并办理退休、退职手续,享受退休、退职待遇。可见,医疗期满进行劳动能力鉴定,是确定劳动者非因工致残和所患疾病对其劳动能力的影响,以判断劳动者是否达到完全丧失劳动能力的程度,是否可以享受退休、退职待遇。

《违反和解除劳动合同的经济补偿办法》(劳部发〔1994〕481号)(已废止)第六条规定:"劳动者患病或者非因工负伤,经劳动鉴定委员会确认不能从事原工作、也不能从事用人单位另行安排的工作而解除劳动合同的,用人单位应按其在本单位的工作年限,每满一年发给相当于一个月工资的经济补偿金。"有观点认为依据上述规定,劳动能力鉴定的目的是确定劳动者能否从事原工作或者另行安排的工作。而事实上,《工伤保险条例》第二十二条规定了劳动能力鉴定是对劳动功能障碍程度和生活自理障碍程度的等级鉴定。所以,劳动能力鉴定结论中不会对能否从事原工作或者另行安排的工作做出直接认定。笔者认为,劳动者在医疗期满后仍提交病休证明需要继续养病,足以证明不能从事原工作或者另行安排的工作,不需要通过劳动能力鉴定来确定。

2. 劳动能力鉴定并非医疗期满解除劳动合同的前置程序

当前普遍的观点认为,不论何种程度的残疾或患何种疾病,用人单位解除与医疗期满劳动者的劳动合同,都必须进行劳动能力鉴定,此观点有待商榷。首先,《劳动法》第二十六条以及《劳动合同法》第四十条并未将劳动能力鉴定作为医疗期满解除劳动合同的前置程序。其次,根据479号文件第七条规定,医疗期满后是否必须做劳动能力鉴定是有条件的,一是非因工致残,二是经医生或医疗机构认定患有难以治疗的疾病。如果达到上述两个条件之一,在劳动者医疗期满时，应当对其劳动能力进行鉴定。若未达到，则不需要做劳动能力鉴定。对于是否达到应进行劳动能力鉴定的条件，应当由劳动者提供残疾证或者医疗机构的诊断证明，能够证明其患有难以治疗、可能导致完全丧失劳动能力的疾病或残疾，若劳动者不能提供上述证明，则不应以没有进行劳动能力鉴定，而认定用人单位依据《劳动合同法》第四十条第一项规定解除劳动合同违法。

有观点认为，是否致残或者患有难以治疗的疾病，非医疗专业人士无法判断，所以必须进行劳动能力鉴定。但事实并非完全如此，我国关于劳动能力等级是有明确的国家标准的，即《劳动能力鉴定 职工工伤与职业病致残等级》（GB/T 16180—2014），此标准对一至四级伤残的鉴定标准有明确的规定，我们可以据此判断出明显不会导致完全丧失劳动能力的疾病或轻微残疾，如皮肤病、颈椎病等。那么若劳动者继续休病假，则符合《劳动合同法》第四十条的规定，用人单位可以解除劳动合同，而没有必要做劳动能力鉴定。

需要注意的一点，《劳动部办公厅关于对劳部发〔1996〕354号文件有关问题解释的通知》（劳办发〔1997〕18号）规定，劳动合同期满的劳动者终止劳动合同时，医疗期满或者医疗终结被劳动鉴定委员会鉴定为五至十级的，用人单位应当支付不低于6个月工资的医疗补助费；鉴定为一至四级的，应当办理退休、退职手续，享受退休、退职待遇。由此可见，若因医疗期导致劳动合同续延至医疗期满时终止，在终止前必须进行劳动能力鉴定，此时的目的除判断劳动者是否可以享受退休、退职待遇外，还关系到其能否享受医疗补助费。简单来讲，对于非完全丧失劳动能力的劳动者，医疗期满解除和终止劳动合同是有区别的。对于解除，无论劳动能力鉴定结果是否入级，都需要支付医疗补助费；如果终止，必须要达到十级伤残才享受医疗补助费。本案中劳动者患有精神疾病，且用人单位是以劳动合同期满为由与劳动者终止合同的，因此必须先行申请劳动能力鉴定，才能终止劳动合同，法院认为劳动合同终止决定无效是正确的。

3. 不符合因病退休或退职条件的劳动者是否还需进行劳动能力鉴定

如前所述，医疗期满进行劳动能力鉴定的目的是判断劳动者能否享受退休、退职待遇。如果劳动者医疗期满时，年龄、连续工龄或缴费年限不符合办理退休（病退）或退职条件，那么进行劳动能力鉴定将失去意义，此时用人单位能否依据《劳动合同法》第四十条第一款的规定解除劳动合同？笔者认为，此种情况不能成为不进行劳动能力鉴定的理由，原因在于《社会保险法》第十七条规定，参加基本养老保险的个人在未达到法定退休年龄时因病或者非因工致残完全丧失劳动能力的，可以领取病残津贴。虽然现在有些地方尚未制定实施细则导致病残津贴无法支取，但确定是否完全丧失劳动能力仍具有现实意义以及紧迫性。鉴定后可以确定劳动者是否具有享受病残津贴的资格，不排除今后制定实施细则并补发病残津贴的可能性。

二、完全丧失劳动能力劳动者的待遇困境

1. 完全丧失劳动能力劳动者办理病退及退职条件

（1）病退条件。《国务院关于工人退休、退职的暂行办法》第一条规定，完全丧失劳动能力的工人退休需要男年满50周岁、女年满45周岁，连续工龄满10年。

上海市规定，病退需连续病假1年以上，男年满50周岁、女年满45周岁，1992年年底以前参加工作，工作年限满10年；1993年以后参加工作，工作年限满15年。

北京市规定，病退需男年满50周岁、女年满45周岁，累计缴费年限满15年。

（2）退职条件。《国务院关于工人退休、退职的暂行办法》第五条规定，不具备退休条件的，由医院证明，并经劳动鉴定委员会确认，完全丧失劳动能力的工人应该退职。按照此条规定，因病或非因工负伤完全丧失劳动能力的劳动者只要不具备退休条件的，都可以办理退职手续，但是事实上并非如此。

北京市要求缴费年限满 15 年，不能办理退休手续的，才能办理退职。

上海市的规定则更加严格，劳动者在 1994 年 6 月 1 日前参加工作的，连续工作满 5 年，可以办理退职，未达到此条件均不能办理退职。

2. 未达到病退或退职条件的完全丧失劳动能力劳动者的困境

在北京或者上海，以及其他未制定病残津贴实施细则的省市，未达到病退或退职条件的完全丧失劳动能力劳动者不能享受退休和退职待遇。医疗期满，用人单位与其解除劳动合同，支付经济补偿金及医疗补助金后，这部分劳动者将彻底失去生活来源，陷入困境。

有观点认为，未达到病退或退职条件的完全丧失劳动能力的劳动者由于不能办理退休或退职，那么用人单位就不能与其解除或终止劳动合同，而应当参照《国务院关于工人退休、退职的暂行办法》第五条的规定，支付本人标准工资 40% 的生活费，直至可以办理退职或退休手续之日时止。笔者认为此观点无任何法律或文件依据，所有涉及医疗期满劳动关系处理的规定均将解除或终止劳动合同置于办理退休、退职手续之前，可见办理退休、退职手续不是解除或终止劳动合同的前提条件。持此观点的人，我们理解其是想解决未达到病退或退职条件的完全丧失劳动能力劳动者的待遇困境，使其不致失去生活来源。但是，让用人单位承担责任没有任何依据。

3. 及早落实病残津贴是解决完全丧失劳动能力劳动者待遇困境的关键

《社会保险法》规定领取基本养老金的条件为"达到法定退休

年龄时累计缴费满 15 年",而没有关于提前退休或者退职的规定。对于未达到法定退休年龄时因病或者非因工致残完全丧失劳动能力的劳动者,《社会保险法》规定由基本养老保险基金支付劳动者病残津贴直至其达到法定退休年龄办理正式退休时止。因此,如果能够及早落实病残津贴,劳动者无论是否符合病退、退职条件,只要在法定退休年龄前因病或非因工致残完全丧失劳动能力,就能领取病残津贴,这样就能够解决完全丧失劳动能力劳动者的待遇问题。

三、劳动者请求用人单位办理退休、退职手续是否为劳动争议受理范围

本案中,法院判决用人单位协助劳动者办理因病退职手续。但笔者查阅的一些案件中,劳动者提出要求用人单位办理退职手续及支付退职生活费,法院以上述请求不属于劳动争议受案范围为由不予处理。那么,劳动者能否请求用人单位办理退休、退职手续,支付退休或退职待遇?依据《最高人民法院关于审理劳动争议案件适用法律若干问题的解释(二)》第七条之规定,劳动者请求社会保险经办机构发放社会保险金的纠纷不属于劳动争议,但《最高人民法院关于审理劳动争议案件适用法律若干问题的解释(三)》第一条规定,劳动者以用人单位未为其办理社会保险手续,且社会保险经办机构不能补办导致其无法享受社会保险待遇为由,要求用人单位赔偿损失而发生争议的,人民法院应予受理。因此,如果劳动者要求用人单位办理退休、退职手续,那么不属于受案范围;如果用人单位应当办理退休、退职手续而没有办理给劳动者造成社会保险待遇损失的,劳动者要求用人单位赔偿损失,法院应当予以受理。

(北京德恒律师事务所　寇学军　王　冠)

58. 公司未经依法清算注销，股东是否承担职工工伤保险赔偿责任

上诉人：刘某
被上诉人：寇某

争议焦点

1. 用人单位未依法为劳动者缴纳工伤保险费，劳动者发生工伤后，用人单位未经依法清算进行注销，劳动者的权利如何继续得到保护？

2. 用人单位的股东是否应当承担工伤保险赔偿责任？

基本案情

某商贸公司为自然人独资公司，股东为刘某。2014年1月1日，刘某与安某签订股权转让协议，转让某商贸公司49%的股权给安某；同日，刘某与王某签订股权转让协议，转让某商贸公司49%的股权给王某。上述股权转让一直未办理工商变更登记。2015年11月11日，某商贸公司向工商行政管理部门申请办理注销登记，提交了股东决定、郑重承诺等材料。其中股东决定显示：股东刘某签字决定成立清算组注销公司，公司注销后的未尽事宜由全体股东承担，全体股东一致确认清算报告内容；郑重承诺显示：清算组负责人刘某签字承诺提交的注销登记材料真实。当天工商行政管

理部门核准某商贸公司注销。

寇某曾向北京市丰台区人民法院起诉，要求某商贸公司支付停工留薪期工资、一次性伤残补助金、自2014年4月起的伤残津贴和生活护理费。2015年6月3日，北京市丰台区人民法院作出（2015）丰民初字第01094号民事判决书。法院查明：2011年11月20日，寇某入职某商贸公司，月工资标准为6 000元。2012年5月1日，寇某因工受伤，后经北京市丰台区人力资源和社会保障局认定为工伤。2014年3月27日，北京市丰台区劳动能力鉴定委员会作出劳动能力鉴定、确认结论通知书，认定寇某目前已达到职工工伤与职业病致残等级标准四级，护理依赖程度为部分护理依赖。某商贸公司自2014年7月起为寇某缴纳工伤保险费，缴费期限为2014年4月至11月。法院判决：某商贸公司向寇某支付2012年5月1日至2013年4月30日停工留薪期工资72 000元、一次性伤残补助金126 000元、2014年4月至7月伤残津贴18 000元和生活护理费6 951.60元，并驳回寇某的其他诉讼请求。各方均未就该判决提起上诉，该判决已生效。之后，寇某向北京市丰台区人民法院申请强制执行，因某商贸公司在执行过程中注销，执行程序终结。某商贸公司除为寇某缴纳了2014年4月至11月工伤保险外，未再为其缴纳在职期间其余月份的工伤保险。

2016年7月14日，寇某（甲方）与刘某（乙方）签订协议书，其中第四条约定，"鉴于某商贸公司现已注销，无力继续履行赔偿责任，现甲乙双方就甲方2012年5月1日工伤事故赔偿一事达成以下协议：（1）乙方一次性支付甲方2012年5月1日工伤事故赔偿款人民币壹拾捌万元整（人民币180 000元整）。乙方支付该款项后，有权向某商贸公司受让股东安某追偿该款项。（2）该赔偿款包括（2015）丰民初字第01094号判决，以及甲方因此次工伤的后续治疗费、生活护理费、伤残津贴等一切费用。从此双方互不负权利义务，甲方不能再以此工伤事故为由追究乙方的赔偿责任。

(3)甲方若对此协议反悔,并再以 2012 年 5 月 1 日工伤事故为由起诉乙方请求赔偿的,则应先退还此次乙方已支付的人民币 180 000 元整和中国人民银行同期贷款利息。"之后,刘某向寇某支付了上述 180 000 元。后寇某提起诉讼,要求刘某向其支付 2014 年 8 月至 2017 年 2 月的伤残津贴 135 000 元、2014 年 8 月至 2017 年 2 月的生活护理费 78 450 元。

在本案庭审中,刘某主张上述协议书是双方真实意思表示,其已按约履行,寇某不能再就工伤主张赔偿。寇某则主张上述协议书是在其生活危难之际被迫签订的,并非其真实意思表示,故上述协议书应属无效;同时主张其以为领取上述协议书的一次性赔偿后,仍可从工伤保险基金按月领取伤残津贴和生活护理费,但鉴于目前其社会保险缴费情况,其无法从工伤保险基金按月领取伤残津贴和生活护理费,对协议内容存在重大误解,且上述协议书的一次性赔偿金额相对于其至死亡时按月享受的伤残津贴和生活护理费金额来说,显失公平,故上述协议书应予撤销。

审理结果

一审法院判决刘某向寇某支付 2014 年 8 月 1 日至 2016 年 11 月 28 日期间伤残津贴 125 637.93 元和生活护理费 55 198.38 元,驳回寇某的其他诉讼请求。宣判后,刘某提起上诉。二审法院判决:驳回上诉,维持原判。

评析意见

公司未经依法清算注销后,工伤职工的权利如何继续得到保护?公司股东是否应当承担相应的责任?这就涉及劳动法与公司法的交叉适用问题。本案的争议焦点在于某商贸公司注销后,该公司原股东刘某是否应向寇某支付相关工伤待遇，双方签订的协议书的效力如何认定。

一、公司注销与工伤职工工伤待遇赔偿之间的矛盾解决

1. 公司未经依法清算，股东承担民事责任的法律基础

根据公司法的规定，公司解散后必须进行清算，清算结束后，清算组应当制作清算报告，报股东会、股东大会或者人民法院确认，并报送公司登记机关，申请注销公司登记，公告公司终止。《中华人民共和国公司登记管理条例》明确规定，公司解散后必须进行清算，公司清算组应当自公司清算结束之日起30日内向原公司登记机关申请注销登记。经公司登记机关注销登记，公司终止。由上述法律规定可知，清算是公司终止的前置程序，未经清算公司不得办理注销登记。但在实践中，公司股东或第三人向登记机关承诺负责清理债权债务，而公司未经清算即办理注销登记的情形大量存在。基于该种情形，《最高人民法院关于适用〈中华人民共和国公司法〉若干问题的规定（二）》第二十条第二款明确规定，"公司未经依法清算即办理注销登记，股东或者第三人在公司登记机关办理注销登记时承诺对公司债务承担责任，债权人主张其对公司债务承担相应民事责任的，人民法院应依法予以支持"。

另外，《公司法》第一百八十五条规定，清算组应当自成立之日起10日内通知债权人，并于60日内在报纸上公告。可见，通知、公告债权人是公司清算的法定必经程序。本案中，北京市丰台区人民法院作出判决，确认某商贸公司应向寇某支付停工留薪期工资、一次性伤残补助金、伤残津贴及生活护理费。该判决生效并进入执行程序后，某商贸公司申请了注销登记，该公司明知该债权的存在，但在进行注销登记前并未通知债权人寇某，也没有履行公告其他债权人的法定程序，上述行为明显没有依法履行公司清算的法定义务，构成未经依法清算即办理注销登记的情形，且根据工商资料显示，刘某签字决定成立清算组并承诺公司注销后的未尽事宜由

全体股东承担。据此,根据最高人民法院的上述规定,某商贸公司未经依法清算即办理了注销登记,该公司股东也进行了承诺,应当由原股东刘某对公司的债务承担相应的民事责任。

2. 工伤职工作为债权人主张权利的法律依据

为劳动者缴纳社会保险费是用人单位的法定义务,但规避该项义务的用人单位在实践中也屡见不鲜,导致劳动者的相关社会保障权益无法得到实现。为惩戒用人单位的上述违法行为,《社会保险法》《工伤保险条例》等法律均作出明确规定,除需要接受罚款等行政处罚外,工伤职工所在用人单位未依法缴纳工伤保险费,发生工伤事故的,由用人单位支付工伤保险待遇。本案中,某商贸公司未为寇某缴纳工伤保险费,寇某发生工伤后,依照上述规定,某商贸公司应向寇某支付相应的工伤保险待遇。上述规定也就成为某商贸公司未依法清算,股东应承担相应责任的债权依据。

本案的特殊性在于寇某因所受工伤达到四级伤残,护理依赖程度为部分护理依赖。根据《工伤保险条例》的规定,职工因工致残被鉴定为一级至四级伤残的,保留劳动关系,退出工作岗位,享受一次性伤残补助金、伤残津贴等工伤待遇,经鉴定需要生活护理的,从工伤保险基金按月支付生活护理费。按照该规定,寇某达到四级伤残,某商贸公司未为寇某缴纳工伤保险费,应当由某商贸公司向寇某按月支付伤残津贴及生活护理费;但某商贸公司登记注销后,该公司主体资格灭失,与工伤职工的劳动关系无法维系,寇某的后续生活如何保障就成为一道难题。对于该种情况,《北京市实施〈工伤保险条例〉若干规定》第二十三条规定,参加工伤保险的用人单位破产、解散的,其一级至四级伤残职工、享受供养亲属抚恤金待遇的人员、退休的工伤人员享受的由工伤保险基金支付的工伤待遇,由街道办事处或者乡、镇人民政府设立的社会保障事务机构发放。根据上述规定,只要用人单位依法为劳动者缴纳了工伤保险,即使用人单位解散、破产,仍然可以通过社会保障继续保障一级至四级伤残职工的合法权益。但本案中，某商贸公司未履行缴纳工伤保险的法定义务，该公司注销后，寇某的工伤保险待遇支付无法实现社会化，而某商贸公司在办理注销登记前又没有依法进行清算，根据公司法及劳动法律法规的规定，应当由原股东刘某承担向寇某支付工伤保险待遇的义务。

二、未经工商变更登记的股权转让效力问题

我国公司法对工商登记是否为股权转让合同和股权转让发生效力的要件并未作出规定，通说认为办理工商变更登记是股权转让的法定程序，而非股权转让合同的生效要件。实际上，工商登记仅是公司股权发生变化后的对外公示程序，属于形式要件。而商法一项重要的基本原则即为维护交易安全，公示主义和外观主义就是维护交易安全的基本表现形式。公示主义主要体现为公司登记、信息公开等。也正是基于此，对第三人或者公司的相对人而言，考虑到形式要件的对外功能，根据上述公示主义和外观主义的原则，股东变更未经工商登记的，不得对抗第三人。

本案中，刘某抗辩其已将股权转让给案外人，其与某商贸公司已经没有任何关联，并提交了股权转让协议等证据。但刘某所述之股权转让并未进行工商变更登记，因此寇某向刘某主张权利时，上述股权转让协议无法对抗第三人寇某，且在工商注销登记时，也以登记的股东刘某作为唯一的股东办理相关清算、注销手续。也正是考虑到未经变更登记的股权转让协议无法对抗第三人，法院最终判决由刘某承担赔偿寇某工伤保险待遇的责任。

三、双方就工伤赔偿达成协议的效力认定问题

用人单位和劳动者签订的和解协议效力的认定，2009年《北京市高级人民法院、北京市劳动争议仲裁委员会关于劳动争议案件法律适用问题研讨会会议纪要》提出："用人单位与劳动者解除或者终止劳动合同时，自愿签订的和解协议，不违反法律和行政法规的强制性规定，在履行完毕后，一方当事人反悔，主张双方约定无

效的，一般不予支持。但协议中双方的权利义务明显失衡，仲裁委或人民法院可予以适当调整。用人单位与劳动者就工伤保险待遇达成的协议在履行完毕后，劳动者以双方约定的给付标准低于法定标准为由，在仲裁时效内要求用人单位按照法定标准补足差额部分的，应予支持。"《最高人民法院关于审理劳动争议案件适用法律若干问题的解释（三）》第十条规定："劳动者与用人单位就解除或终止劳动合同办理相关手续、支付工资报酬、加班费、经济补偿或者赔偿金等达成的协议，不违反法律、行政法规的强制性规定，且不存在欺诈、胁迫或者乘人之危情形的，应当认定有效。前款协议存在重大误解或者显失公平情形，当事人请求撤销的，人民法院应予支持。"上述司法解释从程序、适用情形、法律后果等方面作出了更完善的规定。总体而言，在处理用人单位与劳动者签订的和解协议效力的案件中，目前的司法尺度为充分尊重并维护双方协议的效力，除法定情形外不宜撤销双方的和解协议。值得注意的是，前述会议纪要将工伤赔偿案件作为一种特殊情形，专门对工伤赔偿协议效力的认定作出了规定，这是充分考虑了工伤职工权利保护的特殊性，而从上述司法解释的规定来看，也提出了显失公平情形下协议的撤销权问题。显失公平是指双方当事人的权利义务明显不对等，使一方遭受重大不利。其构成要件为：双方当事人的权利义务明显不对等；这种不对等违反公平原则，超过了法律允许的限度。

本案中，北京市丰台区人民法院作出判决后，某商贸公司注销，某商贸公司股东刘某与寇某达成了关于工伤赔偿的和解协议。该和解协议约定刘某一次性向寇某赔偿工伤全部损失18万元，寇某不得就工伤再次主张赔偿。但仅前述法院判决书确定的截至2014年7月的工伤赔偿总金额已经达到22万余元，根据寇某的年龄及其每月享有的伤残津贴和护理费标准，自2014年8月起至其死亡，其可能获得的工伤待遇将远远超过18万元。在双方约定的赔偿金额尚不足以覆盖生效判决数额，且与寇某可能获得的工伤待遇总额之间存在巨大差额的情况下，若按照双方和解协议的约定，寇某不能再就工伤待遇主张赔偿，势必侵害了寇某作为工伤职工的合法权益，构成双方权利义务的严重失衡，远远超过了法律允许的限度，该和解协议明显属于显失公平的情形，人民法院可以撤销。而对于撤销的程序，合议庭认为从诉讼便利的角度出发，不必要求当事人必须首先提出一个撤销之诉再主张后续的权利，只要在诉讼请求中包含了协议应撤销的主张即可。本案中，寇某要求刘某支付相关工伤赔偿待遇，主张双方签订的协议存在欺诈及显失公平的情形，故法院最终判决撤销双方签订的和解协议，刘某应当按照法律规定向寇某支付相应的工伤保险待遇。

（北京市第一中级人民法院　刘佳洁）

59. 超出工伤保险报销范围医疗费应该由谁来承担

申请人：承德某公司
被申请人：吕某

争议焦点

不属于工伤保险报销范围的医疗费应该由谁来承担？

基本案情

吕某系承德某公司职工，双方签订了劳动合同，参加了社会保险。2016年9月8日，吕某在工作中受伤入院治疗，后经承德市人力资源和社会保障局认定为工伤。2016年11月24日，吕某被承德市劳动能力鉴定委员会鉴定为骨科八级伤残。吕某住院共花费医疗费29 332.05元，均由承德某公司垫付。承德市社会保险局工伤保险中心实际报销工伤医疗费为22 455.17元，另外6 876.88元是吕某所用的非对症药、住院费超标等超出报销范围的费用，不能报销。双方就该部分医疗费用的承担问题，未达成一致意见。在协商未果的情况下，2017年2月15日，承德某公司申请劳动争议仲裁，请求依法裁决吕某返还为其垫付的医疗费6 876.88元。

审理结果

仲裁委员会裁决吕某返还承德某公司为其垫付的医疗费6 876.88元。

 **评析意见**

就本案而言,吕某住院医疗费由工伤保险基金报销,其中有6 876.88元未予报销,包括:自费药49.84元、非诊疗项目1 020.00元、非对症药5 807.04元。《工伤保险条例》规定符合工伤保险诊疗项目目录、工伤保险药品目录、工伤保险住院服务标准的费用,可以由工伤保险基金支付。《工伤保险条例》第三十条规定:"工伤职工治疗非工伤引发的疾病,不享受工伤医疗待遇,按照基本医疗保险办法处理。"本案中,吕某发生工伤后,承德某公司紧急将其送医救治,并在此后其住院期间派人护理看望。该公司还及时向医生及吕某本人提出按照工伤保险药品目录用药,且医生也已嘱咐吕某使用属于工伤保险药品目录的药品,提醒其非目录药品需要自费。而吕某仍坚持使用不属于目录的药品,那么该笔医疗费就应当由其自行承担。

《工伤保险条例》的立法本意在于保障因工作遭受事故伤害或者患职业病的职工获得医疗救治和经济补偿,促进工伤预防和职工康复,分散用人单位的工伤风险。为了进一步规范工伤职工的就医诊疗,国家同时制定了工伤保险诊疗项目目录、工伤保险药品目录、工伤保险住院服务标准等一系列配套文件。《工伤保险条例》规定只有符合这些目录的项目才能从工伤保险基金中支付。这是否意味着在工伤治疗中超出目录规定的部分,应该由工伤职工自行负担或由用人单位承担呢?

实践中，在进行医学治疗的过程中，有些药品不属于治疗工伤职工的必备药，或者虽属必备药但工伤保险药品目录中有替代品，而工伤职工往往出于各种目的使用一些不属于工伤保险药品目录的药品，因而造成工伤治疗医药费无法报销的情况。建议用人单位在工伤职工就医治疗时，首先选择与工伤保险经办机构签订服务协议的医疗机构，并声明应按照工伤保险药品目录用药。在实际案件审理过程中，仲裁员往往会根据用人单位和工伤职工的能力及过错程度，判断超出工伤保险报销范围的医疗费应当由哪一方承担。

（河北省承德市劳动人事争议仲裁院　韩春江　张　勇）

60. 工伤后又工作多年，伤残津贴如何算

申请人：苏某
被申请人：某公司

 **争议焦点**

伤残津贴是按工伤职工受伤前 12 个月平均月缴费工资的 60% 计算，还是按其受伤后又工作 10 年退出工作岗位前 12 个月平均月缴费工资的 60% 计算？

基本案情

苏某系某公司员工。2006 年 12 月，苏某在工作时受伤，被认定为工伤，后被评定为六级伤残，停工留薪期 4.5 个月。2015 年 10 月，因伤情恶化，苏某再次住院治疗。出院后由于不能从事原工作，苏某于 2016 年 2 月提出工伤退养。2016 年 3 月，某公司批准苏某退出工作岗位，由单位按月支付其伤残津贴，伤残津贴按苏某 2006 年受伤前 12 个月平均月缴费工资 1 412.12 元作为计发基数，每月发放 847.27 元。2016 年 4 月，苏某申请劳动争议仲裁，要求仲裁委员会裁决某公司从 2016 年 4 月起以其退出工作岗位前 12 个月平均月缴费工资 4 908.75 元作为计发基数，每月支付其伤残津贴 2 945.25 元。

审理结果

仲裁委员会裁决某公司从 2016 年 4 月起每月支付苏某伤残津贴 1 907.27 元。

计算方法为以苏某 2006 年受伤前 12 个月平均月缴费工资的 60%作为基础，加上 2007 年以来唐山市历次工伤职工伤残津贴标准调整数额。

 **评析意见**

对于职工因工致残被评定为六级伤残，停工留薪期满又工作 10 年后因伤（病）情恶化无法继续工作，提出脱离工作岗位，伤残津贴标准如何认定的问题，有以下两种观点。

第一种观点认为，根据《工伤保险条例》的规定，职工因工致残被鉴定为六级伤残的，保留与用人单位的劳动关系，由用人单位安排适当工作；难以安排工作的，由用人单位按月发给伤残津贴，标准为本人工资的 60%。本人工资为工伤职工因工作遭受事故伤害或者患职业病前 12 个月平均月缴费工资。伤残津贴实际金额低于当地最低工资标准的，由用人单位补足差额。第一种观点认为，按照上述规定，苏某的伤残津贴标准应以 2006 年其受伤前 12 个月平均月缴费工资作为基数，伤残津贴计 847.27 元；由于其伤残津贴实际金额低于其退出工作岗位时当地最低工资标准，因此应当按照 2015 年度唐山市最低工资标准 1 480 元支付。此观点严格依据《工伤保险条例》相关规定的字面含义。

第二种观点认为，2007 年以来，依据河北省关于调整工伤职工伤残津贴标准有关文件精神，唐山市多次调整了工伤职工伤残津贴标准，那么苏某伤残津贴应以其 2006 年受伤前 12 个月平均月缴费工资的 60% 作为基础，加上 2007 年以来历次调整工伤职工伤残津贴增加的数额，计为 1 907.27 元。这种观点既不与《工伤保险条例》相抵触，又充分考虑了职工平均收入增长和城市居民生活费用变化等情况，使工伤职工群体能够分享社会进步成果，同时维护了社会稳定。

综合分析以上两种观点，本着切实维护工伤职工切身利益的原则，经过合议，仲裁委员会决定"就高不就低"，认定某公司支付苏某伤残津贴应按照第二种观点的 1 907.27 元标准执行。

（河北省唐山市劳动人事争议仲裁院　张向东）

61. 见习并非已就业，权利义务有区别

申请人：张某某
被申请人：某医院

争议焦点

基于见习协议形成的法律关系与劳动法及劳动合同法中用人单位与劳动者之间的法律关系是否相同？

基本案情

张某某称其女儿张某于 2016 年 8 月到某医院工作，双方没有签订书面劳动合同。2016 年 10 月 18 日，张某在去某医院上班途中发生道路交通事故，被撞身亡。张某某为了申请认定张某属于工亡，要求劳动人事争议仲裁委员会确认其女儿张某生前与某医院之间存在事实劳动关系。

某医院提出该院是高校毕业生就业见习基地，张某的身份是一名见习生。医院依据相关文件精神和各项规定，组织实施未就业的高校毕业生就业见习活动，根据实际情况调整见习人员的见习岗位，每月为其发放不低于当地最低工资标准的基本生活补助，生活补助由某医院和政府共同负担，并为见习人员购买了人身意外伤害保险。2016 年 9 月 16 日，张某与某医院院签订了唐山市高校毕业生就业见习协议书。协议书中约定：张某见习期为 12 个月，从

2016年9月1日至2017年8月31日,见习岗位为见习临床。因此,某医院主张其根据《唐山市高校毕业生就业见习管理办法》的规定,为张某提供就业见习机会,为其就业提供便利条件,张某不是医院在册员工,与医院没有任何劳动或劳务关系,不享受工伤保险、医疗保险等社会保险福利待遇;见习过程中,见习人员出现伤亡事故或患病所需费用应由人身意外伤害保险或大病保险予以解决。

审理结果

仲裁委员会裁决张某某之女张某与某医院不存在事实劳动关系。

评析意见

有观点认为,劳动合同法并未规定见习关系这一形式,应认定张某与某医院之间建立了劳动关系;也有观点认为,双方通过协商签订见习协议建立见习关系,应按照见习协议的约定履行双方的权利义务。

为了引导和促进高校毕业生就业,国务院明确提出探索高校毕业生见习制度。2009年,国务院办公厅下发了《关于加强普通高等学校毕业生就业工作的通知》(国办发〔2009〕3号)。2011年,国务院印发《关于进一步做好普通高等学校毕业生就业工作的通知》(国发〔2011〕16号),要求各地要结合当地产业发展需要和高校毕业生情况,鼓励和扶持一批规模较大并有一定社会影响力的企事业单位作为就业见习单位,为有见习需求的未就业高校毕业生提供见习机会。该通知发出后,各省结合本省的实际情况制定了当地的相关规定,明确规定了见习人员与见习单位的权利义务,区分了见习关系与劳动关系。例如,仅要求见习单位为见习人员购买团体意外险,每月补贴由政府财政与见习单位共同承担,见习关系建立时双方签订见习协议,见习关系结束时仅需向见习人员出具见习证明等。主要区别详见下表。

劳动关系与见习关系对比表

对比内容	劳动关系	见习关系
社会保险	法律作出强制性规定,用人单位必须为劳动者缴纳社会保险费	无须缴纳社会保险费,但需购买人身意外伤害险
工资发放主体	用人单位	见习单位和政府共同负担
签订合同	劳动合同	见习协议
关系解除依据	解除劳动关系通知书	见习证明
关系终止后的结果	劳动关系解除	见习人员经考核符合见习单位要求的,可与见习单位签订劳动合同;不符合要求的,见习单位出具见习证明,终止见习关系
对单位的特殊要求	无	需向当地人力资源社会保障部门申请设立高校毕业生就业见习基地
对人员的特殊要求	无	毕业2年内离校未就业普通高校毕业生
建立关系次数	可以多次	只能建立1次
合同期限	分为固定期限、无固定期限和以完成一定工作任务为期限的劳动合同	最长为12个月

高校毕业生就业见习制度是一项就业促进措施,目标是尽快实现见习人员就业,也就是说见习期间见习人员并未实际就业,未就业又何谈劳动关系呢?

见习人员与见习单位签订的见习协议为平等主体之间的合同，应受合同法调整。本案中某医院与张某作为具有完全民事行为能力的平等主体，通过协商签订见习协议，不违反法律法规的强制性规定。该协议明确某医院安排张某参加见习活动、提供见习岗位系为了满足张某学习技能、增强就业和创业能力的需要。根据见习协议确定的权利义务及各方证据，某医院作为人力资源社会保障部门批准的就业见习基地，与张某基于见习协议形成的法律关系，不属于劳动法及劳动合同法中用人单位与劳动者之间的法律关系。

（河北省唐山市劳动人事争议仲裁院　杨　阳）

商业秘密保护与竞业限制

62. 附条件生效竞业限制协议的效力

申请人：北京某技术公司
被申请人：唐某

争议焦点

附条件生效的竞业限制协议的效力判断。

基本案情

唐某于 2015 年 2 月 12 日入职某技术公司，任测试经理一职，双方订立固定期限劳动合同，甲方为某技术公司，乙方为唐某。劳动合同书第 38 条载明："本合同及其附件所列的解除或者终止后的竞业条款自甲方向乙方发出书面通知之日起生效。"唐某于 2016 年 9 月 18 日因个人原因提出离职，双方劳动合同于当日解除。

双方于 2015 年 2 月 12 日签订了保密和竞业限制协议，甲方为某技术公司，乙方为唐某。协议载明："本合同经甲乙双方签字，甲方盖章，本合同即具有约束力。但本合同所列本合同解除或终止后的竞业条款自甲方向乙方发出书面通知之日起生效。"该协议还载明："（1）根据本合同需要发出的全部通知，均需采用书面形式和电子邮件方式发出……（2）上述书面通知按对方在协议中所列的联系地址和电子邮箱地址发出，并按本条第三款规定时间视为已经送达。如任何一方的邮件地址有变更时，需在变更前十日以书面形式通知对方……"

某技术公司主张：其发现唐某离职后为公司的主要竞争对手某网络科技公司提供劳动，任职测试经理；公司先后通过直接送达及邮寄送达的方式，以书面形式向唐某提出自某网络科技公司离职、继续履行保密和竞业限制协议的要求无果，应认定唐某违反了竞业限制的约定，构成违约。为证明上述主张，某技术公司提交了EMS详情单、律师函、录音及文字材料，多份某技术公司官网及某网络科技公司官网截图，多份第三方官网资料截图，其中EMS详情单显示收件人为唐某，收件地址为北京市海淀区知春路某大厦，该邮件状态为拒收；律师函显示内容为要求唐某遵守保密与竞业限制协议、履行竞业限制义务，并要求其承担相应赔偿责任；网页截图显示某技术公司、某网络科技公司的业务范围及双方参与活动的相关资料。唐某对上述证据的真实性均不予认可，主张其并未收到某技术公司需其履行保密和竞业限制协议的任何通知，故双方劳动合同及协议中的竞业限制条款并未生效，其未违反竞业限制条款。

审理结果

驳回北京某技术公司的仲裁请求。

评析意见

本案中，唐某与某技术公司在保密和竞业限制协议中约定了两年的竞业限制期限并无不当，双方约定唐某每年的竞业限制补偿费按离职前月平均工资的1/2计算且按月支付符合法律规定，双方约定的竞业限制范围也没有超出法定范畴，且该协议系双方真实意思表示，也未违反法律强制性规定。双方所签订的保密和竞业限制协议合法有效，对双方当事人应当具有拘束力。但双方所订立的劳动合同及保密和竞业限制协议中明确约定，解除或终止劳动合同后的竞业条款自某技术公司发出书面通知之日起生效，依据《合同法》第四十五条的规定，当事人对合同的效力可以约定附条件，以条件成就与否作为合同效力发生的根据，故双方订立的合同与协议是否生效应以某技术公司发出书面通知为前置条件，之前则效力应属待定状态。现某技术公司未能举证证明其曾于唐某离职时发出书面通知，告知唐某需要履行竞业限制义务，故双方所订立的竞业限制条款并未发生法律效力，唐某无须履行相应义务，也无须对此承担相应的法律责任。

通常情况下，劳动者与用人单位所订立的竞业限制协议自双方签字盖章之日起生效，故当双方解除或终止劳动合同时，双方须按照协议约定履行竞业限制义务。但本案中，用人单位在与劳动者约定竞业限制义务时，附加了生效条件，致使双方当事人均会从有利于自身主张的角度，对竞业限制协议的效力提出质疑，就竞业限制协议所附生效条件是否成就产生争议。

对此，笔者认为可从三个方面来考虑。第一，法无明文规定即可为，我国现行法律法规并未就竞业限制协议所附生效条件作出禁止性的规定，故该条款并未违反法律强制性规定，在不存在欺诈胁迫等情形下不宜被认定为无效条款。第二，竞业限制协议约定的系劳动合同解除或终止后双方的权利义务，具有较强的合同属性。《合同法》第四十五条对附条件生效的合同作出了较为详细的规定，故在劳动争议案件审理过程中也可参照执行，并非完全处于无法可依的状态。第三，就立法本意而言，竞业限制是用人单位为了防止本单位商业秘密泄露和不正当竞争采取的措施，是法律赋予用人单位的权利。如果仅因用人单位与劳动者约定了附条件生效的条款而认定竞业限制协议无效，不利于保护用人单位的合法权利，审理部门不宜仅因法律法规中关于竞业限制的规定不够详细，而作出条款无效或直接否定竞业限制协议的认定。同时，从保护劳动者平等就业和自由择业的权利的角度出发，也不宜作出条款无效的认定。如果劳动者按照竞业限制协议约定，在未收到用人单位书面通知的情况下未履行竞业限制义务，审理部门直接认定条款无效，劳动者就有可能面临高额的违约金。综上，笔者认为，审理部门在严格审查竞业限制协议合法性的基础上，应充分尊重双方当事人的真实意思表示，保障双方的合法权益。

（北京市海淀区劳动人事争议仲裁院　郑　超）

63. 约定的竞业限制经济补偿过低时，应如何确定经济补偿标准

上诉人：某影像公司
被上诉人：陆某某

争议焦点

用人单位与劳动者约定的竞业限制经济补偿过低时，应如何确定经济补偿标准？

基本案情

2010年3月30日，陆某某与某影像公司签订了竞争限制协议，约定陆某某任职于某影像公司期间和终止劳动合同或合作关系两年内，在陆某某遵守协议内容的情况下，某影像公司支付陆某某竞业限制补偿每月100元。2015年4月14日，陆某某与某影像公司解除劳动关系。双方曾因劳动争议诉至法院，生效判决认定陆某某的月工资标准为5 915.91元。

陆某某提出劳动争议仲裁申请，仲裁委员会裁决某影像公司支付陆某某2015年4月14日至2016年8月14日竞业限制经济补偿金1 605.75元。陆某某不服，诉至法院。

关于离职后陆某某是否履行了竞业限制协议，陆某某主张其至今仍在履行该协议；某影像公司不予认可，但未举证证明陆某某未

履行该协议。关于100元的竞业限制补偿金是否显失公平,陆某某主张,每月100元的竞业限制补偿不符合其实际的劳动报酬的状况,低于最低工资标准,显失公平,应按照其离职前12个月平均工资计算;某影像公司主张竞业限制协议系双方真实意思表示,并不具有显失公平的情形,该协议真实、有效且对双方具有约束力。关于陆某某离职前12个月平均工资,陆某某主张为8 000元,某影像公司主张为3 808.33元。

审理结果

一审法院经审理后认为,某影像公司主张陆某某未履行竞业限制协议,但未举证证明,法院不予采信。竞业限制是对劳动者择业权的限制,作为对择业权限制的补偿,竞业限制经济补偿应符合公平原则。本案中,每月100元的竞业限制经济补偿显失公平,对陆某某要求予以上调的请求,法院予以支持。生效法律文书对陆某某离职前12个月平均工资已有认定,法院予以采纳。最终法院判决某影像公司支付陆某某2015年4月15日至2016年8月14日竞业限制经济补偿28 396.37元,驳回陆某某的其他诉讼请求。

某影像公司不服一审判决,提出上诉。

二审法院判决:驳回上诉,维持原判。

评析意见

竞业限制是指用人单位与劳动者约定,以用人单位支付劳动者经济补偿的方式,要求劳动者在特定期限内不为与用人单位产生同业竞争关系的就职或经营行为。竞业限制限制的是劳动者针对原用人单位的同业竞争行为。法学界一般将竞业限制分为"在职法定竞业限制"和"离职约定竞业限制"两种类型,前者是基于劳动法上用人单位与劳动者之间彼此忠实诚信的身份要求，后者则是在双方劳动关系解除后基于约定而形成的特定权利义务关系。相对于"在职法定竞业限制"，"离职约定竞业限制"具有更加明显的普通民事契约所蕴含的合同自由因素。

《劳动合同法》第二十三条第二款规定："对负有保密义务的劳动者，用人单位可以在劳动合同或者保密协议中与劳动者约定竞业限制条款，并约定在解除或者终止劳动合同后，在竞业限制期限内按月给予劳动者经济补偿。劳动者违反竞业限制约定的，应当按照约定向用人单位支付违约金。"根据该条文，"离职约定竞业限制"分别对劳动者与用人单位施加了不得从事与原用人单位产生同业竞争关系的入职或经营行为的义务，以及支付竞业限制经济补偿的义务。对劳动者而言，是不作为义务；对用人单位而言，是竞业限制经济补偿的支付义务。

本案中，争议焦点为当用人单位与劳动者约定的竞业限制经济补偿过低时，法院能否予以调整以及如何调整的问题。关于竞业限制经济补偿，《最高人民法院关于审理劳动争议案件适用法律若干问题的解释（四）》（以下简称《司法解释四》）第六条规定："当事人在劳动合同或者保密协议中约定了竞业限制，但未约定解除或者终止劳动合同后给予劳动者经济补偿，劳动者履行了竞业限制义务，要求用人单位按照劳动者在劳动合同解除或者终止前12个月平均工资的30%按月支付经济补偿的，人民法院应予支持。前款规定的月平均工资的30%低于劳动合同履行地最低工资标准的按照劳动合同履行地最低工资标准支付。"关于该条如何适用，在实践中存在分歧。

第一种观点认为，协议是双方的真实意思表示，并不违反法律的强制性规定，应属有效，故应按照协议约定的经济补偿标准确定竞业限制经济补偿的数额。第二种观点认为，《司法解释四》第六条规定了未约定经济补偿时的适用标准，即劳动者离职前12个月平均工资的30%且不得低于最低工资标准。双方约定的经济补偿过低的情形与未约定经济补偿的情形中，劳动者的利益均受到了损害，两种情形不存在本质区别，故在约定的经济补偿过低的情况下，也可适用上述标准，应将上述标准作为竞业限制经济补偿的强制性标准。第三种观点认为，《司法解释四》第六条确定了两个标准，即离职前12个月平均工资的30%和最低工资标准。离职前12个月平均工资的30%这一标准是双方未约定经济补偿时所适用的标准，是一个补充性的规范，并非强制性标准。最低工资标准是竞业限制经济补偿的强制性标准，经济补偿低于该标准的无效，应适用最低工资标准确定经济补偿数额。第四种观点认为，《司法解释四》第六条适用的条件为双方未约定经济补偿，在双方约定有经济补偿时，不应适用该条款的规定。但竞业限制是对劳动者择业权的限制，作为对择业权限制的补偿，竞业限制经济补偿应符合公平原则。在双方约定的竞业限制经济补偿显失公平的情况下，劳动者有权要求上调，法院可以参照适用《司法解释四》第六条确定的标准，酌情上调经济补偿的标准。

笔者赞同第三种观点。首先，是法院能否对竞业限制经济补偿的约定进行调整的问题。劳动关系相对于普通民事关系具有较强的人身依附性，体现着用人单位与劳动者之间的管理与被管理的关系，根据劳动法倾斜保护劳动者的立法精神，法院在用人单位与劳动者之间利益失衡的情况下，应对双方之间的利益关系进行调整。就本案而言，当竞业限制经济补偿约定的标准过低时，用人单位与劳动者之间就竞业限制问题产生了利益失衡，此时，当用人单位抗辩过低的竞业限制经济补偿为双方自由约定的结果时，法院应对双方约定进行实质性审查，必要时对约定予以突破调整。其次，是调整标准问题。劳动合同履行地最低工资标准是竞业限制经济补偿的强制性标准，当双方约定的竞业限制经济补偿低于最低工资标准时，应适用最低工资标准确定经济补偿数额。劳动者在签订合同时处于弱势地位，为防止用人单位通过约定过低的经济补偿或是以各种手段故意降低劳动者合同解除前的工资收入，以减少其支付的经济补偿，有必要确定竞业限制经济补偿的最低标准。再次，竞业限制的主体是用人单位的高级管理人员、高级技术人员和其他负有保密义务的人员，这些人员往往在用人单位工作多年具有较高地位，并掌握用人单位的商业秘密和核心技术，工作的专业性较高，专业技能也因此特定化，他们在短期内很难获得其他技能从而在其他行业获得就业机会，竞业限制约定对他们影响较大。将竞业限制的经济补偿限制在最低工资标准以上具有合理性，而且不会给用人单位造成过重负担。最后，离职前12个月平均工资的30%为双方未约定经济补偿时所适用的补充性规范，并非强制性规范。从文义理解，《司法解释四》第六条中的离职前12个月平均工资的30%这一标准是双方未约定经济补偿时所适用的标准，应与劳动合同履行地最低工资标准所具有的强制性有所区分。

(北京市第三中级人民法院　龚勇超　李思巧)

64. 用人单位与劳动者约定在职期间支付竞业限制补偿是否有效

上诉人：某网络公司
被上诉人：马某

争议焦点

1. "在竞业限制期限内按月给予劳动者经济补偿"属于强制性规定还是倡导性规定？

2. 用人单位与劳动者约定在职期间支付竞业限制补偿是否有效？

基本案情

2015年12月21日，马某入职某网络公司，岗位为人事行政总监，双方签订为期1年的劳动合同，试用期为1个月，试用期工资为税后24 000元/月，转正后工资为税后30 000元/月。同日，某网络公司作为甲方与乙方马某签订了竞业限制协议书，约定："（第2.3条）乙方同意，在服务关系因任何情况而终止后的两年期间内，乙方不以直接或间接的方式为他人经营或参与任何竞争业务，不以直接或间接的方式为他人经营任何竞争业务（包括但不限于到与甲方有竞争的单位就职），不以促使或允许家庭成员以任何方式直接或间接地参加任何竞争业务。甲方同意就乙方承担的上述非竞争义务给予乙方经济补偿,经济补偿的数额为自劳动合同签订日起至劳动合同解除日止每月工资总额(不包括奖金及福利津贴)的10%,该笔经济补偿将由甲方于乙方在职期间每月给付。乙方特此明确同意并确认,上述经济补偿是甲方因乙方承担本协议第2.3条项下义务而需付给乙方的所有及全部经济补偿。若乙方违反本条规定之竞业限制承诺,乙方应向甲方支付违约金。违约金的数额为劳动合同终止或解除之日的前12个月内乙方从甲方获得的工资总额(不包括奖金及福利津贴)的2倍款项。若上述违约金不足以弥补甲方因乙方违反竞业限制承诺所遭受的损失的,乙方应对甲方做出进一步赔偿,以使甲方获得完全、充分的补偿并免受该等损失。"甲方和乙方同意任何一方可以不追究另一方违反本协议之责任,但这并不代表其放弃了在将来坚持要求另一方严格遵守本协议的全部或部分规定的权利或追究法律责任的诉讼权利。如果本协议中的任何条款因任何原因而在法律上被认定或宣布为无效,则本协议中该条款将被删除,但是剩余的其他条款将仍具有完全的法律效力。

同日,某网络公司作为甲方与乙方马某签订了保密协议,约定:"乙方离职后承担保密义务的期限为有限期保密,保密期限自离职之日起计算到满一年止;乙方承诺,无论因何种原因离职,离职后两年内不得在同一地区(地市级范围)同类培训学校或有竞争关系的其他企事业单位内担任相同或关联职位;乙方应承诺离职后承担保密和竞业限制义务,经乙方认可,甲方在支付乙方的工资报酬时,已考虑了乙方离职后需要承担的保密和竞业限制义务,每月已同工资按月发放竞业保密补偿至乙方离职,故而无须在乙方离职时另外支付经济赔偿。"

马某在职期间,某网络公司未支付过马某竞业限制经济补偿。2016年1月15日及2016年2月15日,某网络公司分别支付马某9 199.82元、10 391.74元。2016年1月21日,某网络公司解除与马某的劳动合同。就竞业限制经济补偿及工资问题,马某与公司发生争议,遂申请劳动争议仲裁。后某网络公司不服仲裁裁决,向法院起诉。

审理结果

一审法院判决:某网络公司支付马某 2015 年 12 月 21 日至 2016 年 1 月 21 日期间的工资差额 5 787.51 元、2016 年 2 月 1 日至 2016 年 11 月 14 日期间竞业限制补偿金 28 379.31 元、2016 年 1 月 22 日至 2016 年 11 月 16 日期间的工资损失 294 827.58 元。宣判后,某网络公司提起上诉。二审法院判决:驳回上诉,维持原判。

评析意见

竞业限制要求在解除或者终止劳动合同后,负有保守商业秘密义务的劳动者不得到与本单位生产或者经营同类产品、从事同类业务的有竞争关系的其他用人单位工作,或者自己生产或者经营同类产品、从事同类业务。《劳动合同法》第二十三条第二款、《最高人民法院关于审理劳动争议案件适用法律若干问题的解释(四)》第六条至第十条对此均有明确规定。

实践中,有的用人单位与劳动者签订竞业限制协议,但约定竞业限制经济补偿已包含在劳动者在职期间的工资内,劳动关系结束后,用人单位不再支付,但劳动者应履行竞业限制义务,否则须支付违约金。关于竞业限制经济补偿的支付时间,"在竞业限制期限内按月给予劳动者经济补偿"属于强制性规定还是倡导性规定,实践中一直存在分歧。

有观点认为,双方签订的前述竞业限制协议应属无效。首先,《劳动合同法》第二十三条对竞业限制经济补偿支付时间规定明确,即应当在竞业限制期限内(双方解除或终止劳动关系后两年内)按月支付。从立法目的来看，竞业限制经济补偿的本意是要保障劳动者离职后竞业限制期间的基本生活，保障劳动者就业权和生存权，防止其因竞业限制而陷入生活困境，平衡劳动者与用人单位利益，实现社会和谐稳定，而在职期间预发显然无法达到这一立法目的。其次，《劳动合同法》是强制法，依立法目的，关于竞业限制期间经济补偿要"按月给予"的规定属于强制性规定，必须无条件遵守，即使合同约定该经济补偿在每月工资中预发，离职后无须再发，该约定也因为违反了强制法的法律规定而无效。此外，实践中所谓的预发，多数是用人单位在工资构成项目上的操作，将劳动者本来应得的工资报酬随意切割成若干名目，滥贴标签。如果允许这种行为，将在客观上损害劳动者权益，架空离职后的竞业限制经济补偿规定。最后，最高人民法院民一庭负责人就《最高人民法院关于审理劳动争议案件适用法律若干问题的解释（四）》答记者问时也明确，"竞业限制经济补偿金不能包含在工资中，只能在劳动关系结束后，在竞业限制期限内按月给予劳动者"。

笔者认为涉案竞业限制协议有效，基于以下几点考虑。

理由一：《劳动合同法》第二十三条第二款规定不是效力性强制性规定，违反该条款中的时间节点并不导致合同无效的法律后果。

首先，《民法通则》规定"违反法律"的民事行为无效，后在《合同法》中将认定合同无效的依据限定在"违反法律、行政法规的强制性规定"，即应当以全国人民代表大会及其常委会制定的法律和国务院制定的行政法规为依据。由于《合同法》规定的范围在司法实践中仍旧宽泛，《最高人民法院关于适用〈中华人民共和国合同法〉若干问题的解释（二）》（以下简称《合同法解释二》）将"强制性规定"限定为效力性强制性规定。但是在司法实务中，对究竟何为效力性强制性规定、何为管理性强制性规定，众说纷纭，没有定论。《民法总则》第一百五十三条第一款仍将认定民事法律行为无效的依据限定在了"法律和行政法规的强制性规定",但同时以但书的形式对法律依据进行了限制,即"该强制性规定不导致该民事法律行为无效的除外"。根据上述规定,首先要明确的是,《劳动合同法》第二十三条的规定是否属于效力性强制性规定。对于效力性强制性规定和管理性强制性规定的区分,应当综合法律法规的意旨,权衡相互冲突的权益,诸如权益的种类、交易安全,以及其所规制的对象等,综合认定强制性规定的类型。如果强制性规定规制的是合同行为本身,即只要该合同行为发生即绝对地损害国家利益或者社会公共利益的,人民法院应当认定合同无效。

关键问题是,如何区分一项法律规定究竟属于效力性强制性规定或者非效力性强制性规定。区分标准如下:一是效力性强制性规定所规范的对象是法律行为;二是效力性强制性规定所规定的法律效果,或者直接规定该行为无效,或者明文禁止该行为。凡符合上述两项判断标准,即规范对象为法律行为并且直接规定行为无效或者禁止该行为的,均属于效力性强制性规定。不符合此两项标准的,一般应视为非效力性强制性规定。而《劳动合同法》第二十三条第二款"在竞业限制期限内按月给予"仅是管理性、指引类规定,与合同效力无涉。

理由二:根据合同效力的法律后果,认定"在职期间支付竞业限制经济补偿"的约定无效并无任何积极意义。

在市场经济中,交易自由是原则,公权力应尽量减少对正常交易关系的介入和干涉,还民事主体以缔约自由,这是市场经济的本质性和内在要求。顺应这种要求,在我国转轨到市场经济体制后,人民法院也相应采取了尽可能降低合同无效裁判的司法政策,由此《合同法解释二》对违"法"无效的合同作出进一步限缩解释,但这并不意味着司法会对明显有悖于交易常理、破坏正常交易秩序、损害相对人权益的行为放任自流。为维护市场经济秩序,人民法院仍应对异常交易行为进行合法性审查,并可以依职权对符合无效情形的缔约行为作出无效认定。在有关竞业限制的劳动争议案件中，大多是劳动者起诉要求用人单位支付竞业限制经济补偿，或是用人单位要求劳动者支付违反竞业限制违约金。无论哪一种情形，原告的请求权都是以竞业限制协议书有效为前提的，并未主张合同无效及损失赔偿。合同无效，不符合诉讼双方的本意，也对遵守合同约定的缔约双方造成损害。如果用人单位依约在劳动者在职期间支付了竞业限制经济补偿，那么无必要因约定无效而判决由劳动者返还，再在劳动合同解除或终止后由用人单位按月支付；而如果用人单位没有支付过竞业限制补偿，或对竞业限制补偿和工资的支付无法进行明确区分、说明，那么法院根据已查明事实或举证责任分配，判决用人单位向劳动者支付竞业限制补偿，合同的无效也不会带给用人单位更多的惩罚性后果。故在审判实践中，以此为由给予合同效力否定性评价似无必要。如果用人单位主张在劳动合同履行过程中按月和工资一起向劳动者支付竞业限制经济补偿，则必须举证证明该经济补偿和工资能够明确区分。如果经济补偿与工资混在一起无法区分，劳动者否认用人单位支付过经济补偿的，用人单位应承担举证不能的不利后果。

理由三：从立法目的来看，不宜认定"在职期间支付竞业限制经济补偿"无效。

《劳动合同法》第二十三条并未规定在实际履行过程中，竞业限制经济补偿必须在劳动合同解除或终止后按月发放。竞业限制协议的核心利益对劳动者而言主要是获得经济补偿，只要用人单位在竞业限制期内或之前及时支付了经济补偿，对于劳动者利益并无损害，该行为均应是有效的。除按照法律规定按月支付竞业限制经济补偿的方式外，实务中也经常会出现提前支付或滞后支付的方式。其中，提前支付包括双方解除或终止劳动合同后用人单位将竞业限制经济补偿提前一次性支付给劳动者的方式。《劳动合同法》的立法宗旨在于保护劳动者的利益，而用人单位这种做法也是保障了受竞业限制约束的劳动者的利益的，应当是法律允许的。一些企业约定在竞业限制合同期限内每年的年底前给付劳动者经济补偿，由于劳动者履行竞业限制义务，势必影响其收入，如果发放经济补偿过迟也会影响劳动者在竞业限制期间的生活。但即使在这种情况下，也不宜直接认定该约定无效，而是应赋予劳动者撤销权和变更权，由法院审查确定。因为劳动者在入职初期签约时，处于相对弱势地位，在大多数情况下只能选择同意用人单位提出的支付方式。法院在确定关于竞业限制经济补偿的合同是否可撤销或应否变更时，应审查每月劳动者的工资和经济补偿是否合理，劳动者在劳动合同终止前已取得的经济补偿总额与其履行的竞业限制期间相比是否合理。

具体到本案，某网络公司上诉主张无须马某履行竞业限制义务，且某网络公司已在工资中支付了相关经济补偿。根据本案所涉协议的约定，劳动者离职后须履行竞业限制义务，但约定补偿在在职期间发放，上述约定未违反法律、行政法规的强制性效力性规定，且提前发放并不会损害劳动者利益，应属合法有效。根据现有证据，双方劳动合同解除后，劳动者并未到与用人单位具有竞争关系的企业工作，履行了竞业限制义务，用人单位应支付竞业限制经济补偿。某网络公司认为马某无须履行竞业限制义务，但直至二审庭审中才向马某告知，此时距离约定竞业限制期已近届满，法院对公司相应上诉主张，不予支持。马某主张的竞业限制经济补偿符合双方合同约定，某网络公司未举证证明其已支付马某上述期间竞业限制经济补偿，应承担举证不能的不利后果。

（北京市第三中级人民法院　程惠炳）

65. 竞业限制经济补偿适用的具体条件

上诉人：郑某
被上诉人：京南方装饰公司

争议焦点

1. 竞业限制是否可适用于全部劳动者？
2. 未约定竞业限制经济补偿的竞业限制协议是否有效？人民法院应如何确定经济补偿数额？
3. 竞业限制争议中如何分配举证责任？
4. 如何认识竞业限制经济补偿与赔偿金的关系？

基本案情

郑某于2014年3月13日入职京南方装饰公司，双方签订了甲方为京南方装饰公司、乙方为郑某的劳动合同，期限为2014年3月13日至2017年3月12日，试用期2个月。郑某在板材事业部担任总经理，试用期月工资标准16 000元，转正后月工资标准20 000元。郑某正常工作至2014年8月5日，之后休病假。郑某称双方劳动合同于2014年8月11日解除，解除原因为京南方装饰公司未按时足额支付劳动报酬、未依法缴纳社会保险费，郑某于当日向京南方装饰公司邮寄了解除劳动关系通知书。京南方装饰公司称未收到解除劳动关系通知书，主张郑某于2014年7月15日因个人原因提出于 2014 年 8 月 15 日辞职，并提交了辞职申请表。

郑某主张双方约定有竞业限制，依据为劳动合同中的相关约定，"在本合同有效期内或合同终止（解除）后的一年内，除甲乙双方在合同终止（解除）时另有约定外，乙方不得通过任何方式，从事下列行为：（1）接受与甲方有竞争等利益冲突的公司的聘用，或帮助这些公司与甲方进行竞争；（2）直接或间接地为甲方的竞争对手、关联公司等有利益冲突的公司提供咨询、经营管理等服务；（3）设法从甲方的客户处获取订单，而该客户在紧接相关日期前的 12 个月内的任何时间曾与甲方有业务往来；（4）不得以本人名义或假借亲友名义开办与甲方有竞争关系或利益冲突的公司"。"乙方在合同期间及合同终止后的 12 个月内，非经甲方书面同意，不得游说、要求、鼓动甲方客户与甲方终止业务关系或擅自介入甲方与其客户的业务"。

京南方装饰公司认为上述条款未约定公司向郑某支付补偿和公司可向郑某主张的赔偿，是不完整的条款，不应发生法律效力。郑某称自京南方装饰公司离职后，其于 2015 年年初入职了某印刷企业，与京南方装饰公司没有任何竞争关系，工作至 2016 年 3 月离职。

2014 年 7 月，郑某申请劳动争议仲裁，仲裁委员会驳回了郑某关于要求京南方装饰公司支付竞业限制经济补偿的请求。郑某不服，诉至法院请求确认劳动关系，要求京南方装饰公司支付 12 个月竞业限制经济补偿金 240 000 元及拖欠的工资等费用。

一审法院判决确认，郑某与京南方装饰公司 2014 年 3 月 13 日至 2014 年 8 月 11 日存在劳动关系，京南方装饰公司支付郑某 2014 年 6 月 26 日至 2014 年 8 月 15 日工资 26 033.65 元，驳回郑某的其他诉讼请求。

宣判后，郑某提起上诉。二审中，郑某提交了新的证据，证明其已按照与京南方装饰公司签订的劳动合同履行了竞业限制义务，故京南方装饰公司应支付经济补偿。京南方装饰公司认可证据的真实性,但不认可其证明目的,主张竞业限制的前提是掌握商业秘密,郑某是板材事业部经理,不是公司的核心管理人员,未掌握公司的商业秘密,故无竞业限制义务。

审理结果

二审法院经审理认为,根据《最高人民法院关于审理劳动争议案件适用法律若干问题的解释(四)》第六条第一款的规定,京南方装饰公司以双方未明确约定经济补偿数额为由主张不履行竞业限制条款,于法无据,法院不予支持。现郑某提交了相关证据证明其已履行竞业限制义务,而京南方装饰公司无证据证明郑某违反竞业限制义务,故应支付郑某竞业限制经济补偿。关于竞业限制经济补偿的数额,对郑某主张的数额过高部分,法院不予支持。最终二审法院判决京南方装饰公司支付郑某2014年6月26日至2014年8月15日工资26 895.78元,支付郑某竞业限制经济补偿66 240元,驳回郑某的其他诉讼请求。

评析意见

本案的争议焦点是竞业限制协议的适用条件。竞业限制,也称竞业禁止,指负有特定义务的员工在任职期间或者离开岗位后一定期间内不得自营或为他人经营与其所任职的企业同类的经营。竞业限制的主要理论来源为诚实信用原则与忠实义务,"体现了忠实信义的社会价值观念以及维护社会伦理秩序的基本理念,尤其是突出体现了劳动法律关系的本质要求和伦理价值取向"[①]。

---

① 秦国荣. 约定竞业限制的性质判定与效力分析 [J]. 法商研究, 2015 (6).

随着劳动力资源流动加快,加之用人单位越来越重视对其核心技术与商业秘密的保护,竞业限制协议变得非常普遍,甚至成为劳动合同的必备条款。毋庸置疑,竞业限制对劳动关系双方当事人均有重要影响:一方面,它限制了劳动者的自由择业权,影响劳动者在一定期限内的职业选择权;另一方面,一旦劳动者违约,用人单位可能遭受严重的经济损失。因此,竞业限制协议的实质是用人单位与劳动者利益博弈的结果,其适用的关键在于平衡双方的利益,在保护用人单位利益的同时防止其滥用权利。

一、适用对象的范围

本案中,京南方装饰公司的抗辩意见之一为郑某的岗位是板材事业部经理,非公司核心管理人员,未掌握公司的商业秘密,故无竞业限制义务。关于竞业限制所适用的对象,实践中存在争议:一种观点认为只要双方存在约定,基于意思自治原则,竞业限制可以适用全部劳动者;另一种观点则认为,竞业限制是对劳动者就业选择权的限制,为防止用人单位滥用权利,应控制其适用范围,结合《劳动合同法》第二十四条之规定,竞业限制只应适用于用人单位的高级管理人员、高级技术人员和其他负有保密义务的人员。

笔者认为,上述两种观点各有利弊。鉴于我国目前绝大部分劳动者处于弱势地位,加之缺乏有效的集体谈判制度,劳动合同多为用人单位提供的格式合同,如采纳第一种观点,将直接侵犯大多数劳动者的自由择业权,违背竞业限制制度设立的初衷。对于第二种观点,一方面,《劳动合同法》对于高级管理人员、高级技术人员的范围并未界定,容易导致司法实践中裁判尺度不一;另一方面,该观点容易引发用人单位的道德风险,因为其必然以此抗辩,而已签订并实际履行竞业限制协议的普通劳动者的权益将得不到保障。

基于上述原因,笔者认为,应当综合考虑这两种意见,根据案件具体情况加以适用。首先,如果双方签订了竞业限制协议,但劳动者未履行竞业限制义务且主张其不属于竞业限制对象,则应由用人单位举证证明该劳动者负有保密义务,具体可根据劳动者的职务级别、工作内容、商业秘密的属性、劳动者是否有可能利用商业秘密等因素综合加以判断,而不能将适用范围随意扩大至一般劳动者。其次,如果竞业限制协议系双方的真实意思表示,不存在协议无效的情形,且劳动者对履行竞业限制协议无异议并已经履行,则应认定该协议有效。这样既能防止用人单位滥用竞业限制权,又可避免其逃避补偿责任。就本案而言,经过二审法院审查,竞业限制协议系双方当事人的真实意思表示,不存在欺诈、胁迫的情形,且郑某已经履行竞业限制义务,郑某应属竞业限制对象。

二、经济补偿的约定

关于未约定经济补偿的竞业限制协议的效力,存在三种不同意见:第一种意见认为该类协议显失公平,用人单位排除了劳动者的权利,应认定为无效以保护劳动者的就业权和生存权;第二种意见认为,该类协议对劳动者不发生法律效力;第三种意见则认为,该类协议有效,理由是认定此类协议有效并同时保证劳动者的补偿请求权,可以有效平衡双方的权益,如果认定无效则不符合《劳动合同法》及《合同法》关于合同无效的规定。

笔者同意第三种意见。首先,该种意见已经有了明确的法律依据,即《最高人民法院关于审理劳动争议案件适用法律若干问题的解释(四)》第六条。其次,从合同法理论角度看,未约定经济补偿并非合同无效的理由,在合同条款约定不明或未约定时,应当通过解释对其释明或补充。再次,如果认定竞业限制协议无效,劳动者就可以不再履行竞业限制义务,实质是置用人单位的商业秘密于不顾。最后,从利益平衡角度看,如果劳动者已经履行了竞业限制义务,仅仅因为格式条款未约定经济补偿就丧失了权利基础,显然不利于保护劳动者,也会促使更多用人单位利用这个漏洞侵犯劳动者的合法权益。所以,未约定给付竞业限制经济补偿或未约定具体数额均不能成为免责事由。本案中,二审法院依据司法解释的规定认定京南方装饰公司应支付郑某经济补偿的数额，于法有据。

此外，一些用人单位与劳动者在竞业限制协议中约定以股票、期权的方式支付竞业限制经济补偿。对于这类协议的效力，目前没有明确的法律规定。笔者认为，法律规定竞业限制经济补偿的目的是为劳动者提供基本生活保障，以股票、期权来支付经济补偿，由于其价值及给付时间存在不确定性，难以实现立法目的，也存在一定的履行风险。因此不建议劳动者与用人单位约定以股票、期权作为竞业限制经济补偿。

三、举证责任的分配

在履行竞业限制协议的过程中，劳动者所负的义务是在劳动合同解除或终止后不得为与原用人单位有竞争性的行为，系不作为的消极义务，而且劳动者可能并未找到工作，故存在举证困难。此外，基于诉讼法理论及双方当事人的举证能力差异，也应当由用人单位承担初步的举证责任，具体包括以下几个方面。

一是证明竞业限制协议的有效性，包括劳动者与其存在劳动关系，协议所涉主体、限制期限、事项及范围符合相关法律规定，涉及商业秘密的，还应从商业秘密的属性方面（保密性、价值性及可实施性等）加以论证。

二是劳动者存在违约行为，即自营或为他人经营与用人单位同类的产品或业务。如劳动者是自营同类产品、从事同类业务的，应当提交劳动者个体工商户、公司的营业执照或者在公司中担任股东、法定代表人等方面的证据；劳动者在同行业任职的，应当提交劳动者与新用人单位签订的劳动合同以及新用人单位为劳动者发工资、缴纳社会保险费等证据。此外，劳动者以新用人单位的名义签订的销售合同、采购合同、技术开发合同、技术合作合同等可以更直接地证明劳动者违反了竞业限制约定。

三是存在竞争关系。用人单位一般应从两方面入手证明：第一，要证明两者的经营范围存在重合、交叉关系；第二，要证明相关产品相同或属于同类、运用了核心技术。

本案中，在双方竞业限制协议有效的前提下，京南方装饰公司未提交证据证明郑某违反了竞业限制义务，而郑某在二审期间提交相关证据，证明其已经履行了竞业限制义务，故京南方装饰公司应支付郑某竞业限制经济补偿。

(北京市第三中级人民法院　李　坤)

其他

其他

66. 被吊销营业执照的用人单位是否为劳动法律关系的适格主体及劳动者权益维护

上诉人：单某

被上诉人：北京某商贸中心

争议焦点

1. 被吊销营业执照的用人单位是否为劳动法律关系的适格主体？

2. 在被吊销营业执照的用人单位存在用工的情况下，劳动者权益如何维护？

基本案情

北京某商贸中心系个体工商户，自2012年9月28日起被吊销营业执照，目前仍为吊销状态。单某主张其于2016年10月1日入职北京某商贸中心，任蔬菜销售员，工作地点为北京市西城区牛街某租赁商铺，月工资构成为基本工资3 800元加提成，工资均由北京某商贸中心的经营者桑某以北京某商贸中心的名义支付，而北京某商贸中心未与其签订劳动合同。单某主张其在桑某租赁的商铺工作，主要负责销售蔬菜水果，并将每日销售情况制作成报价单向桑某汇报；单某平时工作均由桑某管理，并按照桑某要求按时出勤提供劳动。单某称其于2017年3月10日离职。单某出具了银行对账单加以佐证，该银行对账单显示桑某按月向其转账，其月均报酬为3 740元。北京某商贸中心认可银行对账单的真实性，但不认可证明目的。北京某商贸中心主张该公司自2012年9月28日起一直处于营业执照被吊销状态，未实际经营；桑某以个人名义按月向单某支付劳务费；单某于2017年2月28日离职。北京某商贸中心出具了企业信息、联营合同等材料加以佐证，其中联营合同的甲方为北京牛街某超市有限公司，乙方为桑某。单某对北京某商贸中心出具的上述材料真实性不持异议，但不认可其关联性及证明目的。

单某申请劳动争议仲裁，请求确认其与北京某商贸中心存在劳动关系，并要求北京某商贸中心支付未签订书面劳动合同二倍工资差额15 900元。仲裁委员会驳回了单某的仲裁请求。单某不服，向法院起诉。

审理结果

一审法院驳回了单某的诉讼请求。单某不服，提出上诉。二审法院判决：驳回上诉，维持原判。

评析意见

用人单位被吊销营业执照，也就丧失了从事生产经营的能力，仅拥有从事民事诉讼活动的主体资格。从营业执照被吊销的法律后果来分析，被吊销营业执照的用人单位也不应具有成为劳动法律关系下用人单位的主体资格。《劳动合同法》第四十四条第五项规定，用人单位被吊销营业执照、责令关闭、撤销或者用人单位决定提前解散的，劳动合同终止。用人单位被吊销营业执照系劳动法律关系消灭的法定情形之一。被吊销营业执照的用人单位并不能成为劳动法律关系下的适格主体。本案中，在单某入职之前，北京某商贸中心就已经被吊销营业执照，虽然单某由北京某商贸中心的经营者桑某招聘并发放工资，但由于处于被吊销营业执照状态的北京某商贸中心并不是适格的劳动法律关系下的用人单位，因此单某请求确认其与北京某商贸中心存在劳动关系，未得到法院支持。

不具有合法经营资格的用人单位招用劳动者的，劳动者的何种权益可以受到保护及保护力度如何呢？《劳动合同法》第九十三条规定，对不具备合法经营资格的用人单位的违法犯罪行为，依法追究法律责任；劳动者已经付出劳动的，该单位或者其出资人应当依照本法有关规定向劳动者支付劳动报酬、经济补偿、赔偿金；给劳动者造成损害的，应当承担赔偿责任。《工伤保险条例》第六十六条规定，无营业执照或者未经依法登记、备案的单位以及被依法吊销营业执照或者撤销登记、备案的单位的职工受到事故伤害或者患职业病的，由该单位向伤残职工或者死亡职工的近亲属给予一次性赔偿，赔偿标准不得低于本条例规定的工伤保险待遇。由此可见，现行劳动法律法规对不具有合法经营资格的用人单位与其受雇人员之间的关系，并没有将其定性为劳动关系，但对劳动者的保护力度介于雇佣关系和劳动关系两者之间，保护内容为劳动报酬、经济补偿、赔偿金和参照工伤标准的损害赔偿，而未签书面劳动合同二倍工资差额、未休年休假工资等劳动关系下的劳动者权益并不包含在内。就本案而言，单某的劳动报酬已经足额支付，单某关于支付未签书面劳动合同二倍工资差额的诉讼请求没有法律依据，因此法院未予支持。

(北京市第二中级人民法院 蒋 媚)

67. 未休年休假工资报酬的仲裁时效起算点问题

上诉人：某柴油机公司
被上诉人：谢某

争议焦点

谢某于 2016 年 7 月 4 日申请仲裁时，其关于 2014 年未休年休假工资报酬的主张是否超出 1 年的仲裁时效期间？

基本案情

谢某于 1979 年 11 月参加工作，于 2005 年入职某柴油机公司，双方签订书面劳动合同。谢某最后工作至 2016 年 7 月 8 日。谢某于 2016 年 7 月 4 日以某柴油机公司为被申请人申请劳动争议仲裁，要求支付其 2008 年 1 月 1 日至 2016 年 7 月 8 日未休年休假工资 63 442.5 元。仲裁委员会裁决某柴油机公司支付谢某 2014 年 1 月 1 日至 2015 年 12 月 31 日未休年假工资 4 185.97 元。谢某不服该仲裁裁决，提起诉讼。

谢某主张其每年应享有 15 天年休假，某柴油机公司应支付其 2008 年 1 月 1 日至 2016 年 7 月 8 日未休年休假工资，并提交年休假工龄证明。该证明内容如下："谢某系我中心存档人员，根据社保系统记载该同志参加工作时间为 1979 年 11 月，视同缴费年限为

12年11月，实际缴费年限为24年04月。"该证明上加盖有北京市西城区人力资源公共服务中心人事专用章。

某柴油机公司辩称，谢某2015年之前每年享有5天年休假，2015年及2016年每年年休假为10天，其2015年之前的未休年休假工资超过诉讼时效不应得到支持，其2014年未休年休假，2015年自愿放弃休假，2016年已休6天年休假。但对上述主张，某柴油机公司并未提出相关证据，其对谢某年休假工龄证明的真实性不持异议，但对证明目的不予认可。

审理结果

一审法院经审理认为，谢某于2016年7月4日申请仲裁，其要求某柴油机公司支付其2008年至2013年期间的未休年休假工资已经超过仲裁时效，某柴油机公司对此也提出时效抗辩，故谢某要求支付2008年至2013年期间未休年休假工资的诉讼请求缺乏依据，法院不予支持。而某柴油机公司就其相关主张未能提供充分的证据予以证明，应承担举证不能的不利后果。法院判决某柴油机公司支付谢某2014年1月1日至2016年7月8日期间未休年休假工资13 288.02元。

一审判决后，某柴油机公司不服，提起上诉。二审法院判决：驳回上诉，维持原判。

评析意见

本案主要争议焦点在于谢某关于2014年未休年休假工资的请求是否超过仲裁时效，即谢某于2016年7月4日申请仲裁时，其关于2014年未休年休假工资报酬的主张是否超出1年的仲裁时效期间。

我国《劳动争议调解仲裁法》第二十七条规定，劳动争议申请仲裁的时效期间为1年，仲裁时效期间从当事人知道或者应当知道其权利被侵害之日起计算。劳动者未休年休假，用人单位应当按照其日工资收入的300%支付年休假工资报酬。劳动者要求用人单位支付其未休年休假工资的仲裁时效期间为1年，从其知道或者应当知道其权利被侵害之日起计算。根据《职工带薪年休假条例》第五条第一款、第二款的规定，单位根据生产、工作的具体情况，并考虑职工本人意愿，统筹安排职工年休假。年休假在1个年度内可以集中安排，也可以分段安排，一般不跨年度安排。单位因生产、工作特点确有必要跨年度安排职工年休假的，可以跨1个年度安排。《企业职工带薪年休假实施办法》第九条规定："用人单位根据生产、工作的具体情况，并考虑职工本人意愿，统筹安排年休假。用人单位确因工作需要不能安排职工年休假或者跨1个年度安排年休假的，应征得职工本人同意。"从上述两条规定可见，考虑年休假可以集中、分段和跨年度安排的特点，劳动者每年未休年休假应获得年休假工资报酬的仲裁时效从第二年的12月31日起算。因此，未休年休假工资应当适用仲裁时效"宽松一年时效说"[1]。

本案中，某柴油机公司主张谢某于2016年7月4日申请仲裁，其关于2014年及之前的未休年休假工资请求均已经超过1年的仲裁时效期间，不应得到支持。依据法律对于劳动争议申请仲裁时效以及未休年休假工资的支付期间和方式的规定，谢某关于2014年未休年休假应获得年休假工资报酬的仲裁时效应该是从第二年的12月31日起算，也就是从2015年12月31日起算，谢某在2016年7月4日申请仲裁，故其2014年未休年休假工资未超出1年的仲裁

---

[1] 该观点依照《劳动争议调解仲裁法》第二十七条第一款的规定，适用1年仲裁时效，但考虑到年休假可以全年度统筹安排的特殊性，故将往前推算的仲裁时效截止时间定于劳动者提出仲裁申请之日的前一年的1月1日。

时效。在该期间内,谢某是否休了年休假,由单位负举证责任,某柴油机公司于仲裁阶段认可谢某2014年未休年休假,因此应当支付谢某2014年未休年休假工资。

该案在审理中对劳动者的未休年休假工资适用了仲裁时效"宽松一年时效说",也符合现在大多数类似案件的审判思路和观点。即关于未休年休假工资应当考虑年休假可以集中、分段和跨年度安排的特点,仲裁时效从第二年的12月31日起算,不能简单地适用1年的仲裁时效规定。

(北京市丰台区人民法院　全敏敏)

68. 用人单位是否应支付提前退休人员年满60周岁时要求的独生子女奖励费

申请人：刘某
被申请人：某机械制造公司

 **争议焦点**

1. 劳动者要求支付独生子女奖励费是否在劳动人事争议仲裁委员会处理范围内？

2. 劳动者在职时从事特殊工种，已提前办理退休手续，劳动者的相关请求是否已经超过劳动争议仲裁时效？

3. 退休人员年满60周岁时要求的独生子女奖励费支付主体如何确定？

基本案情

刘某系北京市户口，于2002年3月入职某机械制造公司，2013年3月年满55周岁。因刘某在职期间一直从事特殊工种工作，故在年满55周岁时，其向某机械制造公司申请提前退休。某机械制造公司同意了刘某的请求，协助其办理了提前退休手续，刘某于2013年4月办理完毕退休手续，并从当月开始领取退休金。2018

年 3 月，刘某年满 60 周岁，向户口所在地街道申请独生子女奖励费，被街道告知，应到办理退休手续的用人单位要求该笔费用。刘某遂到某机械制造公司要求相关费用，但被该公司拒绝。后刘某申请劳动争议仲裁，要求某机械制造公司支付年满 60 周岁人员的独生子女奖励费。

审理结果

仲裁委员会裁决支持刘某的仲裁请求。

评析意见

《北京市人口与计划生育条例》第十九条规定："已经获得《独生子女父母光荣证》的夫妻，凭证享受以下奖励和优待：（一）每月发给 10 元独生子女父母奖励费，奖励费自领取《独生子女父母光荣证》之月起发至其独生子女满 18 周岁止；（二）独生子女的托幼管理费和 18 周岁之前的医药费，由夫妻双方所在单位依照有关规定报销；（三）独生子女父母，女方年满 55 周岁，男方年满 60 周岁的，每人享受不少于 1 000 元的一次性奖励；（四）农村在推行养老保险制度时，应当为独生子女父母优先办理养老保险，农村安排宅基地，对独生子女父母应当给予优先和照顾；（五）乡镇人民政府和农村集体经济组织应当扶持独生子女家庭发展生产。"根据《关于落实〈北京市人口与计划生育条例〉规定的有关奖励问题的通知》（京计生委字〔2003〕112 号）的规定，独生子女父母奖励费夫妻双方各发给 50%，原则上应当按月发放，经发放单位同意，也可以每年领取一次。当年没有领取的，不予补发。其中，有工作单位的人员，由所在单位发给。不少于 1 000 元的一次性奖励具体发放渠道同独生子女父母奖励费。《〈北京市人口与计划生育条例〉奖励和经济帮助执行中有关问题的说明》（京人口发〔2004〕11号）中第二条规定，对已经超过女55周岁、男60周岁的独生子女父母，其"工作单位"是指其办理退休手续前的单位。

参照上述相关文件及通知的规定，刘某自某机械制造公司退休，现已年满60周岁，某机械公司应支付刘某一次性独生子女奖励费。

但对于上述案件，在实践中，是否应由劳动人事争议仲裁委员会受理，本身就存在两种意见。第一种意见认为，劳动者的该请求并非基于劳动关系所产生的争议，不在仲裁委员会的处理范围内，不应该予以受理。第二种意见认为，劳动者的该项请求本身就是基于其与用人单位存在劳动关系，并且由该用人单位为劳动者办理了退休手续，因此劳动者才向该用人单位主张权利，要求相关费用，所以仲裁委员会受理该案件并进行审理，并无不妥。

关于本案的第二个争议焦点，劳动者在职时从事特殊工种，已提前办理退休手续，劳动者的相关请求是否已经超过仲裁时效。现刘某年满60周岁，距离双方终止劳动关系已有5年之久，故某机械制造公司以刘某的请求超过仲裁时效来抗辩，似乎并无不妥。但一次性独生子女奖励费的限制性条件就是男性需年满60周岁才可以申请领取。故第一种观点认为，刘某已退休5年，双方劳动关系也已经法定终止5年，现刘某要求某机械制造公司支付相关费用已经超过仲裁时效，不应该得到支持。第二种观点认为，一次性独生子女奖励费系男性劳动者年满60周岁才可领取，并非刘某在其55周岁办理退休时不想领取，即刘某55周岁时权利还未受到侵害，所以刘某年满60周岁即向某机械制造公司主张权利，不应受到时效的限制。

关于本案的第三个争议焦点，退休人员年满60周岁时要求的独生子女奖励费支付主体如何确定。虽然上述文件中，说明应由工作单位来发放一次性独生子女奖励，但现实中操作起来却非常困难，没有具体的部门来监管，不同地区执行的具体办法也不一致。有的地区，只要劳动者从企业退休，无论企业是否同意支付相关费用，从不考虑劳动者跨区域就业的困难，劳动者户口所在地街道就坚决拒绝支付一次性独生子女奖励；有的地区，只要劳动者手中持有所在企业开具的证明，能够证实该劳动者没有从企业领取过一次性独生子女奖励，劳动者户口所在地街道即可发放相关费用。相关文件只规定劳动者可以从企业领取，但在企业拒绝支付的情况下，劳动者是否可以从户口所在地街道领取？笔者建议相关部门是否可以再次作出说明，从人文关怀的角度出发作出明确规定，既减轻劳动者奔波之苦，又能够为企业适当减轻负担。

(北京市顺义区劳动人事争议仲裁院　于立华)

69. 如何认定人事关系的成立

上诉人（被上诉人）：某事业单位
上诉人（被上诉人）：张某

争议焦点

1. 某事业单位与张某之间建立的是人事关系还是劳动关系？
2. 如果是劳动关系，违法解除或者终止劳动关系后，劳动者主张恢复劳动关系能否支持？

基本案情

某事业单位为国家部委下属事业单位。2015年9月28日，其向上级部门提交《关于报送2015年员工招聘公告的函》。根据该招聘公告，其拟招聘集中采购办公室事务秘书1名。

2015年12月1日，张某入职某事业单位，担任集中采购办公室事务秘书一职，双方未签订聘用协议或劳动合同，张某无事业编制。张某实际工作至2016年5月25日，当日某事业单位以其工作能力不足不能转正为由，口头提出解除聘用关系。自2016年6月起，张某未再提供劳动。在职期间，某事业单位以银行转账形式向张某发放工资，并为张某缴纳了社会保险及住房公积金。2016年7月19日，张某因离职向某事业单位退还2016年6月住房公积金1 296元。因双方发生争议，张某申请劳动争议仲裁。仲裁委员会裁决某事业单位与张某恢复劳动关系，且支付张某2016年6月1日至2017年1月4日期间的工资35 689.66元。某事业单位不服该仲裁裁决，诉至法院。

庭审中，双方就建立的聘用关系的性质各执一词。某事业单位主张，其是国家部委直属事业单位，按照《事业单位人事管理条例》，其与张某之间建立的是人事关系，双方之间的争议应属于人事争议。因为张某在试用期内，所以未签订聘用合同，也没有解决事业编制，但已经报上级机关备案。2016年5月底，其办公室人员口头通知张某，因工作能力不够，不能满足工作需要，故与张某解除聘用关系，自2016年6月1日起，张某未来上班。因张某处于试用期，未达到聘用标准，且张某已默认解除聘用关系，故某事业单位认为系合法解除。张某辩称，双方之间系劳动关系。入职的时候，他即知道是没有事业编制的。2016年5月底，办公室负责人事的领导找他谈话，说因他工作能力不足不能转正，他当时表示不同意，要求复核，找到单位主任，主任让他回家等通知。2016年5月25日下午，单位将他的钥匙和门禁卡收走，他实际工作至2016年5月25日，在5月27日和5月31日均去找过某事业单位主任，但一直没有答复，所以要求恢复劳动关系。

张某与另一家单位于2016年7月1日签署期限自当日至2018年6月30日的劳动合同，约定张某担任项目助理一职，2016年12月27日，双方解除劳动合同。张某在职期间，该单位为其缴纳了社会保险费及住房公积金。

审理结果

一审法院认为，双方之间形成的是劳动关系。理由如下：第一，某事业单位虽主张双方是人事关系，但其提交的《关于报送2015年员工招聘公告的函》及招聘公告仅能证明其是通过公开招聘的形式录用张某及其的事业单位属性；第二，双方未签订书面聘用协议，张某无事业编制身份；第三，如果张某为事业编制人员，应当有事业编制备案，但法院调取证据显示某事业单位未在其上级单位为张某进行备案，诉讼中也未提交张某是事业编制人员的证据。因此，双方之间的纠纷应系劳动争议。

2016年5月底，某事业单位以口头通知的形式在试用期与张某解除劳动关系，但其未就张某在试用期工作能力无法满足工作需要的解除理由提交证据，应系违法解除。基于违法解除劳动关系的情形，张某要求恢复劳动关系，但其已于2016年7月1日与另一单位建立合法的劳动关系，故其要求恢复劳动关系已失去事实基础。法院认定双方劳动关系于2016年5月31日解除，某事业单位无须支付张某2016年6月1日至2017年1月4日期间的工资。张某如有其他损失，可另行主张权利。一审法院判决后，双方均不服，上诉至二审法院，二审法院判决驳回上诉，维持原判。

评析意见

首先，关于某事业单位与张某之间是否建立人事关系是本案争议的焦点，同时也是本案的难点。人事关系与劳动关系属于两个不同的案由，诉讼主体、法律依据等均不相同，因此针对这两类案件的审理思路也不尽相同。人事关系具有中国特色，对于人事关系的认定没有统一的标准，需要审理调查后综合认定，结合司法实践，主要从以下三方面考虑。其一，如果用人单位是市属、区属事业单位，要看工作人员人事档案中是否有当地人力资源社会保障局的审批手续；如果该单位是垂直管理的国家部委直属的事业单位、党群组织下属事业单位，那就要看用人单位所属国家部委人事部门等上级人事主管单位是否确认工作人员的事业编制身份，即以其复函为准。也就是说，并非与事业单位形成的雇佣关系就一定是人事关系。本案中，某事业单位系国家部委下属事业单位，但其所属国家部委人事部门的复函并未确认张某的事业编制身份。其二，双方是否签订了聘用合同。事业单位与工作人员一般签订的是聘用合同，而非劳动合同，故聘用合同可以作为认定人事关系的参考因素。本案中，双方并没有签订聘用合同，且某事业单位以张某在试用期为由进行未签订聘用合同的抗辩显然没有事实和法律依据。其三，工作人员的工资构成及来源。除自收自支的事业单位外，事业单位工作人员工资部分或者全部来源于政府财政。同一事业单位与其工作人员之间既有建立人事关系的，又有建立劳动关系的，可以参考不同人员的工资构成即来源，确定事业单位与哪些人员建立的是人事关系。综上，本案中可以认定某事业单位与张某之间属于劳动关系，双方之间的纠纷属于劳动争议。

其次，关于是否支持劳动者恢复劳动关系的请求。本案中，由于张某已与第三方建立了劳动关系，不具有恢复劳动关系的可行性，所以较易处理。但是，司法实践中情况多样，不能一概而论。笔者认为，恢复劳动关系实际上是劳动者对自己劳动权利的保护，减少因重新建立劳动关系需要付出的成本，而这种成本是用人单位造成的，所以在劳动者没有过错的前提下，一般应支持其主张恢复双方劳动关系的诉讼请求，即使用人单位以该岗位（不可替代性和唯一性岗位除外）已经另行安排他人等为由进行抗辩，也不能阻却对劳动者继续提供劳动权利的保护。需要指出的是，如果用人单位发生经营战略调整、岗位甚至部门撤销等客观情况发生重大变化的情形，劳动者又拒绝签订合同，这时考虑到签订合同履行的可行性问题，就不能支持恢复劳动关系的诉求。这就要求在审理的过程中，法院要在审查恢复劳动关系可行性的前提下进行综合判断。

（北京市西城区人民法院　高　钰）

70. 仲裁员对表面真实证据必要的自由心证

申请人：李某
被申请人：某科技公司

争议焦点

对形式上真实的证据材料，仲裁员能否通过逻辑推断否定其证明效力？

基本案情

李某于2016年3月1日入职某科技公司，任人事经理一职，该公司公章由其直属领导赵经理保管。2017年6月1日，李某因个人原因提出离职，双方解除了劳动关系。后李某提出劳动争议仲裁申请，称因其妥善处理了某科技公司的劳动争议案件，公司承诺向其发放奖金50万元，并提交了如下证据。

一是民事判决书、员工手册。民事判决书显示李某系王某与某科技公司运输费用争议案件的委托代理人之一（委托代理人另有一名律师），该案中王某向某科技公司起诉的诉讼标的额为50万元，后人民法院因王某证据不足判决驳回其诉讼请求。

二是奖励证明。该证明载有以下内容："公司人事科李某工作表现良好，在处理公司与王某纠纷一事中，维护了公司利益。经公司讨论后决定奖励李某 50 万元，该奖金于该职员离职时随当月工资一次性全额发放。"该证明中加盖有某科技公司的公章。李某主张奖金证明系其上级领导赵经理直接向其出具的。

某科技公司对民事判决书、员工手册及奖金证明中公章的真实性均认可，但对奖金证明的内容不认可，并表示赵经理没有同意过支付奖金，也没有这样的权限，且李某在代理其所述诉讼时曾有使用公章的机会，该公司对奖金证明的来源表示质疑。

审理结果

仲裁委员会裁决驳回李某的仲裁请求。

评析意见

对仲裁员而言，裁决劳动争议案件必然需要通过庭审过程中双方当事人的陈述以及提交的证据，尽可能地还原争议发生时的相关事实，这是作出公正裁决的前提和基础。从某种程度上来说，劳动争议的处理过程就是审查、判断、认定证据的过程。对于当事人提交的证据材料，仲裁员如何判断其证明效力？笔者认为，应当从证据的"三性"着手，并运用日常生活经验和正确的逻辑推理，对其作出合理合法的认定。

证据的"三性"即真实性、合法性、关联性，这是判断证据证明力的最基本标准。证据的真实性是证据存在的基础，不合法的证据不一定不真实或没有关联，无关联的证据也不一定不真实或不合法；但是，不真实的证据就一定不合法，也无关联。因此，真实性是法律适用者确定待证事实的关键。在实践过程中，证据的来源、证据的产生、证据的内容、证据的动机等因素都影响着对证据真实性的判断，而这个判断的过程就需要仲裁员根据具体情况进行科学合理的组合。如在本案中,争议的焦点就是加盖有公司公章的奖金证明是否真实有效。单纯从奖金证明的表现形式来看,显然劳动者的主张更有说服力;但是,在本案中奖金数额与李某收入水平差别极大且存在极大逻辑漏洞的客观情况下,就不应拘泥于证据所呈现出来的表象,而应进一步审查和判断奖金证明所反映的事实是否真实存在。笔者认为,针对本案的情况,应该通过以下几方面来进行合理认定。

首先,对证据来源和产生过程进行审查。证据来源和产生过程是判断证据真实性的基本因素和重要依据,《北京市劳动人事争议仲裁证据规则》第十一条第一款规定:"当事人应当对其提交的证据材料逐一分类编号,对证据材料的来源、证明对象和内容作简要说明、签名盖章,注明提交日期,并应向对方当事人提出副本。"第三十八条规定:"仲裁员对单一证据可以从下列方面进行审核认定:(一)证据是否原件、原物,复印件、复制品与原件、原物是否相符;(二)证据与本案事实是否相关;(三)证据的形式、来源是否符合法律规定;(四)证据的内容是否真实;(五)证人或者提供证据的人与当事人有无利害关系。"上述规定与民事证据规则的相关规定是一致的。由此可以看出,证据的来源是仲裁员审核认定证据效力的基础。不论是基于法律法规的规定,还是出于诚实信用原则,当事人都有义务提供诸如证据的开具人、经办人、开具场所、开具过程等详细、可核实的证据来源情况,仲裁员也应当对此进行仔细审查。因此,奖金证明的来源和开具的过程是查找本案事实的关键点之一,也是仲裁员审查证据的重点询问要件。

其次,进行合理的逻辑推理。在事实认定过程中,当事人提交的证据是否足以采信,很大程度上是由仲裁员的心证决定的,这种心证是通过仲裁员的经验法则和内心价值判断进行法律推理。《劳动人事争议仲裁办案规则》第十八条规定:"争议处理中涉及证据形式、证据提交、证据交换、证据质证、证据认定等事项,本规则未规定的,可以参照民事诉讼证据规则的有关规定执行。"《最高人民法院关于民事诉讼证据的若干规定》第六十四条规定:"审判人员应当依照法定程序,全面、客观地审核证据,依据法律的规定,遵循法官职业道德,运用逻辑推理和日常生活经验,对证据有无证明力和证明力大小独立进行判断,并公开判断的理由和结果。"因此,仲裁员应当全面、客观地对证据进行审核,在遵循诚信原则和法律规定的基础上,重视运用逻辑推理对证据进行判断。无论当事人对证据所呈现的相关事实是否提出异议,仲裁员都应当对该事实的真实性进行审查,并运用逻辑推理对证据的内容作出合理的判断,依据具体法律条文,进行令人信服的论理。

  本案中,参考以上思路,仲裁委员会作出了如下认定。首先,李某称奖金证明系赵经理直接给他的,并没有第三人予以佐证,某科技公司及赵经理均否认曾为李某出具过该证明;而奖金证明上仅有某科技公司的公章,并没有任何签字或审批、经办的相关信息。其次,从民事判决书中可以看出,李某并非处理其所述诉讼的唯一委托代理人,且法院因证据不足判决驳回了王某的请求;在李某未能充分说明缘由的情况下,仲裁员无法根据该判决书即得出李某在上述诉讼中付出了哪些努力、使某科技公司避免了多大损失;且该诉讼的标的额为50万元,以该案全部诉讼标的额作为两名代理人中一人的奖励,也存在着不合常理之处。最后,奖金证明显示某科技公司奖励李某50万元的奖金,说明该公司对李某的工作给予了高度的认可,该公司应立即给予奖励,以期留住人才;但奖金证明记载奖金在李某离职时发放,高额奖金于离职时支付明显促进了员工的离职期望,且对于表现如此优秀的职工,用人单位应长期聘用,甚至有可能聘用至退休,如何会提前预期职工的离职?上述情况显然不符合常理。综上,仲裁委员会无法确认奖金证明来源和内容的真实性,李某要求支付50万元奖金的请求,仲裁委员会不予支持。

从上述认定中可以看出，即使公章是真实的，并不代表奖金证明上显示的内容也是真实存在的，仲裁员通过严谨的审查以及合理的逻辑推理，从而作出否定奖金证明真实性的判断。从某一方面来说，仲裁委员会质疑奖金证明的来源和内容的真实性，也代表了认定李某在获得奖金证明及将奖金证明作为证据提交中的不诚实行为。诚实信用作为现代社会的一项基本道德准则，也是从事民事活动的基本原则，但是由于经济社会的高速发展，立法滞后的情况越发凸显，用工形式的灵活性、多样性带来的诚信缺失也越发严重。诸如提供假病休证明、签订空白劳动合同、制作假考勤记录等与本案相同或相似的情况在劳动争议案件中频发，这就要求司法人员在处理争议的过程中，面对证据时更加地审慎。

仲裁员所作出的每一个裁决，都代表着法律价值的一次宣传和教育活动。如果仲裁员在审理裁决劳动争议案件中不能够有效地运用自由心证向整个社会传递正能量，势必降低仲裁机构的社会影响力，也不利于社会风气的正确引导。因此，虽然审查证据的真实性至关重要，但是在认定和采纳证据的过程中，证据的"三性"是相辅相成的，无须固定地认为先认定真实性更为合理，而应根据案件情况进行灵活的适用。当双方当事人对证据的真实性争议较大时，如果从合法性或关联性下手能更容易认定，就无须过多地去审查真实性，例如来源不合法或与本案无关的证据，即可直接排除对该证据的认定，从而免去对真实性复杂的判断过程。同时，由于判定证据过程中具有一定的心证，这就要求仲裁员在充分审查案件事实的情况下，从立法的宗旨出发，探求法律的本意，不随意突破法律的边界，根据公平公正和诚实信用原则，对自由裁量进行合理的控制，对认定的结论给予充分的说理，使自己作出的判断更具有说服力。

(北京市顺义区劳动人事争议仲裁院　张偌晗)

71. 对《劳动人事争议仲裁办案规则》第三十四条中"基于同一事实、理由和仲裁请求又申请仲裁"的认定和处理

申请人：张某
被申请人：某洗衣服务公司

争议焦点

1. 在确认劳动关系的诉讼法院未审结的情况下，仲裁委员会对张某要求支付未签订书面劳动合同二倍工资差额的请求是否应该受理？若受理，该案应如何处理？

2. 劳动争议仲裁申请人先后提出两次仲裁申请，后一申请的仲裁请求实质上是否定前一申请的裁决结果，对后一申请如何处理？

基本案情

张某称2017年2月13日由职业中介介绍到某洗衣服务公司从事司机工作，工作内容主要是给酒店运送洗干净的床单、被罩等。2017年8月起，某洗衣服务公司开始拖欠张某工资，其间张某3次从其主管领导处借支过共计20 000元的款项。在多次与公司协商未果的情况下，张某于2018年4月2日以拖欠工资为由，向公司法

定代表人汤某口头提出辞职。后张某于 2018 年 4 月 18 日将某洗衣服务公司诉至劳动人事争议仲裁委员会，要求确认与某洗衣服务公司自 2017 年 2 月 13 日至 2018 年 4 月 2 日期间存在劳动关系，并要求支付此期间工资差额、解除劳动关系经济补偿。仲裁委员会经审理认为，张某提供的证据并不足以证明其与某洗衣服务公司存在劳动关系，故于 2018 年 6 月 12 日作出裁决，驳回了张某的全部仲裁请求。

裁决作出后，张某表示不服，遂向法院提起诉讼。同时，张某又于 2018 年 6 月 15 日申请劳动争议仲裁，要求某洗衣服务公司向其支付 2017 年 3 月 13 日至 2018 年 4 月 2 日未签订书面劳动合同的二倍工资差额。

审理结果

仲裁委员会驳回了张某的仲裁请求。

评析意见

分析本案首先应该了解劳动争议案件立案、受理的标准和要求。现在仲裁委员会实行的是立案审查制，申请人提交申请材料，并不必然导致仲裁程序的开启，只有经仲裁委员会审批后，符合立案条件的案件才能立案受理。《劳动人事争议仲裁办案规则》（以下简称《办案规则》）第三十条规定了劳动争议案件的受理条件，有四点具体要求：（1）属于该规则第二条规定的争议范围；（2）有明确的仲裁请求和事实理由；（3）申请人是与本案有直接利害关系的自然人、法人或者其他组织，有明确的被申请人；（4）属于本仲裁委员会管辖范围。对于本案，仲裁委员会是否应该受理，一种观点认为立案审查应仅为形式审查，不应过多地进行实质审查。立案审查宜粗不宜细,只要当事人提交的申请没有明显不符合法定立案条件的情形,就应当予以立案。劳动关系不同于一般的民事关系,劳动者对用人单位有一定的依附性,双方地位存在不平等性,且劳动争议案件的申请人大多数为劳动者。如果立案审查过于严苛,可能会造成劳动者的权益因无法立案而得不到应有的保障。再者,由于案件的复杂程度不同,有时很难通过申请书和简单的证据材料就能做出判断。以本案为例,张某第二次申请所提交的材料符合法定的立案条件,如果不是张某自己陈述与某洗衣服务公司确认劳动关系等争议的案件起诉到法院后还未审结,单纯依靠立案庭对张某与该公司未签劳动合同二倍工资差额争议的案件进行审查,很难发现这一特殊情况。

另一种观点认为,《办案规则》中除规定了立案的条件,也规定了不予立案的情形。《办案规则》第三十四条规定:"符合下列情形之一,申请人基于同一事实、理由和仲裁请求又申请仲裁的,仲裁委员会不予受理:(一)仲裁委员会已经依法出具不予受理通知书的;(二)案件已在仲裁、诉讼过程中或者调解书、裁决书、判决书已经发生法律效力的。"持此观点的人认为,该条确立了"禁止重复诉讼"原则在劳动争议仲裁领域的适用标准。"禁止重复诉讼"与"一事不再理"是一个问题的两个方面,二者是一个有机的整体。民事诉讼中,"禁止重复诉讼"是指当事人对于已经起诉的案件,就同一诉讼标的不得再次向法院提起诉讼。这一原则的确立,一方面能够避免出现相互矛盾的裁判文书,维护司法的权威性;另一方面也能够减轻当事人的诉累,节约司法资源。《最高人民法院关于适用〈中华人民共和国民事诉讼法〉的解释》第二百四十七条规定了构成重复起诉的条件,其中当事人就已经提起诉讼的事项在诉讼过程中或者裁判生效后再次起诉,后诉的诉讼请求实质上否定前诉裁判结果的,构成重复起诉。参照前述规定,张某要求与某洗衣服务公司确认劳动关系等仲裁请求被仲裁委员会驳回,案件正在法院诉讼过程中,张某又向仲裁委员会提起要求某洗衣服务公司支付未签劳动合同二倍工资差额的请求,然而该请求是以双方存在劳动关系为前提和基础的,这实质上否定了仲裁委员会前一案件的裁决结果,可认定为重复起诉,不予受理。基于"禁止重复诉讼"的原则,《办案规则》第三十四条中"基于同一事实、理由和仲裁请求"应作广义的理解,不能机械地将其理解为后一申请与前一申请的仲裁请求一模一样,而应包括后一申请在实质上否定前一申请裁决结果,或者后一申请的仲裁请求与前一申请的裁决结果不能兼存的情况。例如:劳动者就用人单位违法解除劳动合同的行为申请仲裁,要求继续履行劳动合同,仲裁委员会裁决支持该劳动者请求后,该劳动者又基于同一违法解除的行为,要求用人单位支付违法解除劳动合同赔偿金。虽然该劳动者前后两次的仲裁请求完全不同,但两次均是基于同一事实、理由,即用人单位的违法解除行为,请求权基础是相同的,且二者是不可能兼存的请求事项,对于后一申请,可直接裁定不予受理。

对此,笔者更认同第一种观点。首先,对劳动争议而言,申请仲裁对当事人特别是劳动者来说,是一项极其重要的权利,是其维权的途径。劳动人事争议仲裁机构作为具有准司法职能的公权力机关,对当事人的诉权应当尽力保障和维护,而不应当予以限制甚至剥夺。因此仲裁立案审查应限于形式审查,不应过多涉及实质问题。对于符合《办案规则》第三十条的申请,应予以受理,即便是在受理之后审查发现不应当受理的,也可以在受理后以撤销案件的方式进行纠正和补救。《办案规则》第三十二条规定:"仲裁委员会受理案件后,发现不应当受理的,除本规则第九条规定外,应当撤销案件,并自决定撤销案件后五日内,以决定书的形式通知当事人。"因此,立案阶段只进行形式审查,并不会对案件本身产生不可逆转的实质影响,也不影响案件的处理结果。况且,本案当中后一申请虽然实质上是对前一申请裁决结果的否定,二次申请是基于同一请求权基础而产生的诉求，但独立来看两次申请的事项不同，立案时很难依靠形式审查获悉两次申请的请求事项之间的关系。其次，由于劳动者的法律水平参差不齐，如果因确认劳动关系之诉还在诉讼的过程中，而对劳动者之后提起的其他诉求一概不予受理的话，易造成劳动者"投诉无门"的局面，使他们有仲裁机构在推诿的感觉；同时，这也是变相苛求劳动者在第一次申请劳动争议仲裁时就要考虑到全部诉求，这样容易激化矛盾，不利于劳动争议的柔性处理。最后，如果认定此种情况构成重复仲裁而不予受理的，那么立案阶段难免有未被发现的存在后一申请实质否定前一申请的情况，这就会导致有些构成重复仲裁的案件仲裁委员会不予受理，但有些又予以立案受理了，势必会造成"同案不同判"的结果。综上所述，笔者认为引入"禁止重复诉讼"这一原则具有一定的积极性和进步意义，但是对于重复仲裁的案件处理，不宜在立案阶段直接出具不予受理通知书，可考虑在受理后以撤销案件的方式处理。

对于构成重复仲裁的案件，仲裁委员会受理后，应如何处理？笔者认为，目前实践中有三种可行的处理方式。一是中止案件审理。依据《办案规则》第四十七条中止的规定，案件审理需要以其他案件的审理结果为依据，且其他案件尚未审结的，经仲裁委员会主任或者其委托的仲裁院负责人批准，可以中止案件审理。本案中，张某与某洗衣服务公司确认劳动关系之诉还在法院诉讼过程当中，未有生效的裁判结果作出，且张某第二次的请求事项是以双方存在劳动关系为前提的，后一申请的审理需要以法院的审理结果为依据，符合上述第四十七条的规定，应当中止审理。但是这种处理方式的弊端在于案件处理时间无形中被延长，虽然中止的时间不计入审理期限，但是法院一审的审理期限是 6 个月，这无形中增加了当事人的诉累，与劳动争议仲裁快审、快结的快速处理原则相悖。第二种处理方式是撤销案件。依照上文中"禁止重复诉讼"的原则，本案中后一申请属于重复仲裁，受理后经审查发现不应受理，可以撤销案件。第三种处理方式是裁决驳回申请人的请求。以本案为例，因张某与某洗衣服务公司是否存在劳动关系尚未确定，其要求公司支付未签劳动合同二倍工资差额的请求无法得到支持。这种处理方式的好处在于节约时间，节省当事人的维权成本，可以让当事人将后一申请的诉求一并交由法院处理。美中不足是裁决理由可能略显草率。

综上所述，笔者认为遇到此类案件，可以跟申请人释明后一申请与前一申请的关系，看是否能够在法院阶段通过增加诉讼请求的方式一并处理。《最高人民法院关于审理劳动争议案件适用法律若干问题的解释》第六条规定，人民法院受理劳动争议案件后，当事人增加诉讼请求的，如该诉讼请求与讼争的劳动争议具有不可分性，应当合并审理。对不可分性的理解，《北京市高级人民法院、北京市劳动争议仲裁委员会关于劳动争议案件法律适用问题研讨会会议纪要》第8条作出了进一步解读，"不可分性"是指增加的诉讼请求与仲裁的事项是基于同一事实而产生的，相互之间具有依附性。劳动争议的基础法律关系是劳动关系，多数情况下当事人的诉求都是基于双方存在劳动关系，诉求对劳动关系具有依附性。当事人后一申请的诉求，如果在诉讼阶段可以一并处理，对当事人来说是最好不过了。

(北京市顺义区劳动人事争议仲裁院　柳　赛)

72. 降低诉讼风险，优先选择调解方式解决劳动争议

投诉人：许某某
被投诉人：北京某园林设备有限公司

争议焦点

在证据不足、败诉风险高、金额小、案情简单的劳动争议案件中，劳动者如何及时获得救济？

基本案情

许某于2018年1月10日向北京市顺义区劳动人事争议仲裁委员会申请称，2014年7月15日其入职北京某园林设备有限公司，从事装配工作，月收入3 300元。在职期间该公司未为其办理社会保险，2017年12月中旬其因身体不适就医，因没有办理社会保险无法享受医疗保险报销待遇；在职期间该公司安排其加班未支付加班费，没有安排年休假且未支付年休假工资。许某的仲裁请求为：确认2014年7月15日至2018年1月10日双方存在劳动关系，北京某园林设备有限公司应支付其2014年7月15日至2018年1月10日加班费112 000元、未休年休假工资26 000元，支付2017年12月15日至2018年1月7日期间医疗费12 600元，支付解除劳动合同经济补偿金20 000元。

2018年1月12日，许某因肺癌晚期病情迅速恶化需回安徽老家休养治疗，暂时撤回劳动仲裁申请。2018年1月30日，许某去世，去世前仍念念不忘该劳动争议。许某之子许某某多次电话沟通北京某园林设备有限公司，希望获得相应的经济补偿，但该公司态度强硬，拒不承认与许某存在劳动关系，也拒不给予任何补偿。

该案中劳动争议仲裁地北京与许某某居住地安徽相距较远，交通来往增加诉讼成本，更为重要的是许某主张权利缺乏相关证据材料予以证明，败诉风险极高，劳动争议仲裁和诉讼程序对劳动者极为不利。许某某经咨询劳动法专业律师后，向北京市顺义区劳动保障行政部门投诉，借助劳动监察执法力量协调解决相关赔偿等问题。

处理结果

2018年4月24日，经北京市顺义区劳动保障监察部门与该公司和许某某多次沟通协调，最终双方达成一致，许某之子许某某拿到了该公司支付的3万元补偿，该劳动争议顺利解决。

评析意见

小额标的、案情简单的劳动争议案件适用调解方法，能够及时化解纠纷，减轻当事人诉累，也更有利于对低收入弱势群体利益的保护。

本案中，许某月收入3 300元，自2014年7月15日至2018年1月10日在北京某园林设备有限公司工作。许某在职时间短，属于自然死亡。《劳动合同法》第四十四条规定："有下列情形之一的，劳动合同终止：……（三）劳动者死亡，或者被人民法院宣告死亡或者宣告失踪的……"并根据第四十六条的规定，劳动者因死亡终止劳动合同的不予经济补偿,也就是说许某解除劳动合同经济补偿金 20 000 元的主张不能够得到仲裁支持。

据了解,许某在安徽老家办有城乡居民合作医疗就诊卡,北京某园林设备有限公司没有为其办理社会保险。《最高人民法院关于审理劳动争议案件适用法律若干问题的解释(三)》第一条规定:"劳动者以用人单位未为其办理社会保险手续,且社会保险经办机构不能补办导致其无法享受社会保险待遇为由,要求用人单位赔偿损失而发生争议的,人民法院应予受理。"许某患肺癌期间,因就医费用不能在用人单位所在地社会保险经办机构报销,导致其无法享受社会保险待遇,其可以获得损失赔偿。许某自 2017 年 12 月中旬因身体不适就医至 2018 年 1 月 30 日因肺癌晚期去世,住院医疗医药费共计 13 322.82 元。由于医疗时间较短,金额较小,其中许某城乡居民合作医疗就诊卡能报销一部分,所以不能报销的差额部分极其有限。

许某主张的加班费因缺乏相应的证据材料,将不能得到支持。许某主张 2014 年 7 月 15 日至 2018 年 1 月 10 日应休未休年假工资 26 000 元存在计算方法错误。《职工带薪年休假条例》第五条第二款规定:"年休假在 1 个年度内可以集中安排,也可以分段安排,一般不跨年度安排。单位因生产、工作特点确有必要跨年度安排职工年休假的,可以跨 1 个年度安排。"《劳动争议调解仲裁法》第二十七条第一款规定:"劳动争议申请仲裁的时效期间为一年。仲裁时效期间从当事人知道或者应当知道其权利被侵害之日起计算。"劳动者自主张权利之日起可以上溯要求两年内的未休年假工资。本案中,许某可以主张 2016 年 1 月 1 日至 2018 年 1 月 10 日期间未休年假工资。《职工带薪年休假条例》第五条第三款规定:"单位确因工作需要不能安排职工休年休假的,经职工本人同意,可以不安排职工休年休假。对职工应休未休的年休假天数,单位应当按照该职工日工资收入的 300% 支付年休假工资报酬。"应休未休年休假工资的计算公式是：日工资×应休未休年休假天数×2，其中1倍已随工资发放不再计入。许某2016年、2017年应休未休年休假工资＝3 300÷21.75×5×2×2＝3 034.48元。另外，对于许某2018年1月1日至2018年1月10日应休未休年休假工资的计算方法，《企业职工带薪年休假实施办法》第十二条规定："用人单位与职工解除或者终止劳动合同时，当年度未安排职工休满应休年休假的，应当按照职工当年已工作时间折算应休未休年休假天数并支付未休年休假工资报酬，但折算后不足1整天的部分不支付未休年休假工资报酬。前款规定的折算方法为：（当年度在本单位已过日历天数÷365天）×职工本人全年应当享受的年休假天数－当年度已安排年休假天数。"按照上述规定，10÷365×5－0≈0.14天，折算后不足1整天的部分不享受年休假。根据以上分析，许某通过仲裁可能获得支持的仅有未休年假工资3 034.48元。

就该案而言，无疑败诉风险、经济成本、时间成本均较高。因此依靠劳动保障监察执法协调解决，时间短、处理快、效果好，是该案许某之子许某某的最佳选择之一。

（北京德和衡律师事务所　张　翔）